全球新能源发展报告

（2024）

GLOBAL NEW ENERGY DEVELOPMENT REPORT 2024

国家能源集团技术经济研究院
中国能源研究会新能源与化石能源协同发展专业委员会 编

中国发展出版社
CHINA DEVELOPMENT PRESS

图书在版编目（CIP）数据

全球新能源发展报告. 2024 / 国家能源集团技术经济研究院，中国能源研究会新能源与化石能源协同发展专业委员会编 . -- 北京 ：中国发展出版社，2025. 3.
ISBN 978-7-5177-1474-3

Ⅰ. F416.2

中国国家版本馆CIP数据核字第 2025D6T537 号

书　　名：全球新能源发展报告（2024）
著作责任者：国家能源集团技术经济研究院
中国能源研究会新能源与化石能源协同发展专业委员会
责 任 编 辑：王海燕
出 版 发 行：中国发展出版社
联 系 地 址：北京经济技术开发区荣华中路22号亦城财富中心1号楼8层（100176）
标 准 书 号：ISBN 978-7-5177-1474-3
经　销　者：各地新华书店
印　刷　者：北京博海升彩色印刷有限公司
开　　本：787mm × 1092mm　1/16
印　　张：21.25
字　　数：360千字
版　　次：2025 年 3 月第 1 版
印　　次：2025 年 3 月第 1 次印刷
定　　价：188.00元

联 系 电 话：（010）68990635　68990625
购 书 热 线：（010）68990682　68990686
网 络 订 购：http://zgfzcbs. tmall. com
网 购 电 话：（010）88333349　68990639
本 社 网 址：http://www.develpress. com
电 子 邮 件：187182397@qq.com

全球新能源发展报告 (2024)

编者语

2024年，尽管全球经济复苏面临多重挑战，但新能源产业展现出强大的韧性和增长潜力。在地缘政治不确定性持续存在的背景下，各国对能源安全的重视程度进一步提升，推动清洁能源成为全球能源结构优化的重要支柱。技术进步与政策支持的双轮驱动，也为新能源产业注入了新的活力。

作为中国最大的综合能源企业，国家能源集团深入践行“四个革命、一个合作”能源安全新战略，对标对表“双碳”目标，在保障能源安全、稳定供应的同时，加大风电等清洁可再生能源开发力度，风电装机规模连续多年位居世界第一。国家能源集团技术经济研究院作为国家能源集团唯一的综合性、战略性智库，一直密切关注全球新能源产业的发展状况，积极开展相关研究工作，力求为各国政府、有关部门和相关企业提供有价值的参考。

2024年，《全球新能源发展报告》步入第八个年头。本年度报告继续聚焦风电、太阳能发电、新型储能、氢能四大重点领域，全面梳理市场动态、政策环境、技术进展及成本变化，我们尤其关注了新技术相关的能源热点：海水制氢技术挑战与政策建议研究、钙钛矿太阳能电池技术发展分析、全球绿色甲醇市场供需与前景分析以及绿电直连关键问题与挑战研究。通过对2023年及更早数据的深入分析，报告力求展现全球新能源产业的最新全貌，并为未来新能源产业发展提供科学依据和重要参考。

全球绿色低碳转型将开启新的篇章，中国将在全球可再生能源发展中继续发挥主导作用，推动全球能源转型迈向更高水平。然而，面对贸易保护主义抬头、全球供应链重组、发达经济体经济增速放缓、新兴经济体不确定性增加以及国际地缘政治冲突升级等一系列复杂形势，全球新能源发展仍需克服诸多挑战。我们希望通过这份报告，激发更广泛的关注与讨论，凝聚各方智慧，共同为全球新能源事业贡献力量。

受时间和水平限制，书中难免存在疏漏与不足之处，恳请各位读者谅解、批评和指正！本书的编写得到行业内大量专家的悉心指导和大力支持，在此表示衷心感谢。

编者

2025 年 1 月

目 录

第二章 全球太阳能发电发展现状与前景展望

第三章 全球新型储能发展现状与前景展望

第一章
全球风电发展现状与前景展望

2023年，全球风电产业在多重积极因素的强劲推动下，迎来了前所未有的飞跃式增长。至2023年底，全球风电累计装机容量成功突破TW级大关，风电已成为全球能源结构中的重要组成部分。中国风电受“双碳”目标的持续推动以及大基地和海上风电项目快速发展影响，新增装机容量达到75.6GW，同比增长95.9%，中国在全球风电领域的领头羊地位更为稳固。尽管欧洲和美国市场轻微下滑，但印度、越南等国市场的反弹，以及新兴市场的加入，为全球风电市场注入了活力。

随着风电技术的日益成熟与成本的不断降低，全球各国纷纷上调风电开发目标。我们预估，2024年全球风电新增装机容量为120 ~ 130GW，其中海上风电新增装机容量为12GW左右；2024—2030年年均新增装机容量为138 ~ 155GW，其中海上风电占比18%左右。到2027年累计装机容量有望突破1500GW，到2030年有望突破2000GW。中国、欧洲和美国仍是全球陆上风电发展的支柱，中国和欧洲将继续主导海上风电发展，美国的海上风电发展将不及预期。

然而，全球风电产业链的分布不均衡问题依旧突出，部分地区可能面临产能短缺的挑战。为此，加强国际合作、促进产业链的均衡与协同发展，对于保障全球风电产业的持续健康发展尤为关键。

一、全球风电发展现状与特点

（一）装机容量

2023年，全球风电市场显著增长，新增装机容量达117GW，较2022年增长50.3%，创历史新高。截至2023年底，全球风电累计装机规模已突破TW级大关，达到1021GW，同比增长12.7%。

陆上风电表现尤为突出，其新增装机容量达到105.8GW，同比增长53.8%，累计装机容量增至946GW。相比之下，海上风电增长较为稳健，新增装机容量10.8GW，同比增长22.7%，累计装机容量则达到75GW（见图1-1）。

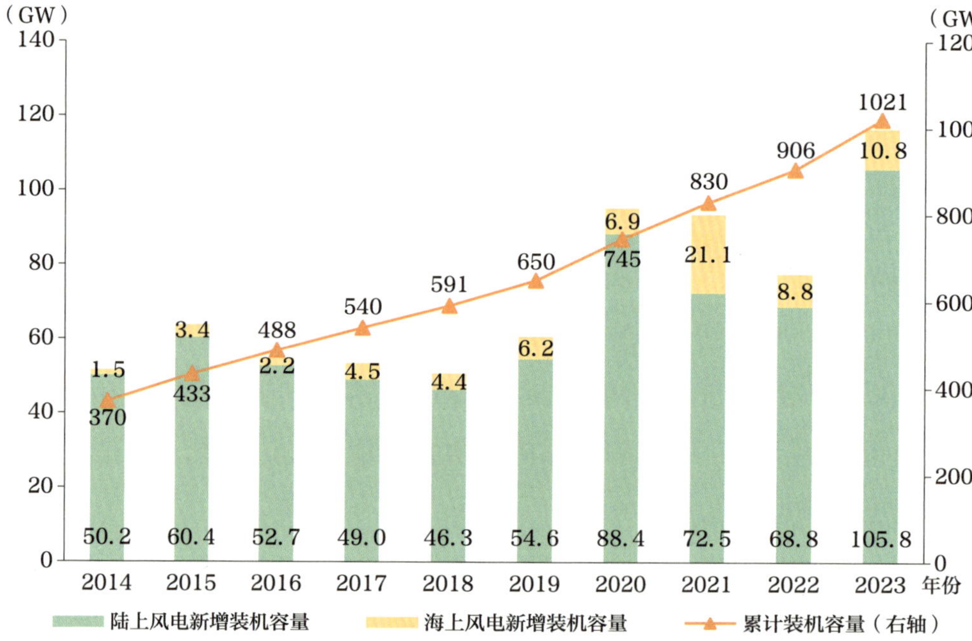

图 1-1　2014—2023 年全球风电新增装机容量和累计装机容量

资料来源：全球风能协会（GWEC）。

1. 亚太地区继续引领全球风电市场

2023年，亚太、非洲和中东、拉丁美洲地区新增装机容量较2022年出现不同程度增长，而欧洲和北美洲地区出现下滑（见图1-2）。

亚太地区，在中国的带动下，新增装机容量几乎翻倍，较2022年增长了92.1%，占据全球新增装机容量的71.1%（见图1-3）。印度2023年风电发展势头同样强劲，新增装机容量高达2.8GW，同比增长55.6%，这一增速创下了自2017年以来的新高。印度风电的快速发展主要得益于印度太阳能公司（SECI）长期搁置的风电招标项目成功推进和多能互补项目招标。

此外，日本实现了近10年来第二高的新增装机容量，达到634MW，同比大幅增长172.1%。

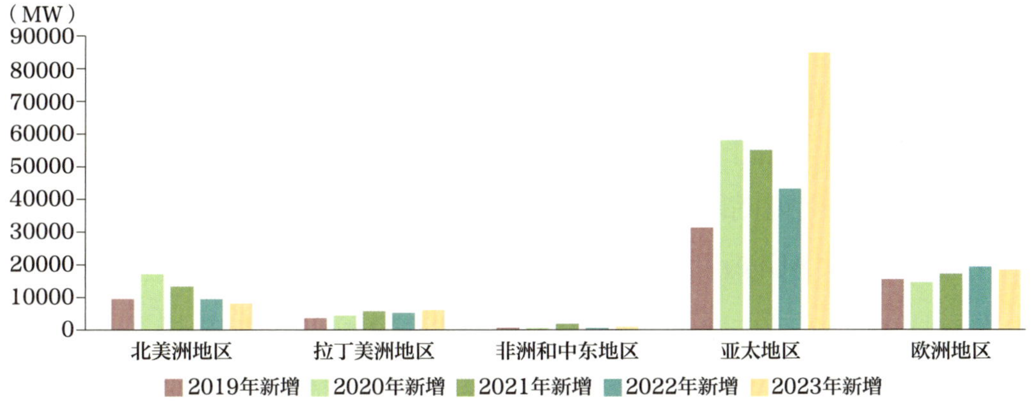

图1-2 2019—2023年全球不同地区风电新增装机容量

资料来源：全球风能协会（GWEC）。

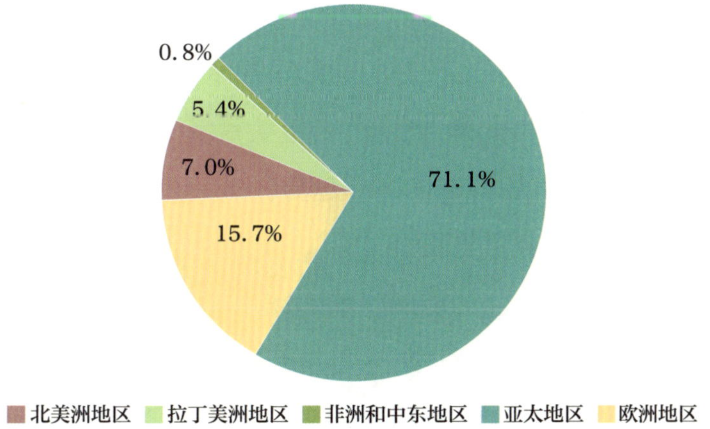

图1-3 2023年全球风电新增装机容量分布情况

资料来源：全球风能协会（GWEC）。

非洲和中东地区的增速最快，同比增长182.8%，新增装机容量达到GW级。高增长一方面缘于非洲的电气化进程加速、电力需求增长以及外国投资的驱动，摩洛哥、埃及、南非等国家成为推动非洲风电快速增长的主力军；另一方面是由于上一年基数较小，2022年该地区新增规模为2013年以来最低。

拉丁美洲地区风电新增装机容量同比增长20.8%，其中巴西是主要驱动力，贡献了该地区增量的69.4%。为争取电网补贴，巴西在2023年加速了风电项目的建设，其新增装机容量达到4.8GW，同比增长18.5%。

欧洲地区风电新增装机容量略有下降，同比减少了4.9%。西班牙和土耳其由于项目许可及电网容量的限制，新增装机容量分别同比减少897MW和470MW。芬兰由于项目建设周期的问题，新增装机容量大幅减少了1.2GW。然而，德国和荷兰的显著增长减缓了欧洲市场的整体下降趋势。德国在陆上风电及翻新改造项目的推动下，2023年新增装机容量达到3.8GW，同比增长39.3%，成为欧洲新增装机规模最大的国家。荷兰则得益于海上风电装机容量的显著增长，2023年其海上风电新增装机容量达到1.9GW，同比增加了1.6GW。

北美洲地区风电新增装机容量出现了15.6%的下滑。这一下滑主要归因于美国风电市场建设成本的上升、较高的利率，以及《通胀削减法案》指南迟迟未能发布，2023年美国的新增装机容量降至6.4GW，同比减少了25.7%。与此同时，加拿大的新增装机容量实现了714MW的增长，这在一定程度上缓解了北美洲市场的整体下降趋势。

2023年，新增装机容量方面，中国、美国、巴西、德国和印度是全球风电市场的主要领导者，合计贡献了全球80.2%的新增装机容量。而在累计装机容量方面，排名前五的国家与上年相同，依次为中国、美国、德国、印度和西班牙，累计装机容量分别为441GW、150GW、69GW、45GW和31GW，上述五国合计在全球风电累计装机容量中的占比为72%，与上年保持一致。

2. 中国主导全球陆上风电增长

2023年，陆上风电领域迎来显著增长，主要动力来自中国市场的翻倍增长。此外，印度、巴西、加拿大和德国的强劲增长也作出了重要贡献，共同推动全球陆上风电装机容量增加了13GW。中国和美国依然保持领先地位，为全球最大的两个新增市场，随后是巴西、德国和印度（见图 1-4）。印度实现了显著跃升，取代了 2022 年的第五名瑞典，再次跻身全球前五大市场之列。2023 年前五大市场的陆上风电新增装机容量合计占到全球总量的 82.2%，与 2022 年的前五大市场相比，占比提高了 9.4 个百分点。

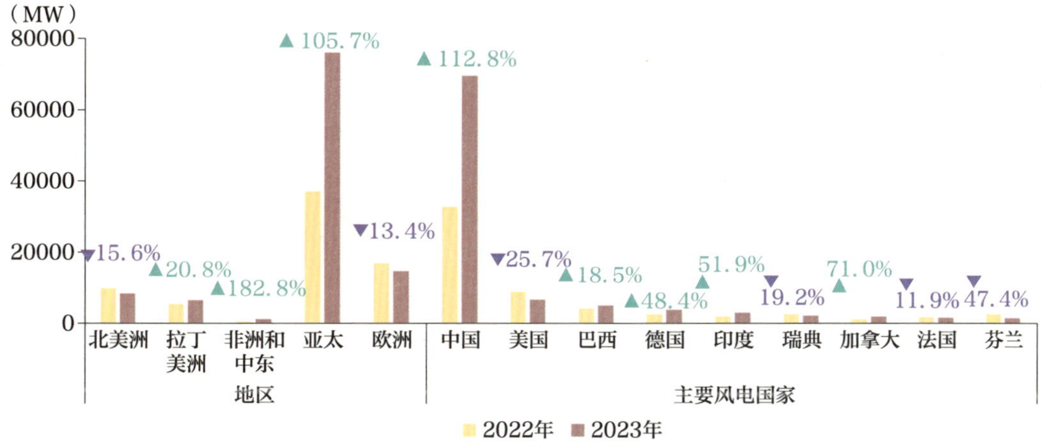

图 1-4　2022 年、2023 年全球各地区及主要风电国家陆上风电新增装机容量

资料来源：全球风能协会（GWEC）。

截至 2023 年底，中国陆上风电累计装机容量位列全球第一，达 403.3GW，占全球陆上风电总装机容量的 42.7%。其次是美国、德国，占比分别是 15.9%、6.5%。

3. 海上风电新增装机容量创历史次高，亚太地区引领

2023 年，全球海上风电新增装机容量 10.8GW，仅低于 2021 年水平，同比增长 22.7%。截至 2023 年底，全球海上风电累计装机容量已达到 75.2GW，占全球风电累计装机容量的 7.4%。

新增装机容量仍全部来自亚太地区和欧洲。中国（未包含台湾地区）新增 6.3GW，在全球占比近六成（见图 1-5），连续 6 年成为全球海上风电新增装机容量的领头羊，同时也是全球最大的海上风电市场。日本新增

62MW，海上风电项目已连续两年陆续投运。越南海上风电新增装机容量曾在2021年排名全球第三，但2022年和2023年因电价政策调整并未有新的海上风电项目投运。

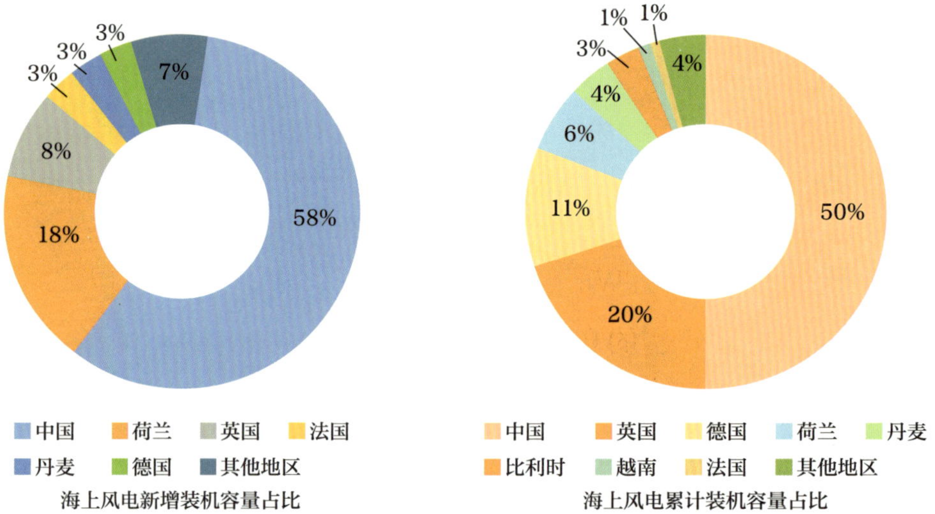

图1-5 2023年全球海上风电新增装机容量和累计装机容量占比

资料来源：全球风能协会（GWEC）。

欧洲新增装机容量达到3.8GW的新高。其中，荷兰新增1.9GW，位居全球第二；其后是英国、法国和丹麦，分别新增833MW、360MW和344MW。英国在累计装机容量方面保持全球第二的位置，总装机容量为14.8GW，但离2030年达到50GW的目标仍有不小的差距。德国累计装机容量虽然在全球排名中位居第三，但由于电力消纳问题、输电基础设施建设不足以及供应链瓶颈和成本上升等因素的影响，其海上风电发展在过去两年有所减缓，新增装机规模维持在300MW左右。

在北美洲，美国作为唯一拥有海上风电项目的国家，其海上风电项目建设未能达到预期。尽管2023年有部分项目开始建设，但并未有新的风电机组投入运行。截至2023年底，美国仅有42MW的海上风电项目并网。

从累计装机容量来看，中国在2021年已超越英国，成为全球海上风电市场的领导者，并在 2023 年进一步巩固了其市场地位。截至 2023 年底，全球海上风电装机容量前五名的国家分别是中国（37.8GW）、英国（14.8GW）、德国（8.3GW）、荷兰（4.8GW）和丹麦（2.6GW）。值得一提的是，荷兰实现了其在《可持续增长能源协议》中设定的 2023 年海上风电装机容量达到 4.5GW 的目标。

（二）发电量

随着装机容量的不断增加，风电发电量继续快速增长。2023 年，全球风电发电量达到 2325.3TWh, 同比增长 10.3%。风电在全球电力结构中占比不断提高，从 2001 年的 0.2% 到 2011 年 2.0%，再增长至 2023 年的 7.8%（见图 1-6）。

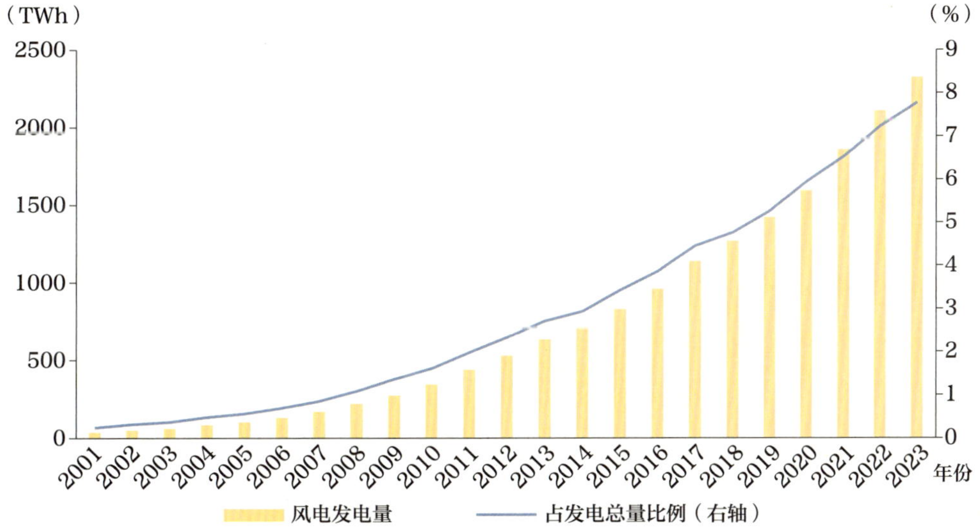

图 1-6 2001—2023 年全球风电发电量及占比

资料来源：英国能源研究学会（EI）。

分国家来看，2023 年，全球有 33 个国家的风电发电量占其年发电量的 5% 以上，南非加入该行列。其中有 23 个国家的风电发电量占比达到 10% 以上，数量与 2022 年持平。

丹麦仍然是风电发电量占比最高的国家，2023 年占比高达 57.8%，较 2022 年增加了约 4 个百分点。这一增长主要得益于风电装机容量的增加和总体发电量的减少。2023 年，丹麦风电装机容量增加 398MW，尽管当年风力条件并不理想，风电发电量增长有限，但由于总体发电量下降了 4.3%，风电发电量在丹麦总发电量中的占比仍然有所提高。

风电发电量占比前十的国家均来自欧洲（见图 1-7）。美国因风电装机容量增幅较小，且 2023 年平均风速较低，尤其是中西部地区，风电发电量较 2022 年略有下降，而光伏发电量快速增加带动总发电量增长，风电发电量的占比出现小幅下降。

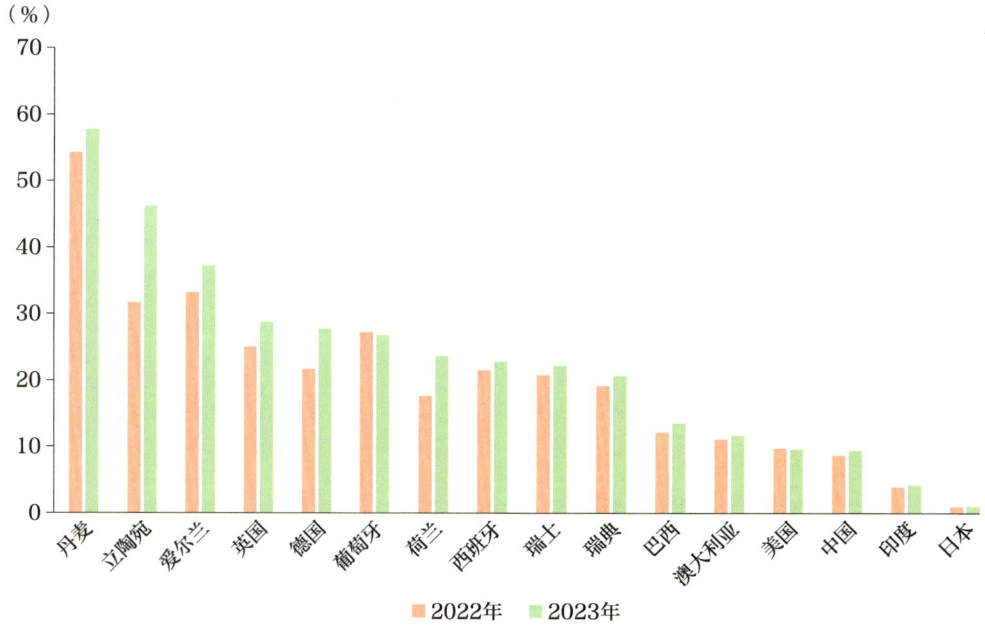

图 1-7　2022 年、2023 年全球主要风电国家风电发电量占比

资料来源：英国石油公司（BP）。

分地区来看，欧洲地区风电发电量占比最高且增长最快，占比达到 16.1%，同比增长了 1.9 个百分点。随后是拉丁美洲地区，其风电发电量

占比为9.2%，同比增加了0.8个百分点。而北美洲地区的风电发电量占比略有下降，为8.9%，同比减少了0.1个百分点。亚太、非洲、独联体（CIS）、中东地区风电发电量占比分别为6.8%、3.1%、0.6%、0.4%，上述地区占比虽低于全球平均水平，但与2022年相比，均实现了0.2～0.8个百分点的增长。

（三）成本

平准化度电成本（LCOE，简称度电成本）是发电项目每千瓦时上网电量所发生的成本，主要取决于项目总投资（CAPEX）、运维费用（OPEX）、融资成本、项目经济寿命以及容量系数等。

1. 陆上风电 LCOE 小幅下降

2023年投运的陆上风电项目LCOE略有下降，较2022年降低了3.2%，为33美元/兆瓦时（约合0.23元/千瓦时），主要原因是大型风机的广泛采用和部分国家风机价格的降低使得项目总投资减少了12%。然而，美国、土耳其、加拿大等国家由于当年风力条件不理想以及电力消纳等问题，导致全球容量系数有所下降，这对LCOE的进一步降低产生了一定阻力。

巴西凭借其优越的风资源条件和高容量系数，以及相对较低的项目总投资成本，实现了全球最低的LCOE，仅为25美元/兆瓦时（约合0.176元/千瓦时）。中国紧随其后，为26美元/兆瓦时（约合0.183元/千瓦时）。欧洲地区普遍为30～55美元/兆瓦时。美国陆上风电LCOE上升了31%，恢复至2020年之前的水平，主要原因是2023年风资源变差以及风机价格上涨。日本为125美元/兆瓦时（约合0.88元/千瓦时），尽管下降了18.3%，但仍是成本最高的国家（见图1-8）。

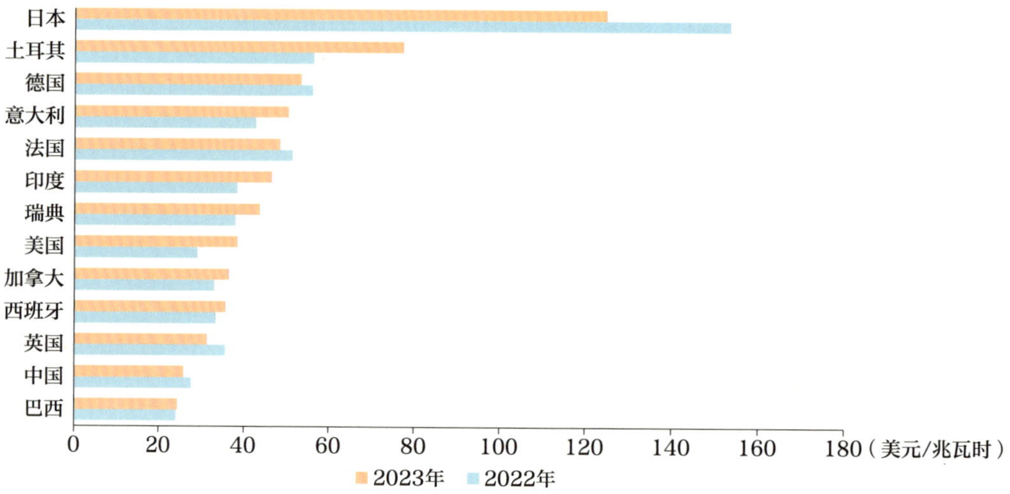

图 1-8　2022 年、2023 年主要风电国家陆上风电项目 LCOE

资料来源：国际可再生能源署（IRENA）。

2. 2023 年海上风电 LCOE 较 2010 年下降了 63.1%

2023 年，全球海上风电新投运项目的平均 LCOE 较 2022 年下降了 6.3%，从 2022 年的 80 美元 / 兆瓦时降至 2023 年的 75 美元 / 兆瓦时。2010—2023 年，全球海上风电新投运项目的 LCOE 显著下降了 63.1%，从 2010 年的 203 美元 / 兆瓦时降至 2023 年的 75 美元 / 兆瓦时，主要得益于海上风电技术的持续进步，包括大型风机的应用、更高效的风机设计，带来项目造价的下降和容量系数的提高。同时，项目规模化开发也促进了成本的进一步降低。

分国家来看，欧洲由于整体海上风资源和建设条件较好，LCOE 普遍较低。其中，丹麦容量系数全球最高，加上良好的建设条件，使得项目总投资保持在较低水平，因此丹麦的海上风电项目 LCOE 全球最低，为 48 美元 / 兆瓦时（约合 0.38 元 / 千瓦时）。英国、荷兰和德国紧随其后，它们的 LCOE 在 55 美元 / 兆瓦时与 65 美元 / 兆瓦时之间。中国的海上风电项目 LCOE 也相对较低，主要由于风机和人工成本低于欧洲国家，以及离岸距离相对较近。而日本的海上风电尚处于发展初期，且融资成本较高，其 LCOE 也处于全球最高水平（见图 1-9）。

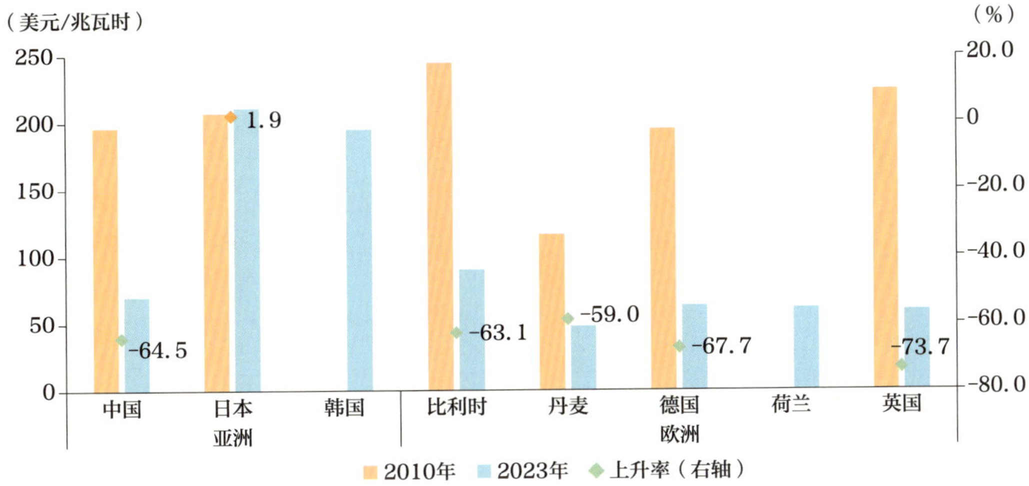

图 1-9 2010 年、2023 年全球主要国家海上风电 LCOE

注：由于 2010 年韩国和荷兰未新增海上风电装机，故缺失该年度数据。

资料来源：国际可再生能源署（IRENA）。

3. 陆上风电是最具成本竞争力的发电技术之一

2010—2023 年，陆上风电 LCOE 显著下降，从 2010 年的 111 美元 / 兆瓦时下降至 2023 年的 33 美元 / 兆瓦时，下降幅度达 70%，虽然下降幅度不及光伏发电，但陆上风电仍是当前全球范围内 LCOE 最低的可再生能源发电形式。光伏发电 LCOE 从 2010 年的 460 美元 / 兆瓦时下降至 2023 年的 44 美元 / 兆瓦时，下降幅度高达 90%，为所有发电技术中成本下降最快的。此外，海上风电 LCOE 也明显下降，从 2010 年的 203 美元 / 兆瓦时下降至 2023 年的 75 美元 / 兆瓦时，下降幅度达 63%（见表 1-1）。

表 1-1 2010 年、2023 年可再生能源发电的项目总投资、容量系数及 LCOE

发电技术	项目总投资（美元 / 千瓦）			容量系数（%）			LCOE（美元 / 兆瓦时）		
	2010 年	2023 年	增幅	2010 年	2023 年	增幅	2010 年	2023 年	增幅
陆上风电	2272	1160	-49%	27	36	33%	111	33	-70%
海上风电	5409	2800	-48%	38	41	8%	203	75	-63%
光伏发电	5310	758	-86%	14	16	14%	460	44	-90%

续表

发电技术	项目总投资（美元/千瓦）			容量系数（%）			LCOE（美元/兆瓦时）		
	2010 年	2023 年	增幅	2010 年	2023 年	增幅	2010 年	2023 年	增幅
光热发电	10453	6589	−37%	30	55	83%	393	117	−70%
水电	1459	2806	92%	44	53	20%	43	57	33%
生物质能	3010	2730	−9%	72	72	0	84	72	−14%
地热能	3011	4589	52%	87	82	−6%	54	71	31%

资料来源：国际可再生能源署（IRENA）。

（四）技术

1. 风机大型化趋势持续

根据国际可再生能源署公布的 12 国数据，2023 年瑞典新建陆上风电项目的平均单机容量最高，达到 5.8MW，超过 2022 年单机容量最高的国家土耳其。中国单机容量几乎与土耳其持平，排名第二，达 5.6MW，且增速最快，同比增长 30.2%。相比之下，印度单机容量最低，近 3 年来新增陆上项目的单机容量为 2 ~ 3MW，增长速度较为缓慢（见图 1−10）。

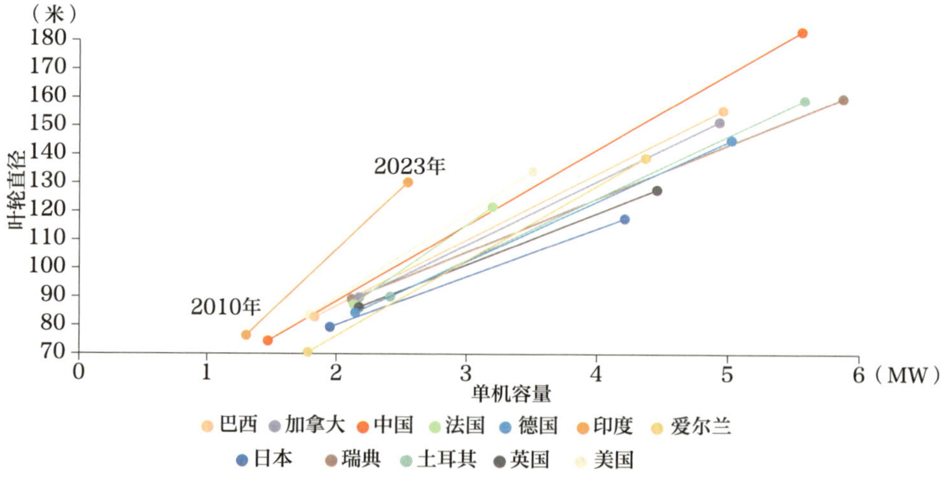

图 1−10　2010—2023 年主要风电国家陆上风机单机容量情况

资料来源：国际可再生能源署（IRENA）。

叶轮直径也在不断增加。2023年，各国平均叶轮直径为118 ~ 184米，显著高于2022年的105 ~ 163米。中国的平均叶轮直径最大，日本最小。

2. 海上风机单机容量显著提升

为了降低海上风电的成本，大型风机的作用日益凸显，海上风机大型化趋势愈加明显。2023年，全球新建的海上风电项目的平均单机容量为9.9MW，同比增长24.7%。中国增长速度最快，较2022年提高了2.2MW，与欧洲新建海上风电平均单机容量的差距逐渐缩小，从2022年的1.8MW降至2023年的0.1MW。

目前，欧洲海上风电项目的项目规模、离岸距离、水深均高过中国，但在轮毂高度、叶轮直径方面，中国已超过欧洲（见表1-2）。

表1-2 2010年、2017年、2023年中国和欧洲海上风电项目参数对比

指标	地区	2010年	2017年	2023年
项目规模（MW）	中国	67	255	321
	欧洲	155	253	470
离岸距离（千米）	中国	12	15	27
	欧洲	18	61	35
水深（米）	中国	9	12	29
	欧洲	21	32	35
轮毂高度（米）	中国	—	92	131
	欧洲	83	100	127
叶轮直径（米）	中国	—	171	227
	欧洲	112	141	190

资料来源：国际可再生能源署（IRENA）。

（五）企业

1. 中国整机企业占据全球 65% 以上的市场份额

2023 年，全球前十大整机企业中，中国企业占了其中的 6 个席位，与上年持平，前五大整机企业中，有 4 家为中国企业。凭借中国市场的强劲需求，金风科技以 16.4GW 的装机容量，再次排名全球第一①。远景能源和浙江运达均实现了史上最佳的市场占比及排名，分别位列第二和第四。此外，明阳智能、三一重能和东方电气也跻身全球前十。

西方国家风电整机企业中，一直保持领先的维斯塔斯（除 2020 年），在 2022 年排名下滑至第二后，2023 年再次退步至第三，2023 年新增装机容量为 13.4GW。维斯塔斯是全球化程度最高的整机企业，产品遍布 35 个市场。通用电气（GE）因受美国本土风电新增装机规模缩减的影响，其全球排名从 2022 年的第三跌至 2023 年的第六。西门子歌美飒陆上风机 SG5.X 的质量问题导致其 2023 年业绩受创，排名从 2022 年的第五下滑至 2023 年的第八。德国恩德（Nordex）充分把握德国陆上风电市场快速增长的机遇，实现了较好的业绩，2023 年排名第九（见图 1-11）。

此外，2023 年全球整机企业市场的集中度呈现轻微下降趋势，具体表现为前十大整机企业的市场份额总和相比 2022 年小幅缩减了 1.2 个百分点，降至 85.7%。

2. 海上风电整机企业市场集中度小幅提高

近年来，全球海上风电整机企业市场集中度发生显著变化。2019—2022 年，市场集中度呈现逐年下滑趋势，前四大企业的市场份额由 76.2% 缩减至 68.4%。然而，这一下滑态势在 2023 年得到逆转，市场集中度回升 3 个百分点，达到 71.4%（见图 1-12）。

---

① 风电机组供应的数据与并网数据存在差异，供应数据为完成吊装的风电机组，未考虑是否成功并网和完成调试。

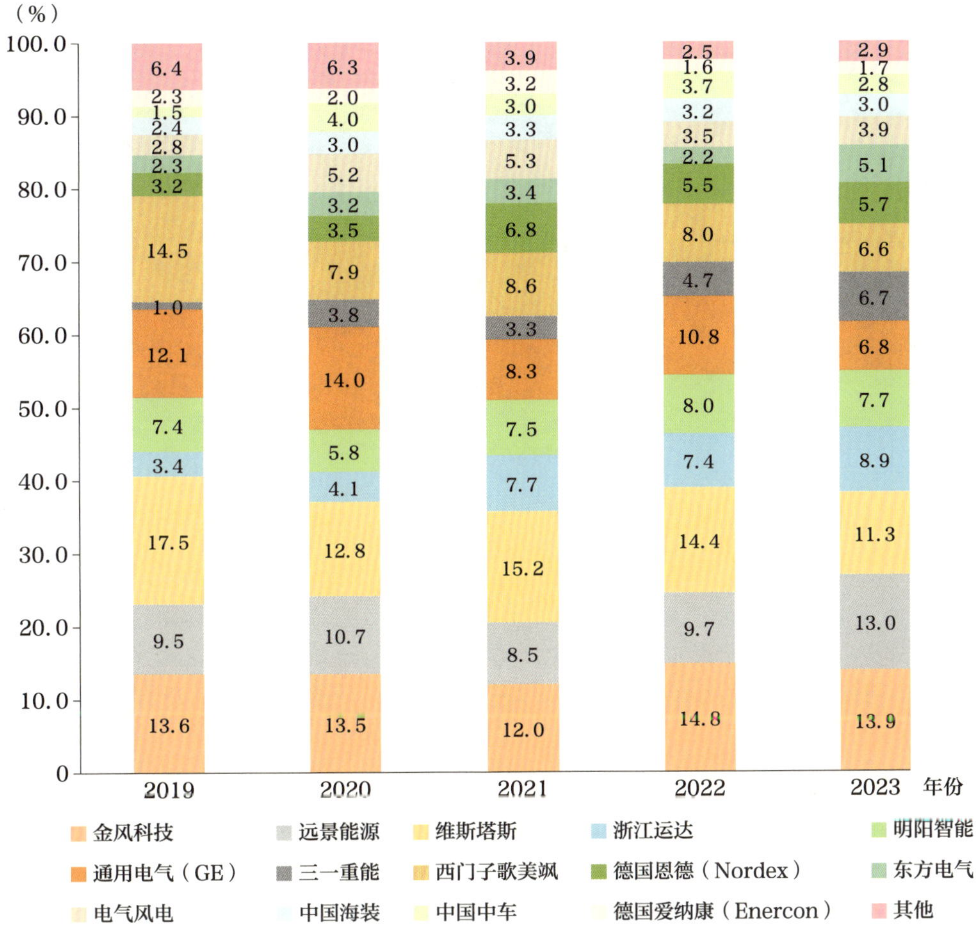

图 1–11　2019—2023 年全球风电整机企业市场份额占比

注：本书图表中数据由于计算时四舍五入，因此有些涉及占比的数据加总不等于 100%，后面图表中出现同类情况，不再另行说明。

资料来源：彭博新能源财经（BNEF）。

2023 年明阳智能凭借在中国市场，尤其是广州市场的强劲表现，成功超越长期占据领先地位的西门子歌美飒以及 2022 年海上风机安装最多的维斯塔斯，跃居行业首位。海外整机企业中，西门子歌美飒和维斯塔斯共占据 2023 年新增装机容量的 31.4%。

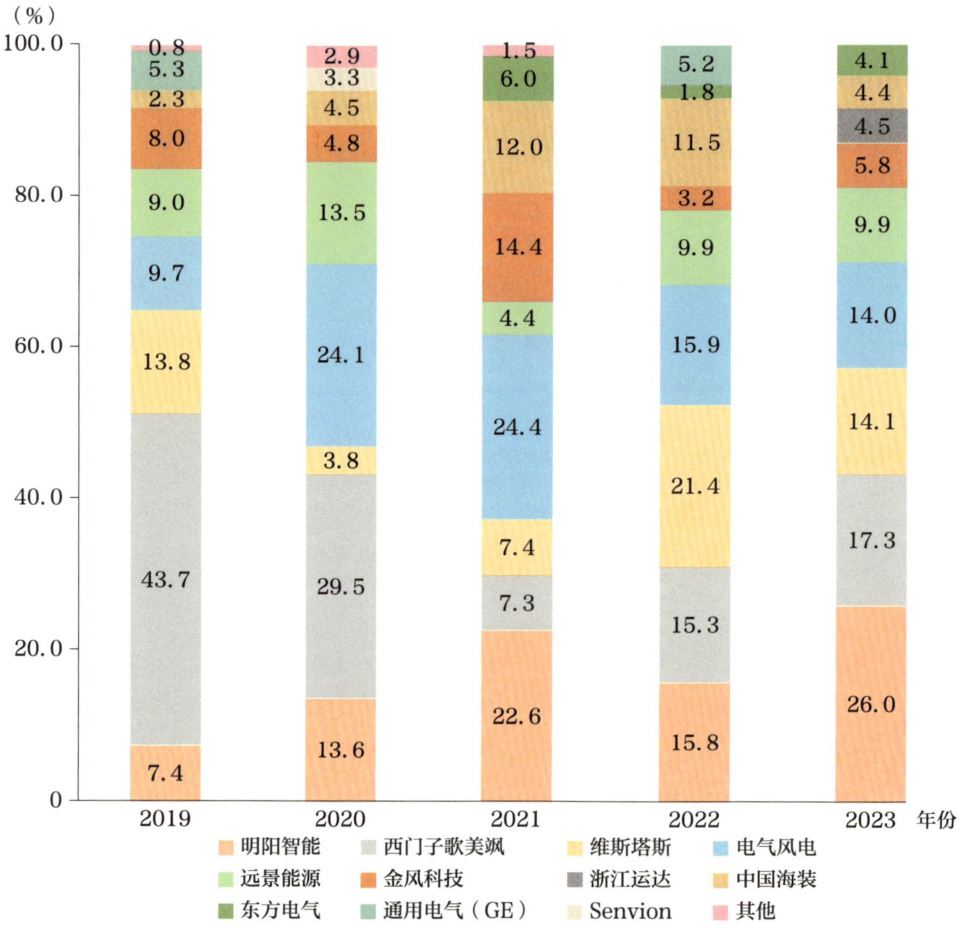

图 1-12　2019—2023 年全球海上风电整机企业市场份额占比

资料来源：彭博新能源财经（BNEF）。

二、中国风电发展现状与特点

（一）装机容量

1. 装机规模再创新高，稳居全球首位

2023 年，中国风电行业迎来飞跃发展，新增装机容量达到 75.6GW[①]，同

① 中国数据采用中国国家能源局数据，是并网数据。全球数据采用全球风能协会数据。因此，数值有所不同。

比增幅高达 95.9%，占全部发电新增装机容量的 20.5%，超越了 2020 年抢装时创下的 71.7GW 新增装机容量纪录（见图 1-13）。截至 2023 年底，中国风电累计装机容量已经突破 441.3GW，同比增长 20.7%，持续巩固其在全球风电市场的领先地位。过去 10 年间，风电装机容量的复合增长率达到 18.4%。

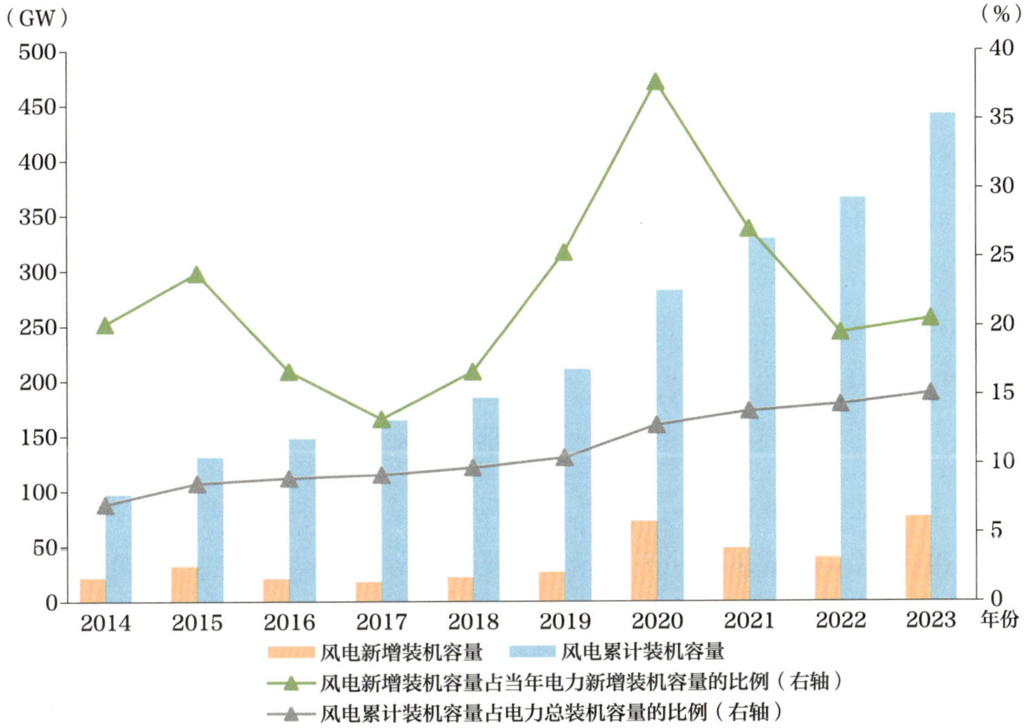

图 1-13　2014—2023 年中国风电新增及累计装机容量

资料来源：国家能源局、中国电力企业联合会。

在第一批风光大基地的有力推动下，中国陆上风电呈现迅猛增长的势头。2023 年，陆上风电新增装机容量达 68.8GW，同比增长 105.1%，创历史新高，累计装机容量突破 400GW 大关。海上风电也取得了显著进展，新增装机容量 6.8GW，同比增长 67.8%，累计装机容量达 37.3GW，占风电总装机容量的 8.4%。

进入 2024 年，中国风电发展势头不减，上半年新增装机容量达 25.7GW，同比增长11.7%。截至2024年6月底，中国累计风电装机容量达466.7GW，占电力总装机容量的15.2%。风电作为清洁能源的重要组成部分，其战略地位日益凸显。

2. 三北地区风电发展领跑全国，大基地政策成效显著

在国家风光大基地政策的有力推动下，2023年中国风电新增装机容量呈现区域集中趋势，三北地区（华北、西北、东北）以其得天独厚的风资源优势，继续领跑全国风电发展，占据了全国新增装机容量的67.3%。华北、西北地区积极推进大型风电基地建设，新增装机容量位居全国前两名，占比分别高达39.0%和20.8%。相比之下，东北地区的占比最低，为7.5%。

2019—2023年（2021年除外），华北地区的新增装机容量持续领跑全国，这主要得益于风电大省内蒙古的强劲推动。特别是2023年，受第一批风光大基地并网时间要求的影响，华北地区新增装机容量显著增加。自2020年起，西北地区的风电发展呈现出快速增长的态势，其中新疆和甘肃两大风电省份的复苏尤为显著。东北地区风电市场重启后，吉林省率先起步，2022年市场份额明显提升，2023年增速有所放缓。

在中东南部地区，华中地区以低风速市场为主导，但由于河南及湖北两省的增量大幅回落，该地区2022年的市场份额降幅明显，2023年基本与上年持平，占比为8.2%。

华南地区则因云南省的加速增长、广东省海上风电以及广西壮族自治区低风速市场的发力，市场份额实现了快速提升，2023年其新增装机容量跃居全国第三位，占比达到16.3%。近两年来，云南省为缓解电力供需紧张形势，大力发展风电和光伏产业，其装机容量远超华南地区其他省区。

华东地区海上风电则以山东和浙江两省为主，2023年占比为8.2%。自2021年海上风电抢装潮后，华东地区市场份额虽有所回落，但山东省的海上风电已逐渐成为该地区装机规模的重要支撑（见图1-14）。

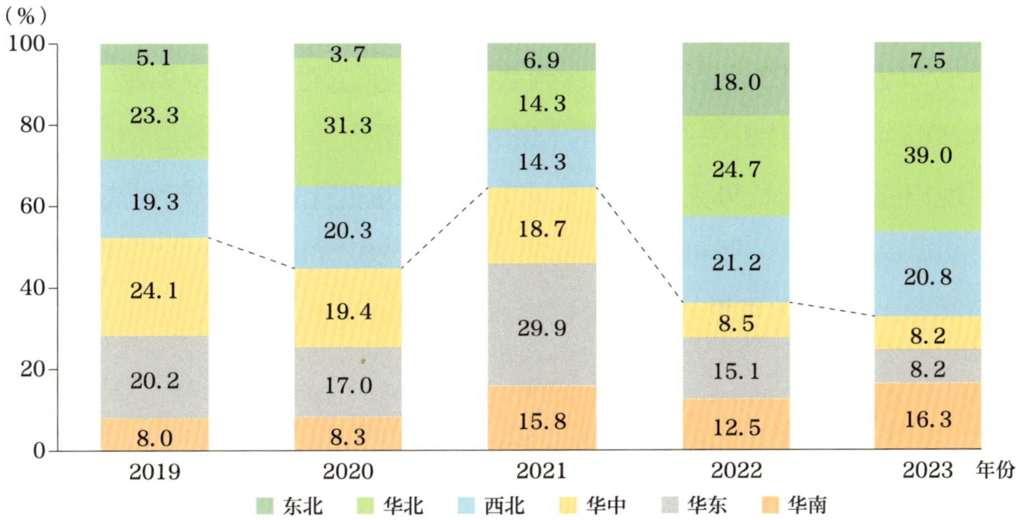

图 1-14　2019—2023 年中国风电新增装机容量区域分布

资料来源：国家能源局、中国电力企业联合会。

3. 海上风电装机分布逐步趋向均衡

中国海上风电起步较晚，但是经过十几年的迅猛发展，已经取得显著成就，新增装机容量已连续 4 年位列全球第一，累计装机容量也在 2021 年超越英国跃居全球第一。截至 2023 年底，中国海上风电累计装机容量达 37.3GW，占全球累计装机容量的 50.3%，占中国风电总装机容量的 8.4%。

2023 年，中国海上风电新增装机容量达到 6.8GW，虽然新增装机容量不及预期，但与 2022 年相比，仍然实现了 67.8% 的增长。2023 年上半年，用海、环评、航道、军事等多因素导致多个项目的审批或建设进程受到影响。从下半年开始，制约海上风电发展的因素陆续消除，广东、广西、福建等地出现了大规模竞配，为海上风电的发展提供动力。

“十三五”后期，广东、福建、浙江等省海上风电开发建设力度加大，进入 2023 年，海上风电新增项目的 95% 集中在享有地方补贴的广东、山东和浙江，海上风电装机容量地域分布进一步均衡。具体来看，尽管江苏海上风电装机容量一直居于首位，但是其市场占比显著下降，从 2017 年的 78%

下降至2023年的31%。与此同时，广东的海上风电装机容量占比持续提高，较2017年增长了27个百分点，达到29%，紧随江苏之后，位列第二。山东则从2017年的零装机快速增长至13%的市场份额，上升至第三位。浙江同样展现出强劲的增长势头，其海上风电装机容量占比比2017年提高了10个百分点，达到12%。而福建则因2023年新增装机容量有限，其海上风电装机容量占比比2017年增长了4个百分点，达到9%（见图1-15）。

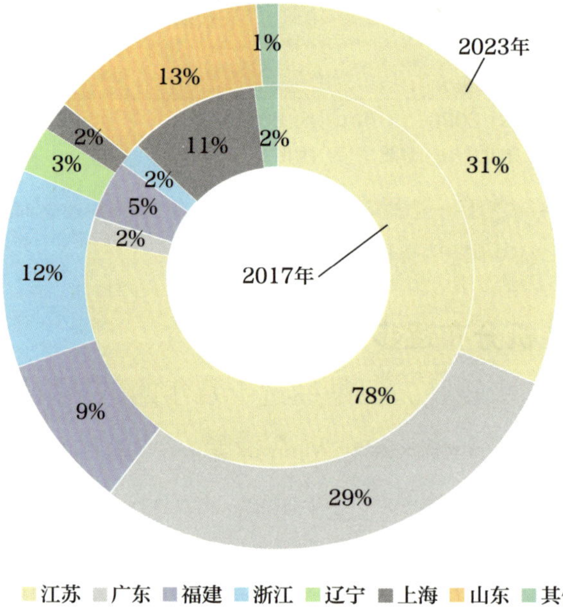

图1-15 2017年、2023年中国海上风电累计装机容量分布[①]

资料来源：中国可再生能源学会风能专业委员会。

（二）发电量

1. 风电发电量持续增长，风电是中国第三大主力电源

从2014年起，风电已稳定成为中国继火电、水电之后的第三大主力电源。2023年，中国风电发电量达8858亿千瓦时，同比增长16.2%，占全国

① 其他地区包括河北和天津。

总发电量的比例攀升至 9.5%，较 2022 年提高了 0.7 个百分点（见图 1-16），风电在能源结构中的地位日益凸显。

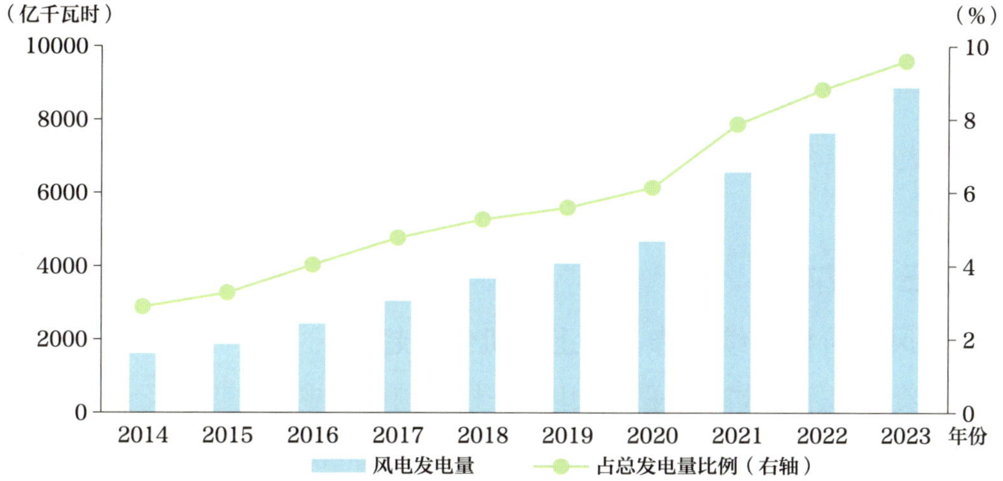

图 1-16 2014—2023 年中国风电发电量情况

资料来源：国家能源局、中国电力企业联合会。

风电发电量占比较高的省份集中在三北地区，同时吉林和黑龙江两省的表现尤为亮眼。吉林风电发电量占比高达 25.2%，居首位；黑龙江则以 20.8% 的占比紧随其后，两省均展现出明显的领先优势。值得注意的是，吉林的风电发电量占比相较 2022 年提升了 5.4 个百分点，增长势头强劲。

相对而言，中东南部地区的风电发电量占比较低，仅河南、湖南及广西的占比超过 10%。在华东地区，福建和上海的发电量占比同比出现下降，而其他四省则保持增长或持平态势。华南地区中，广西风电发电量继续领跑，而云南由于装机规模的不断扩大，发电量涨幅显著，占比同比增加了 1.6 个百分点。

2. 风电消纳保持稳定

2023 年，我国风电利用率为 97.3%，较 2022 年小幅提升 0.5 个百分点，整体消纳情况保持稳定。蒙西风电利用率最低，仅为 93.2%，河北、青海的风电利用率也低于 95%。

2023 年，全国风电平均利用小时数为 2225 小时，较上年略增 4 小时。

其中，有16个省份的风电利用小时数超过了2200小时，较上年增加1个省份。西藏是风电利用小时数最高以及同比增幅最高的地区，利用小时数同比增长428小时，达到3472小时。福建风电利用小时数虽位列第二，但同比减少了252小时，这一变化主要是由于火力发电利用小时数同比增长9.5%，对风电产生了较大影响。2023年是内蒙古的“小风年”，风电利用小时数同比出现大幅下降。

（三）成本

1. 风机价格持续下降，陆上风机价格趋稳

随着国家补贴政策的逐步退出，在技术创新、规模效应以及整机企业间竞争加剧等因素的共同推动下，我国风电机组中标价格呈现明显的下降趋势。

陆上风电机组（不含塔筒）中标价格已由抢装前的4000元/千瓦大幅下降至2024年6月的1398元/千瓦。2023年以来，尽管陆上风电机组的中标价格继续下滑，但降速已逐渐放缓，2023年全年降幅达16.8%，而2024年上半年降幅仅为10.3%，陆上风电机组中标价格整体趋于平稳（见图1-17）。

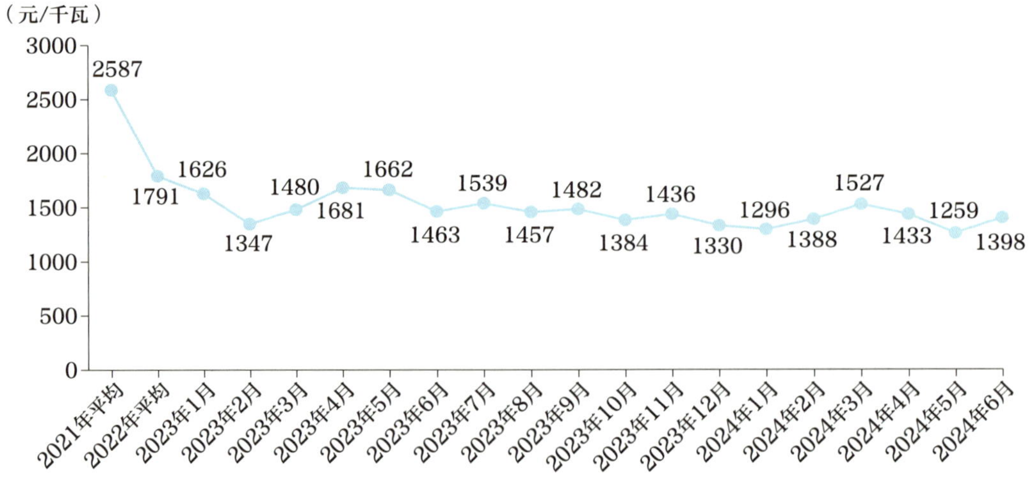

图1-17　2021年至2024年6月陆上风电机组（不含塔筒）中标均价

资料来源：国家能源集团技术经济研究院。

海上风机价格持续下行，从抢装前的6000元/千瓦以上逐渐降至2022年的4000元/千瓦以下，2023年第二季度已跌破3000元/千瓦大关，2024年第二季度进一步下滑至2758.9元/千瓦。2023年海上风机价格全年降幅达12.3%，而2024年上半年降幅为10.4%，下降趋势放缓（见图1-18）。

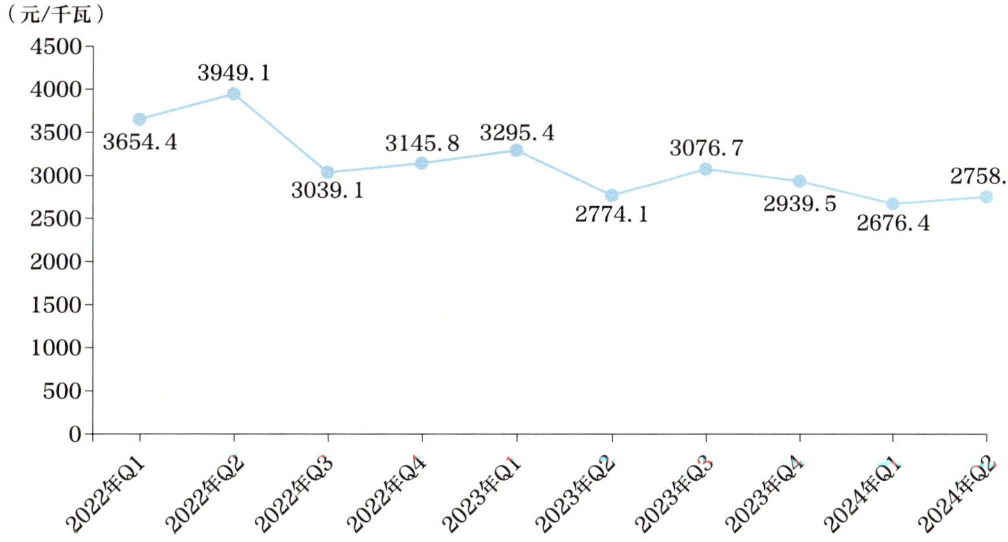

图1-18　2022年至2024年6月海上风电机组（不含塔筒）中标均价

资料来源：国家能源集团技术经济研究院。

2. 风电LCOE继续下降，风电竞争力持续增强

2023年，随着大型风机的应用、风机价格的持续下降以及风电场规模的不断扩大，风电的千瓦造价大幅下降，风电竞争力进一步增强。2023年，陆上风电的千瓦造价实现了18.0%的降幅，同时风电的利用率也提高了0.5个百分点。这一进步促使陆上新开工风电项目LCOE下降了20.1%，降至33.6美元/兆瓦时（约合0.23元/千瓦时）（见图1-19）。海上风电的成本同样呈现出稳步下降的趋势，海上风电千瓦造价为9500～14000元，但仍是陆上风电造价的两倍多。此外，海上风电的运维成本占总成本的比例达到25%～30%，是陆上风电运维成本的1.5～2倍。整体来看，

中国海上风电 LCOE 在 0.46 元 / 千瓦时左右，近海海上风电项目 LCOE 已下降至 0.33 元 / 千瓦时。

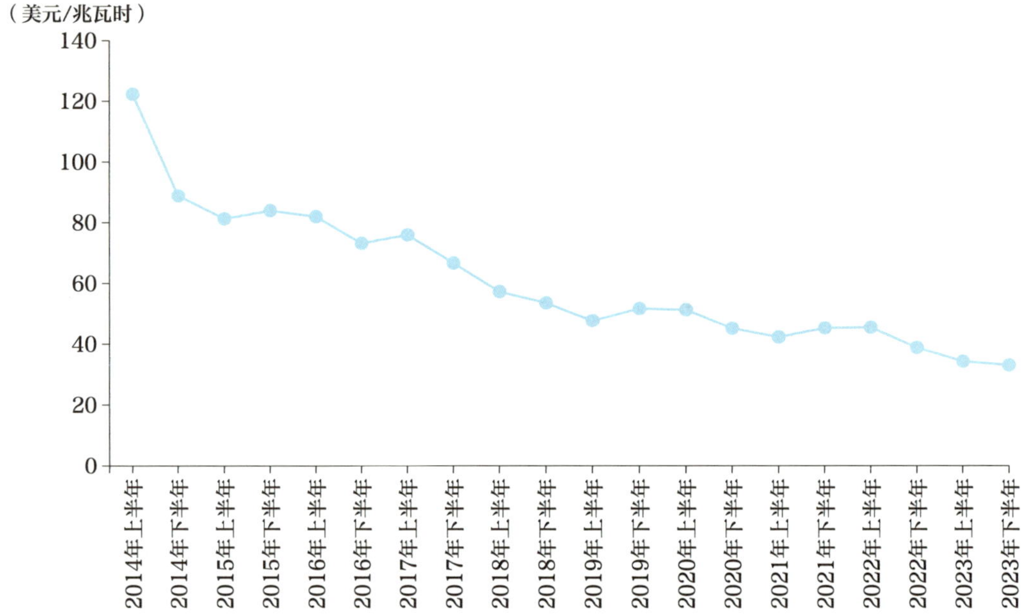

图 1-19　2014—2023 年新开工风电项目 LCOE

资料来源：彭博新能源财经（BNEF）。

（四）技术

1. 风机大型化趋势持续

大型化是风电项目降本增效的有效途径，三北大基地项目也加速了陆上风电机组的大型化，因此，近两年风机大型化速度明显加快。

2023 年，中国陆上新增风机的平均单机容量达到 5.4MW，同比增长 25.6%，高于欧洲的 4.1MW。海上新增风机的平均单机容量达到 9.6MW，同比增长 29.7%（见图 1-20）。在 2023 年新增的风电机组中，3MW 以下机型的新增装机容量占比快速缩减，从 2017 年的 92% 以上降至 2023 年的 1%。主力机型也由 2022 年的 4.0 ~ 4.9MW 机型提升至 2023 年的 6.0 ~ 6.9MW 机型（见图 1-21）。

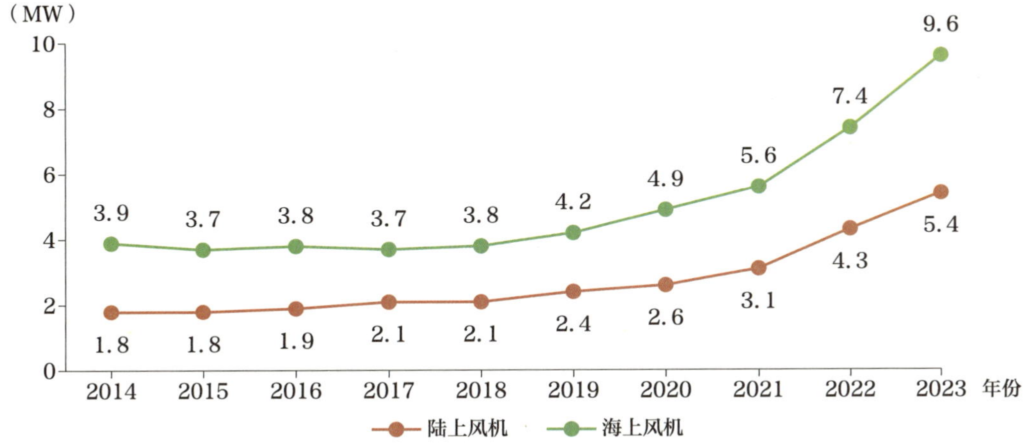

图 1-20　2014—2023 年新增装机平均单机容量

资料来源：中国可再生能源学会风能专业委员会。

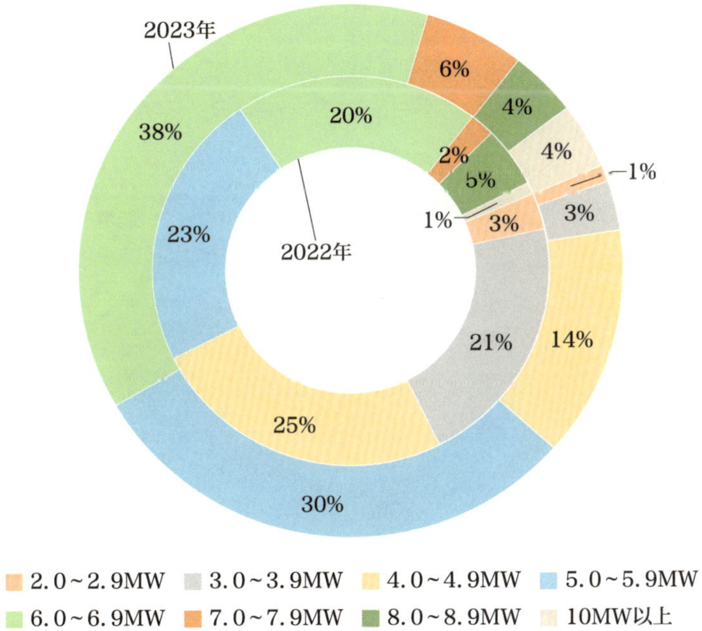

图 1-21　2022 年、2023 年中国新增装机中不同单机容量占比情况

资料来源：中国可再生能源学会风能专业委员会。

2. 海上新增风机以 8MW 及以上机型为主导

2023 年新增装机的海上风电机组中，大容量机组成为绝对主力。特别是单机容量10MW以上的风电机组，其装机容量占比从2022年的12.1%大幅跃升至2023年的44%。这一显著增长主要得益于11MW和12MW机型的广泛应用，两者合计占比高达约36.9%，再加上8.0～8.9MW机型（占比37%），共同构成了市场上的主流选择。此外，12MW以上风电机组的装机容量占比也达到了6.6%，海上风电机组正朝着更大容量的方向稳步迈进。

截至2023年底，所有吊装的海上风电机组中，尽管6.0～6.9MW及4.0～4.9MW的风机仍然占据一定的市场份额，分别占累计装机容量的23%和22.5%，但与2022年相比，占比均有所下降，分别减少了5.4个百分点和5.3个百分点，主要由于7MW及以上机型大量增加，该类机型2023年累计占比达到34%（见图1-22），与2022年相比增加了15.5个百分点。

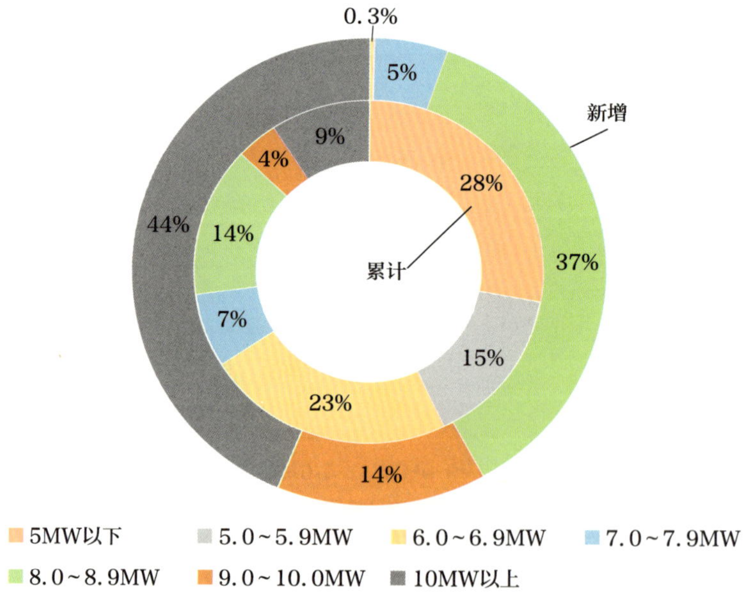

图1-22　2023年海上新增及累计装机容量所使用风机机型占比

资料来源：中国可再生能源学会风能专业委员会。

3. 构网型机组与风储荷网机组创新推出，提升风电稳定性

风电机组在追求大型化的同时，也在技术创新上不断突破，以解决稳定性不足的技术难题。众多风电整机企业纷纷推出了构网型机组和风储荷网机组等创新产品。

构网型机组能够在交流电网波动时表现出电压源特性，通过系统感知主动为电网提供电压支撑，并且能够自发快速地响应频率变化，有效克服了跟网型机组在弱电网环境中的稳定运行挑战。2023 年，河北建投康保“以大代小”风电平价示范项目成功并网 5 台构网型风电机组，实现了从技术开发到大批量商业化应用的重要跨越。2024 年 3 月，明阳智能在新疆达坂城华冉风电场成功完成了全球最大构网型双馈机组 MySE6.25-193 的测试验证工作。随后两个月，电气风电在江苏东台下线了当时全球单机容量最大的构网型机组，其单机容量高达 10MW。

风储荷网机组通过“一机一储”的分散式储能配置，提升了电网的调峰能力。全球首台 18 ~ 20 兆瓦级风储荷网机组 EW18-20-260 和海神平台第三代产品 EW14.0-270 机组，已在上海电气汕头智能制造基地同步下线，标志着风电技术的又一重要进步。

4. 深远海技术不断突破，开启深远海风电新篇章

中国海上风电的开发主要集中在近海区域，近海海上风电受到航道运输、水产养殖等因素限制，深远海的区域面积广阔，风资源开发潜力更大，因此海上风电从近海走向深远海是必然趋势。2022 年 6 月发布的《“十四五”可再生能源发展规划》提出，开展深远海海上风电规划，推动近海规模化开发和深远海示范化开发，重点建设山东半岛、长三角、闽南、粤东、北部湾五大海上风电基地集群。在国家政策的推动下，深远海风电技术迎来加速突破期。

在海上风电向深远海挺进的趋势下，漂浮式风电项目成为必然选择。我国的漂浮式海上风电已经逐步从科研阶段迈向设计生产阶段。我国已

经有 4 个漂浮式平台进行了示范应用，分别是“三峡引领号”“海装扶摇号”“海油观澜号”和“国能共享号”。三峡集团的“三峡引领号”于 2021 年 12 月 7 日并网发电，是亚太地区首个投入商业化运营的海上漂浮式风机，装机容量达 5.5MW，轮毂中心距海平面约 107 米，叶轮直径 158 米。中国海装的“海装扶摇号”于 2022 年 5 月 27 日正式并网，装机容量达 6.2MW，轮毂中心距海平面 96 米，叶轮直径 152 米。中国海油的“海油观澜号”于 2023 年 5 月 20 日并网发电，装机容量 7.25MW，叶轮直径 158 米。国家能源集团的“国能共享号”于 2024 年 6 月 28 日并网发电，装机容量 4MW，是全球首座风渔融合浮式平台。这 4 个示范项目均选用半潜式基础。此外，明阳智能的“明阳天成号”已完成岸边安装，2024 年 12 月已投运（见表 1-3）。

表 1-3 中国漂浮式海上风电项目情况

年份	项目	总容量（MW）	装机容量（MW）	风机制造商	水深（米）	离岸距离（千米）	开发商	浮式基础
已投运项目								
2021	“三峡引领号”	5.5	5.5	明阳智能	30	30	三峡集团	半潜式
2022	“海装扶摇号”	6.2	6.2	中国海装	65	15	中国海装	半潜式
2023	“海油观澜号”	7.25	7.25	明阳智能	120	136	中国海油	半潜式
2024	“国能共享号”	4	4	电气风电	35	—	国家能源集团	半潜式
2024	“明阳天成号”	16.6	8.3	明阳智能	—	—	—	—
规划项目								
2025	海南万宁项目一期	200	16 ~ 17	—	100	22	中国电建	—
2027	海南万宁项目二期	800	—	—	100	22	中国电建	—

资料来源：国家能源集团技术经济研究院。

各整机企业也在积极推进漂浮式风电机组的研发。中车株洲所发布了全球首款 20MW 单机容量的漂浮式机组“启航号”，成为目前市场上单机容量最大的同类产品。明阳智能的双转子漂浮式机组“明阳天成号”凭借独特的“V”字形双塔筒设计，集成了两台单机容量 8.3MW 的海上风力发电机，总装机容量高达 16.6MW，专为全球水深超过 35 米的广阔海域设计。该机组叶轮顶点高达 219 米，空中最大展宽接近 369 米，其创新的翼型双塔筒、双主机、双风轮架构，以及拉索系统的运用，均为业界首创。

相较于欧洲，我国在深远海技术领域的积淀尚存差距。当前，我国已投入运营的深远海漂浮式风电项目多以示范性质为主，尚处于单机测试阶段，未实现大规模商业化应用。反观欧洲，已跨越单机测试阶段，迈入商业化初期。其深远海漂浮式风电项目的商业化探索历经多年验证，展现出较高的成熟度与可靠性。

（五）市场与企业

1. 开发市场

（1）2023 年风电开发企业的集中度有所下降

2023 年，风电开发企业格局发生了一定变化。首先，企业集中度显著提升。2023 年，有新增装机容量的开发企业近 200 家，而 15 强企业的新增装机容量达到 5807 万千瓦，占据了 73.1% 的市场份额，这一比例比上年增长了 10.6 个百分点（见图 1-23）。其次，大基地项目的推进极大地促进了地方企业装机容量的增长。蒙能集团以新增装机容量 323 万千瓦成功跻身前八位，宁夏宝丰能源集团也新晋入列前 15 位。最后，央企和国企依然占据主导地位，但在排名上有微调。前 15 名中，央企占据 10 席，其中中核集团为新入围，三峡集团的排名下降了 4 位；地方国企占据 2 席，包括蒙能集团和京能集团；民营企业方面，有 3 家企业入围，包括整机制造商金风科技旗下的天润新能和远景能源旗下的景泰新能源。

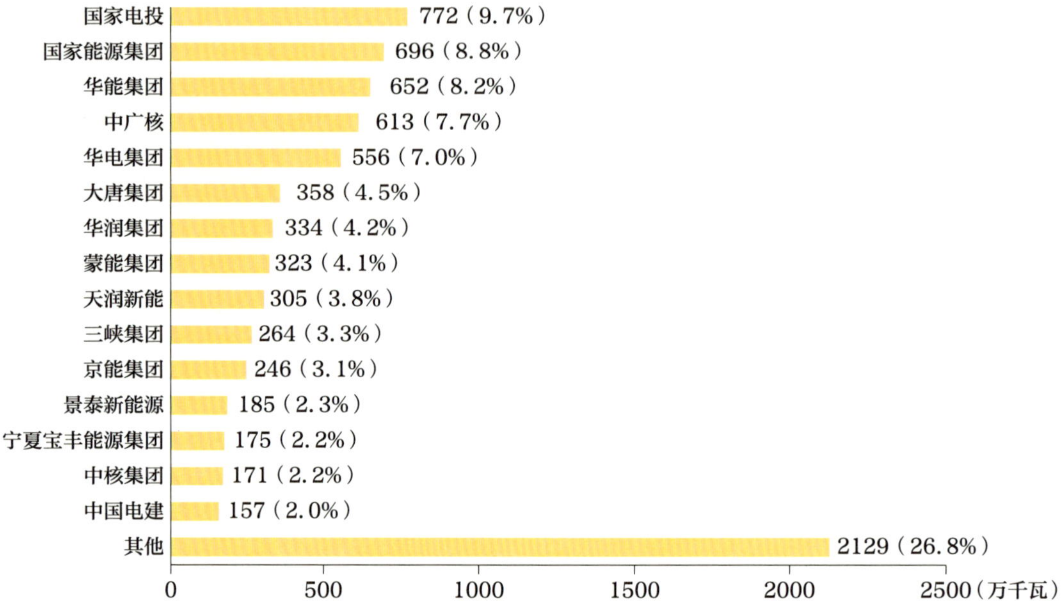

图 1-23　2023 年中国风电开发企业新增装机容量及其占比

资料来源：中国可再生能源学会风能专业委员会。

截至 2023 年底，排名前 15 的风电开发企业的累计装机容量超过 3.3 亿千瓦，占比达 70.3%，同比下降 1.2 个百分点。在排名前 15 的企业中，有 11 家中央企业、2 家地方国企、2 家民营企业。这 11 家央企的累计装机容量之和占总容量的 65.6%。

（2）央企和地方国企主导 2023 年海上风电新增装机容量

2023 年，共有 14 家风电开发企业有海上风电新增装机容量，较 2022 年减少了 1 家，除明阳智能外，其余 13 家均为央企或地方国企，央企装机容量占比高达 71.5%，地方国企占 21.7%。

截至 2023 年底，海上风电开发企业共 38 家，比 2022 年增加 1 家。在排名前 15 的企业中，有 9 家中央企业、5 家地方国企、1 家民营企业（见图 1-24）。这 15 家企业合计装机容量占比高达 89.5%。装机容量超 100 万千瓦的有 7 家企业——三峡集团、华能集团、国家能源集团、国家电投、中广核、广东能源及浙能集团，其合计占比达到了 75.6%。

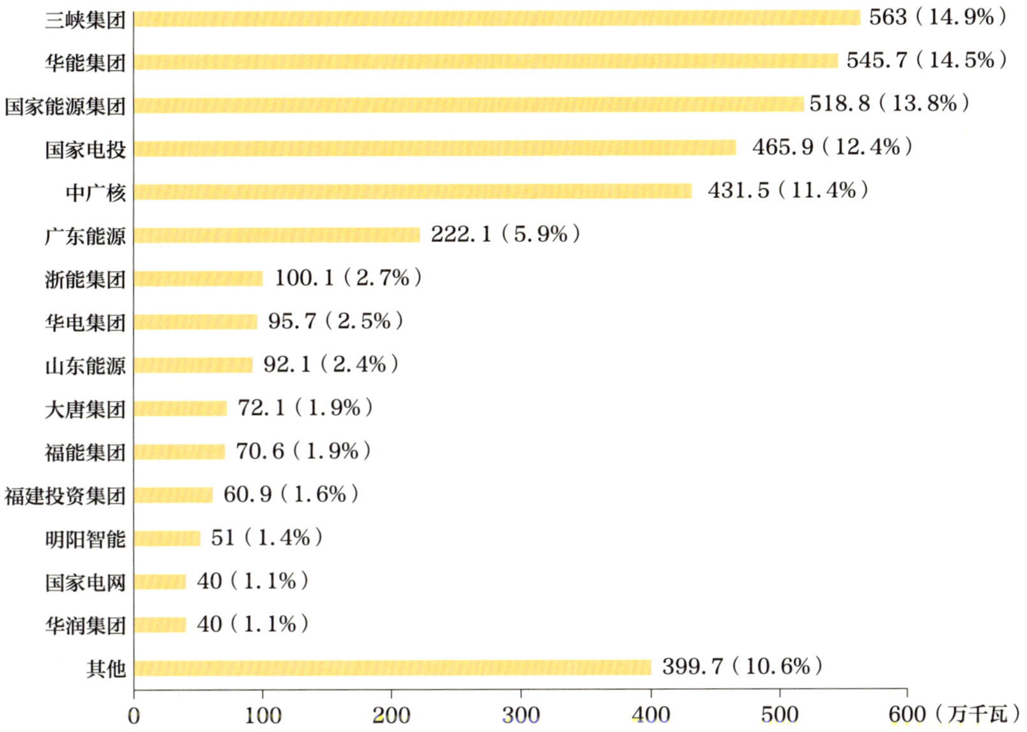

图 1-24　截至 2023 年底中国海上风电开发企业累计装机容量及其占比

资料来源：中国可再生能源学会风能专业委员会。

（3）风电资产交易数量增加，交易容量下降

2023 年，风电资产交易保持活跃。全年公开市场共披露了 92 笔交易，较 2022 年增长 12 笔，但总交易装机容量降至 1571 万千瓦，同比减少 979 万千瓦。2023 年风电资产交易的特点可概括为以下 3 点：一是交易地域分布广泛且分散。风电资产交易覆盖国内 19 个省份及 2 个海外地区，三北地区凭借丰富的可并购资源和稳定电价，继续成为交易热点，占比近半。国际市场上，尽管成交量有限，但中国企业的海外拓展步伐正在加速。二是分散式项目增多。受 2022 年大规模交易影响，2023 年优质交易标的减少，加之大型交易耗时较长，上半年分散式风电项目成为并购亮点。然而，长远来看，分散式项目将作为辅助，大型项目是投资并购的主流。三是交易主体多样化。整机企业仍是风电资产转让的主力军，通

过“投资换资源”策略，采用“成熟一批，转让一批”的战略持续补贴收入。国有及地方能源企业收购力度不减，买方集中度提升，成为市场核心力量。相比之下，外资在国内市场的参与度较低，全年仅有一笔收购国内资产的交易。

2. 整机市场

（1）市场份额进一步集中

2023 年，中国风电整机市场呈现出高度集中的态势，前十大和前四大整机企业的市场份额总和分别攀升至 99.7% 和 64.8%。相比于 2022 年，前十大整机企业的市场份额增加了 0.8 个百分点，而前四大整机企业的市场份额则略有下降，减少了 1.8 个百分点。与全球市场相比，中国整机行业的市场集中度更为显著，前十大和前四大整机企业分别高出全球平均水平 13.9 个百分点和 17.7 个百分点。

从企业竞争格局来看，金风科技继续领跑市场，其新增风机安装量已连续 13 年位居榜首。远景能源紧随其后，保持在第二名的位置，并且其市场份额还实现了 2.6 个百分点的增长。浙江运达则成功超越明阳智能，重新占据第三名的宝座。而专注于陆上风机的三一重能则位列第五。值得一提的是，东方电气实现了显著的增长，其风机安装量和市场占比均实现了约一倍的增长（见图 1-25）。

国外整机企业在中国的表现略显疲软，市场份额持续走低。2023 年，仅有维斯塔斯在中国实现了风机安装，但装机容量仅为 61.2MW，其市场份额不足 0.1%。

（2）海上风电整机市场集中度下降

2023 年，海上风电整机市场的竞争日益激烈，共有 7 家整机企业供应海上风机，前 4 家的安装量占比降至 80.7%，与 2022 年相比下降了 11.7 个百分点，但仍比陆上风电市场高出 13.3 个百分点。

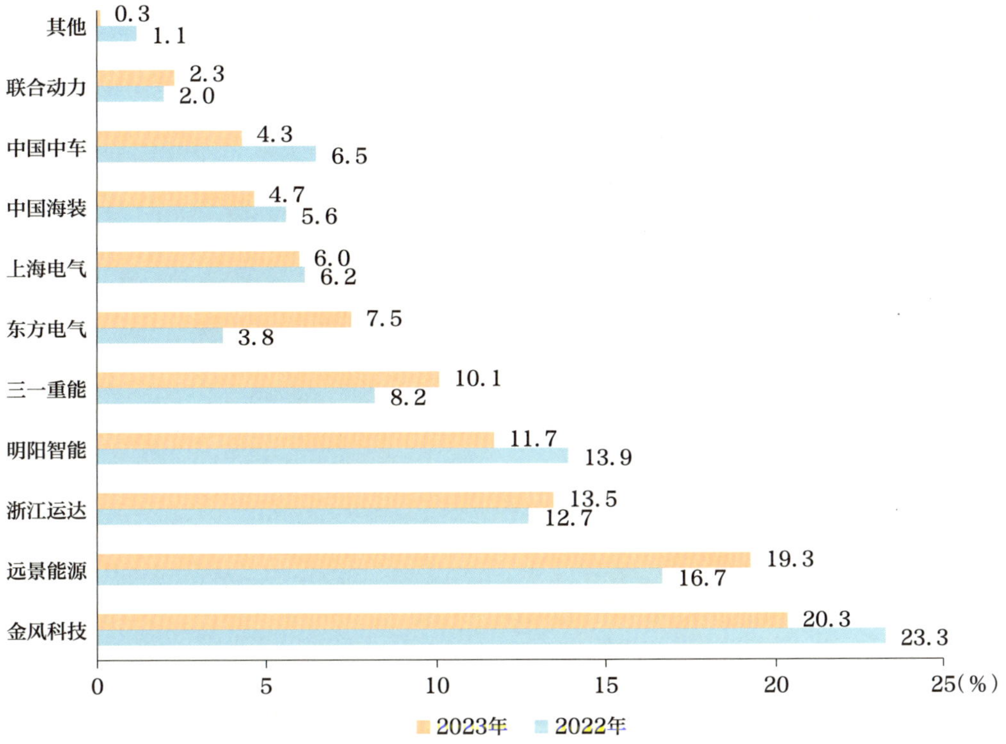

图 1-25　2022 年、2023 年中国新增吊装容量前十大风电整机企业市场份额

资料来源：彭博新能源财经（BNEF）。

电气风电虽然近两年市场份额持续下滑，但仍保持领先地位。然而，2023 年，明阳智能凭借在广东省市场的强劲表现，其新增装机容量实现翻番，成功超越电气风电，首次夺得市场第一的宝座。与此同时，远景能源和浙江运达加大对海上业务的投入，风机安装量显著增长。远景能源的排名上升至第三位，而浙江运达更是凭借象山海上风电项目，首次上榜（见图 1-26）。

（3）整机企业盈利能力持续承压

2023 年，我国风电整机行业虽整体营业收入小幅增长 2.6%，但内部发展分化显著。金风科技、明阳智能、浙江运达、三一重能和电气风电 5 家企业的营业收入总和同比增长 2.6%。其中，三一重能表现尤为亮眼，营业收入同比增长高达 21.2%。相比之下，金风科技与浙江运达的营收增长率维持在

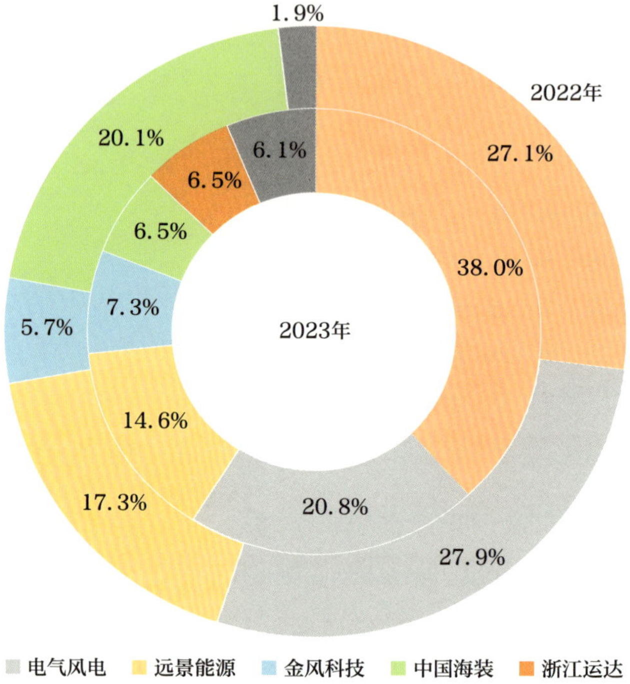

图 1-26　2022 年、2023 年海上风电整机企业新增装机容量市场份额

资料来源：彭博新能源财经（BNEF）。

7% ~ 9%，不过其增长动力更多源自风电场开发、工程总承包（EPC）等非风机销售板块。而明阳智能与电气风电则面临营业收入下滑的困境。

值得注意的是，尽管除电气风电外，其余风电整机制造企业均实现盈利，但净利润普遍大幅下滑。2023 年，这 5 家整机企业的净利润总和仅为 30.5 亿元，同比骤降 60.9%。其中，三一重能是唯一实现净利润正增长的企业，其余 4 家均有不同程度的净利润下滑。

进入风电平价时代以来，成本削减压力剧增，风电整机制造商深受其影响，行业竞争加剧，企业盈利能力普遍承压。2023 年，所有风电整机企业的销售毛利率均有所下滑，平均毛利率降至 13.1%，与 2022 年相比下降了 5.5 个百分点。具体来看，金风科技和三一重能的销售毛利率保持在 17% 以上，而明阳智能和浙江运达的毛利率为 11% ~ 13%，电气风电的毛利率则仅为 6.6%。

三、前景展望

（一）全球

1. 全球风能产业将持续蓬勃发展

我们预估，2024 年全球风电新增装机容量有望达 120 ～ 130GW，2024—2030 年年均新增装机规模达 151 ～ 169GW（见图 1-27）。到 2027 年累计装机容量有望突破 1500GW，到 2030 年有望突破 2000GW。

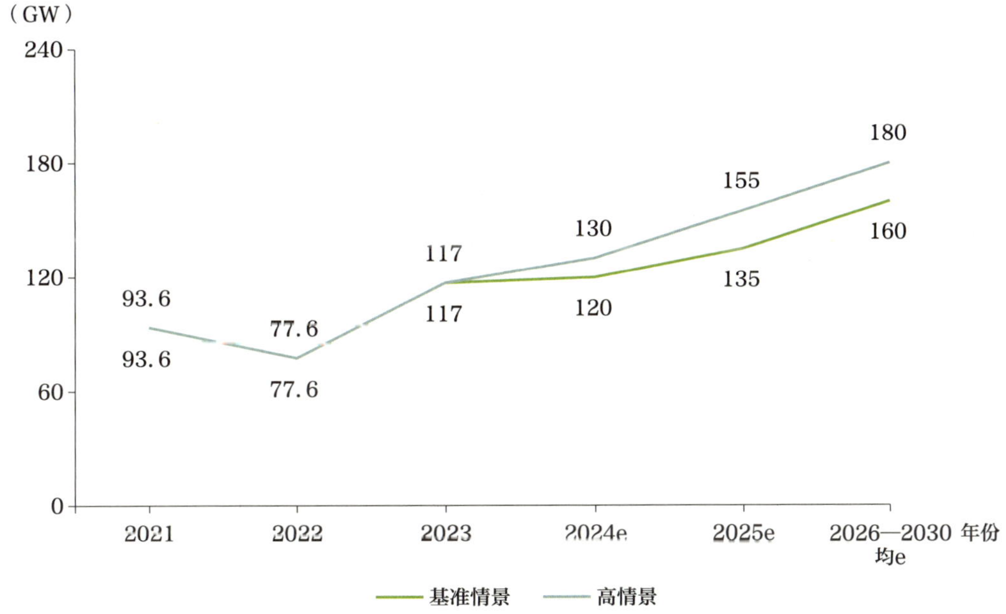

图 1-27　2024—2030 年全球风电新增装机容量预测

资料来源：国家能源集团技术经济研究院。

2. 陆上风电将稳步发展

全球陆上风电装机容量的增长主要源自中国、欧洲和美国。自 2025 年起，东南亚、中东和非洲地区的陆上风电开发也将提速。预计 2024—2030 年，全球陆上风电年均新增装机容量为 115 ～ 125GW。

北美洲地区，尽管 2024—2025 年美国装机规模下降导致整体装机规模略有缩减，但整体仍保持增长趋势。预计 2024—2030 年，该地区年均新增装机容量将达到约 15GW。尽管特朗普上台后，可能会缩减或取消《通胀削减法案》中的清洁能源税收优惠政策，进而削弱风电项目的经济效益并导致部分项目进度和投资放缓，但得益于数据中心和制造业对电力需求的持续增长，美国陆上风电仍具备经济可行性，发展速度将保持在每年约 10GW，其中包括约 1GW 的升级改造项目。此外，加拿大魁北克水电公司（Hydro Quebec）宣布到 2035 年实现 10GW 风电装机的计划，这将显著推动加拿大风电装机容量的增长。

欧洲陆上风电将保持稳定增长态势，预计 2024—2030 年年均新增装机容量将达到约 20GW。德国与西班牙将成为主要推动力。同时，土耳其、英国及瑞典预计在 2027 年后将显著加速风电发展。此外，保加利亚与捷克也将在 2026 年后积极进军风电市场。然而，德国和法国因为无法确定升级改造项目是否可以如期并网，因此对于老旧风电场的升级改造意愿不高，老旧风电场主要选择延长风机寿命而非升级改造，这在一定程度上影响了欧洲风电的新增装机容量。

亚太地区（不包括中国）的陆上风电装机容量将快速增长，2024—2030 年年均新增装机容量有望达到 14GW，印度、澳大利亚和越南是主要市场。受新冠疫情、土地和电网限制等多重因素影响，印度近两年来风电新增装机容量将创近 10 年来的最低水平，但之前规划的项目将在 2025 年前陆续并网。随着电力需求的持续增长和技术的不断进步，加之印度政府雄心勃勃的规划——计划在 2028 财年之前每年举行 50GW 规模的可再生能源招标活动，其中风电项目为 10GW，光伏项目、多能互补项目及全天候（RTC）项目合计为 40GW，风电项目的稳健发展得到了有力保障，我们预计印度的陆上风电年均新增装机容量将超过 6GW。此外，哈萨克斯坦、乌兹别克斯坦和阿塞拜疆的风电装机容量也将在“一带一路”倡议的带动下实现快速增长。

中东和非洲地区的新增装机容量将在 2025 年后迎来跨越式增长。预计

2024年新增装机容量不到3GW，但2025—2030年，新增装机容量将达到7GW。这主要得益于南非、埃及、沙特阿拉伯、阿曼等国陆上风电的快速增加。然而，南非因电网问题，新增装机容量将不及预期；埃及近期也存在土地限制和并网问题，导致大量储备项目面临延误，这在一定程度上影响了中东和非洲地区的陆上风电新增规模。

拉丁美洲的新增装机容量整体呈现下降趋势，预计2024—2030年年均新增装机容量不到5GW。这主要受巴西影响，因并网问题和电力供过于求，2026年后巴西新增装机容量将逐渐减少。不过，2024年开发企业为避免因电网承载能力有限导致无法按期并网而加快了建设步伐，所以预计2024年新增装机容量将是未来7年中的最高值。

3. 海上风电加速发展，成为全球装机增长新引擎

随着全球对可再生能源的需求日益增长，海上风电作为清洁能源的重要组成部分，正迎来前所未有的发展机遇。得益于各国政府的积极政策与宏伟目标，越来越多的国家将目光投向海上风电，2024—2030年，全球海上风电年均新增装机容量将达到23～30GW。特别是在2026年，新增装机容量预计将突破20GW；至2028年，新增装机容量预计将突破30GW。到2030年，全球海上风电的累计装机容量有望逼近300GW。

（1）欧洲地区

欧洲是全球海上风电发展较为成熟的地区，拥有丰富的海上风电资源，海上风电已成为欧洲可再生能源发电技术中最经济的选择之一。在此背景下，欧洲各国纷纷上调海上风电的装机目标（见表1-4），预计到2030年，欧洲的海上风电装机容量将接近100GW。其中，英国、德国、荷兰和丹麦将是欧洲未来海上风电发展的主要推动力。

表 1–4　欧洲地区海上风电累计装机目标

单位：GW

国家 / 文件	2022	2030e	2035e	2040e	2045e	2050e
英国	13.67	50	—	—	—	95
德国	8.01	30	50	—	>70	—
荷兰	2.99	22.2	—	50	—	70
丹麦	2.31	12.9	—	—	—	35
比利时	2.26	5.7	—	—	—	—
法国	0.48	—	18	—	—	40
挪威	0.09	—	—	30	—	—
爱尔兰	0.03	7	—	—	—	30
西班牙	0.01	3	—	—	—	—
希腊	0	2	—	—	—	—
葡萄牙	0.03	10	—	—	—	—
合计	29.88	—	—	—	—	—
《埃斯比约宣言》	—	≥ 65	—	—	—	≥ 150
《马林堡宣言》	—	19.6	—	—	—	—
《奥斯坦德宣言》	—	120	—	—	—	≥ 300

资料来源：国家能源集团技术经济研究院。

英国作为欧洲最大的海上风电市场，计划到 2030 年实现 50GW 的海上风电装机容量，包括 5GW 的漂浮式海上风电。截至 2024 年上半年，英国海上风电累计装机容量已达 14.6GW，在建、获得融资或海上项目开发权的项目达 7.8GW，处于前期规划的项目有 8.8GW。为实现既定目标，英国需在接下来的 7 年（2024—2030 年）里规划并落实至少 18.8GW 的新增项目，确保年均新增装机容量超过 5GW。

德国是欧洲装机目标和规划目标均为第二的国家。为加速海上风电发展并推进能源转型，德国近年来通过简化审批流程及提升规划目标等措施，充分利用北海资源。其目标是到 2030 年海上风电装机容量达到 30GW。至 2024 年上半年，德国累计装机容量为 8.3GW，另有 17.8GW 项目在建、获得融资或海上项目开发权，还有 4.5GW 项目处于规划阶段。当前规划足以支撑 2030 年目标的实现，2024—2030 年，年均新增装机容量需维持在 3GW 以上。

荷兰正全力推进海上风电发展，其 2030 年目标已从 11.5GW 大幅上调至 22.2GW。截至 2024 年上半年，荷兰累计海上风电装机容量为 5.5GW，另有 1.5GW 项目在建、获得融资或海上项目开发权，还有 4.7GW 项目在规划中。为实现目标，荷兰需在 2024—2030 年规划至少 10.5GW 的新增项目，年均新增装机容量需超过 2.4GW。

丹麦作为海上风电技术的领航者，同样在不断提升其发展规划能力。该国计划到 2030 年海上风电装机容量达到 12.9GW。截至 2024 年上半年，丹麦累计装机容量为 2.6GW，在建、获得融资或海上项目开发权的项目为 1.2GW，而前期规划项目则高达 10.7GW，足以支撑其 2030 年目标的实现。2024—2030 年，丹麦年均新增装机容量需达到约 1.5GW。值得一提的是，2024 年 5 月，丹麦启动了 6 个场址的海上风电招标，这些场址有望提供 6 ~ 10GW 的新增装机容量。

（2）亚太地区

日本正积极开拓海上风电领域，旨在到 2030 年达成 10GW 装机容量，并计划于 2040 年扩展至 30 ~ 45GW。然而，审批流程复杂及项目成本高昂等因素导致进展相对缓慢。至 2024 年上半年，日本海上风电总装机容量仅为 288MW，在建、获得融资或海上项目开发权的项目合计 3.7GW，另有 7.4GW 项目处于规划阶段。当前规划足以支持 10GW 目标的实现，2024—2030 年，年均新增装机容量需达到约 1.4GW。

韩国政府已坚定承诺，到 2030 年将海上风电装机容量提升至 12GW，并多次重申这一目标。截至 2024 年上半年，韩国海上风电装机容量仅为 141MW，但在建、获得融资或海上项目开发权的项目已达 2.2GW，规划中的项目更是高达 30GW。现有规划足以确保 2030 年目标的实现，2024—2030 年，年均新增装机容量需达到约 1.7GW。

越南海上风电资源丰富，开发潜力巨大，但面临新能源补贴政策不确定性、基础设施薄弱及风电产业链短缺等挑战。根据越南最新公布的《第八版国家电力发展计划》（未定案），计划到2030年海上风电装机容量达到6GW，2050年至少达到70GW。截至2024年上半年，越南海上风电总装机容量仅为1.3GW，在建、获得融资或海上项目开发权的项目合计2.1GW，另有8.8GW项目处于规划阶段。当前规划已足够支撑2030年目标的实现，2024—2030年，年均新增装机容量需达到约671MW。

（3）北美洲地区

美国作为北美洲唯一开发海上风电的国家，于2021年3月由拜登政府设定了到2030年达到30GW、2050年达到110GW的海上风电装机目标，并进一步于2022年9月宣布计划在2035年实现15GW的漂浮式海上风电装机。然而，近年来美国海上风电的发展遭遇多重挑战，包括供应链短缺、通货膨胀以及项目审批缓慢等，导致建设成本飙升，部分开发商因此蒙受损失甚至退出市场。

当前，美国海上风电的发展前景面临更大的不确定性。特朗普在竞选期间强烈批评海上风电可能对鸟类和鲸鱼造成潜在危害，并宣布将采取行动暂停批准新项目或出售新的海上风电租赁许可。

截至2023年底，美国海上风电并网项目仅为174MW，在建项目2395MW，已核准项目达8257MW，另有约47GW的项目仍处于前期阶段或待批准状态。这些项目均将受到特朗普政策调整的影响，其未来命运充满变数。

（4）其他地区

除了上述主要国家，澳大利亚、菲律宾、巴西等国亦在积极布局海上风电产业。澳大利亚政府正致力于完善政策法规与开发框架，以应对行业面临的挑战，预计至2030年，其风能市场将攀升至5GW，并有望在2050年前达到20～40GW的规模。菲律宾则计划在2025年第二季度启动首次海上风电绿色能源拍卖计划（GEAP），通过拍卖机制驱动海上风电产业的快速发展。政府正简化许可流程、吸引外国资本，并推出创新政策，为海上风电项目的开发提供有力支持。

巴西同样雄心勃勃，计划到 2030 年实现 16GW 的海上风电装机。然而，截至 2022 年底，该国尚未有海上风电项目投入运营。不过，进展正在加速。2022 年 3 月，壳牌向巴西环境与自然资源研究所递交了 6 个海上风电项目的环境调查许可证申请，总装机容量高达 17GW。巴西矿业和能源部将负责相关研究工作，选定海上风电区域，并推进后续的拍卖程序。

4. 漂浮式海上风电正逐步走向成熟

近年来，全球漂浮式海上风电行业稳步增长，截至 2023 年底，累计装机容量已达到 277MW。随着技术的日益成熟和成本的持续下降，各国对深远海风电资源的开发日益重视。截至 2023 年底，全球规划的漂浮式海上风电装机容量同比上涨 32%，增速显著。其中，早期规划阶段的项目装机容量约为 175GW，68GW 装机容量已进入海域租赁等开发流程，576MW 项目已获得批准或进入前期建设阶段，46MW 项目正在建设中，即将投运。

然而，成本仍是漂浮式海上风电大规模应用的主要障碍。目前，漂浮式海上风电 LCOE 远高于其他可再生能源，约为固定式海上风电的 4 倍，也远远高于陆上风电、光伏发电成本。据国际可再生能源署预测，到 2030 年，漂浮式海上风电 LCOE 有望下降至约 100 美元 / 兆瓦时，2050 年下降至 67 美元 / 兆瓦时，与其他可再生能源发电技术相比将具备成本竞争力。

漂浮式海上风电技术竞争力相对较弱，运营中的项目尚未形成规模，且存在产业链供应链瓶颈。因此，全球各国需加强漂浮式海上风电产业的国际合作，以加速技术成熟进程。同时，政府应制定有力的政策框架，搭建产业上下游生态系统。此外，还需加快漂浮式海上风电标准体系建设。

5. 全球风电供应链市场呈现分化趋势，部分地区产能预警

截至 2024 年上半年，全球风电整机产能总计达到 172GW，其中中国以 117GW 的产能独占鳌头，占比高达 68%，其余产能主要分布在欧洲、亚太

其他地区以及北美洲。

2024年，全球风电市场迎来回暖迹象，但受通货膨胀、原材料价格上涨及地缘政治等因素制约，西方供应链企业正面临严峻的产能挑战。具体而言，2024—2026年欧洲的年均新增装机需求远超现有产能，预计将出现28%的产能缺口；北美洲地区亦将面临12%的缺口，而中东与非洲地区的缺口更是高达90%。相比之下，中国产能将过剩40%。

在海上风电领域，自2026年起，欧洲的海上风机需求预计将突破9.5GW，而现有产能难以满足这一旺盛需求。亚太地区（除中国外）及北美洲地区也将在2025年后遭遇类似困境。值得一提的是，中国在全球海上风电设备制造领域占据领先地位，2023年其海上风电塔筒产能已占据全球近80%的市场份额。

此外，海上风电基础结构的需求亦在持续攀升。据预测，至2026年，全球计划新增海上风电基础设施将超过2200套，其中中国贡献率高达53%，欧洲为33%。然而，除中国外，全球海上风电基础结构的产能满足率不足70%，产能扩张速度难以匹配市场需求的快速增长。

展望未来，全球风电市场潜力巨大，但供应链瓶颈及政策支持等关键因素将对行业发展产生深远影响。因此，各国需携手并进，通过技术创新和打破贸易壁垒双管齐下，共同应对当前挑战，推动海上风电产业实现健康、可持续的发展。

（二）中国

风电是构建新型电力系统的主体能源，是支持电力系统率先脱碳、构建新型能源体系和实现“双碳”目标的重要选择。在政策引领和市场需求的共同推动下，中国风电产业将继续实现跨越式发展，攀上新的高峰。

1. 中国风电市场仍将继续快速发展

在“双碳”目标的指引下，我国能源体系正以前所未有的速度推动低碳转型，而风电市场也将在 2024—2025 年继续保持迅猛的发展势头。

考虑到招标存量以及大基地项目陆续并网等因素，2024 年全年新增装机容量可达 7350 万 ~ 8100 万千瓦，其中海上风电预计为 6 ~ 8GW。2024 年，海上风电受军事用海、航道、渔业等影响，江苏和广东等地区的项目被严重推迟，海上风电新增装机容量不及年初预期。为完成“十四五”规划目标，2025 年将加快建设步伐，预计全年新增装机容量可达 8350 万 ~ 9100 万千瓦，其中海上风电预计将超过 10GW（见图 1-28）。

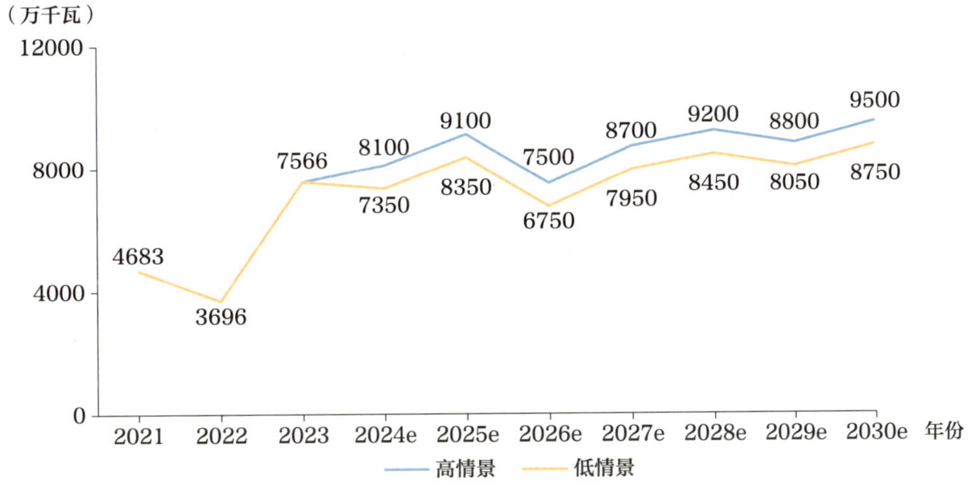

图 1-28　2024—2030 年中国新增风电装机容量预测[①]

资料来源：国家能源集团技术经济研究院。

“十五五”期间，风电将继续保持高增长态势，新增装机规模将超过“十四五”时期，高情景下预计年均新增装机规模达 8740 万千瓦。到 2030 年底，风电总装机规模预计超过 1000GW。

（1）充足的风电机组订单量和项目储备为近期装机增长提供保障

2022—2023 年，风电招标项目总装机容量达 192GW，至 2023 年底订单

① 高情景描述的是一种积极向上的发展局面，各企业携手地方政府，共同促进风电项目的快速高效发展。低情景则是指面临挑战的情景，指部分大基地项目在土地和输出方面可能面临挑战，这或将在一定程度上限制风电新增规模。

完成率为68.8%，尚有60GW项目待并网。2024年上半年，新签风电机组订单近70GW，同比增长42.9%。此外，全国各省份在此期间发布的储备项目总量超过430GW。近130GW的订单量和超过430GW的储备项目容量，为2024—2025年风电行业的快速发展奠定了坚实基础。

（2）各省份为达成规划目标，将加快风电建设的步伐

在“双碳”目标得以明确并强化后，各地政府纷纷加码新能源，提出发展目标。31个省（区、市）共规划“十四五”期间风电新增规模总计为3.1亿千瓦。受新冠疫情等因素影响，“十四五”初期风电装机不及预期，截至2023年底，距离各省份“十四五”规划目标完成仍需要1.3亿千瓦的风电装机。吉林、上海、广西、海南和贵州等地的风电装机完成率不足60%（见表1-5），预计将会在2025年进一步加速推进风电项目的建设。

表1-5 各省（区、市）“十四五”规划风电、光伏建设目标概览①

省份	“十四五”末累计并网目标（万千瓦）		“十四五”期间新增并网目标（万千瓦）		至2023年累计并网规模（万千瓦）		完成率（%）	
	风电	光伏	风电	光伏	风电	光伏	风电	光伏
北京	30	252	11	190	24	108	80.0	42.9
天津	200	560	115	396	171	490	85.5	87.5
河北	4600	6000	2326	3810	3141	5416	68.3	90.3
山西	3000	5000	1026	3691	2500	2490	83.3	49.8
内蒙古	8900	4500	5114	3263	6961	2306	78.2	51.2
辽宁	3700		2319		1429	958	64.5	
吉林	2200	800	1623	462	1268	460	57.6	57.5
黑龙江	1686	868	1000	550	1127	565	66.8	65.1
上海	262	407	180	270	107	289	40.8	71.0
江苏	2800	3500	1253	1816	2286	3928	81.6	112.2
浙江	641	2762	455	1245	584	3357	91.1	121.5

① 辽宁、云南和新疆的风电规划装机按40%的比例计算。

续表

省份	"十四五"末累计并网目标（万千瓦）		"十四五"期间新增并网目标（万千瓦）		至2023年累计并网规模（万千瓦）		完成率（%）	
	风电	光伏	风电	光伏	风电	光伏	风电	光伏
安徽	800	2800	388	1430	722	3223	90.3	115.1
福建	900	500	410	300	762	875	84.7	175.0
江西	700	2400	200	1600	573	1993	81.9	83.0
山东	2800	6500	1005	4228	2591	5693	92.5	87.6
河南	2518	2175	1000	1000	2178	3731	86.5	171.5
湖北	1000	2000	500	1500	836	2487	83.6	124.4
湖南	1200	1300	531	909	972	1252	81.0	96.3
广东	2564	2797	2000	2000	1657	2522	64.6	90.2
广西	2450	1490	1800	1300	1267	1090	51.7	73.2
海南	229	540	200	400	31	472	13.5	87.4
重庆	177	187	80	120	206	161	116.1	86.1
四川	1100	2200	674	2009	770	574	70.0	26.1
贵州	1080	3100	500	2043	616	1644	57.0	53.0
云南	3864		2590		1531	2072	93.2	
西藏	—	1000	—	863	18	257	—	25.7
陕西	2000	3800	1108	2711	1285	2292	64.3	60.3
甘肃	3853	4169	2480	3187	2614	2540	67.8	60.9
青海	1650	4580	807	2979	1185	2561	71.8	55.9
宁夏	1750	3250	373	2053	1464	2137	83.7	65.8
新疆	8240		4613		3258	3007	76.0	
总计	57412	78919	30968	52038	44134	60950	76.9	77.2

注：西藏未公布数据，总计中不包括西藏的数据。

资料来源：各地区"十四五"发展规划，国家能源集团技术经济研究院。

"十五五"期间，地方政府将持续加大对风电项目建设的推进力度。例如，2023年10月发布的《内蒙古自治区新能源倍增行动实施方案》中，内蒙古计划到2025年和2030年风电装机规模分别达到9800万千瓦和1.8亿千瓦。这表明在“十五五”期间，内蒙古的年均新增装机规模需达到1640万千瓦。山东省也计划到2030年底风电装机容量达到4500万千瓦，新增装机容量为1700万千瓦，相较于“十四五”规划的1005万千瓦增加695万千瓦。

（3）各大企业聚焦新能源，为风电发展奠定坚实基础

在国家“双碳”目标的引领下，众多电力央企和地方能源企业积极响应，加大在新能源产业的布局力度，致力于提升清洁能源装机占比，为风电产业的发展奠定了坚实基础。一是中央企业加大新能源布局力度。“十四五”期间，包括国家能源集团、国家电投在内的11家电力央企均制定了宏大的风光装机规划，总规模超过5亿千瓦。截至2023年底，五大电力央企（国家能源集团、华能集团、大唐集团、华电集团、国家电投）的新能源装机容量总计达到3.9亿千瓦，几乎是2020年底的两倍。2021—2023年，新能源装机容量实现了翻倍增长，彰显了央企在新能源领域的强劲发展势头。二是地方能源国企迅速进入新能源赛道。地方能源国企通过改革重组等方式，密集组建能源集团，迅速进入新能源领域。截至2024年6月底，已有30多家省级能源企业从事新能源开发，并且这些企业都设定了宏大的发展目标。例如，内蒙古能源集团仅2024年的发展目标就达2000万千瓦，是2023年的5倍。这显示了地方能源国企在新能源领域的发展势头强劲，为风电产业的快速推进提供了重要支撑。三是民营企业积极参与新能源开发。民营企业在新能源开发中也发挥着重要作用。尤其是那些专注于整机制造的新能源开发企业，更是加大了对新能源领域的开发力度，并成功获取了相当比例的指标。这些企业的积极参与，将进一步推动风电产业的快速发展。

（4）改造升级将助力扩大新增装机规模

随着中国风电市场的不断发展，风电场的改造升级和分散式风电发展将成为扩大新增装机规模的重要力量。

自2023年6月国家能源局发布《风电场改造升级和退役管理办法》以来，风电场改造升级与退役议题备受业界关注。该管理办法明确指出，鼓励并网运行超过15年或单台机组容量小于1.5MW的风电场进行改造升级。然而，自政策实施以来，改造升级项目进展未达预期，主要面临四大挑战。一是省级政策出台需要时间。各省份风电场改造升级具体政策出台需要一定时间。尽管已有部分省份开展了风电场改造升级项目的申报，但仍有大量省份尚未出台相关政策。二是改造动力不大。早期建设的风电场主要位于风资源丰富的区域，尽管单机容量小，但满发小时数高，对于盈利能力强的风电项目来说，改造意愿不强，不急于升级改造。三是生态环保限制。部分风电场所处位置受到生态环保法规的限制，改造面临障碍。四是固定资产处置难题。未到期项目涉及巨额固定资产处置，如何合理处置这些资产，同时满足环保处置要求等，都是制约发电企业进行风电场改造升级的因素。

尽管如此，风电场改造升级的前景依然光明。早期风电场多位于风资源丰富的地区，通过翻新改造可大幅提升发电效率，延长使用寿命。预计“十四五”期间将有大量老旧风电场面临退役或改造升级，而到了“十五五”期间，老旧风电机组的翻新改造将进入大规模实施阶段，五年内装机规模有望突破3000万千瓦。

（5）分散式风电将拓展新的市场空间

陆上集中式风电、海上风电和分散式风电被称为拉动国内风电规模化发展的“三驾马车”。不过，与陆上集中式风电、海上风电相比，分散式风电的发展仍然滞后。截至2023年底，分散式风电（分散式、分布式、智能微网）累计装机容量为15.5GW，在风电装机中占比不足4%。但分散式风电项目装机灵活，产出的电力易于消纳，未来潜力巨大。

2024年4月1日，国家发展改革委、国家能源局、农业农村部联合发布《关于组织开展“千乡万村驭风行动”的通知》（以下简称“驭风行动”），旨在利用风电推进乡村振兴，通过创新土地利用、收益分配和开发模式，促进风电与乡村产业的融合发展，实现绿色发展与共同富裕。截至 2023 年底，我国约有 69 万个行政村，按照 10% 的村具备开发条件，按照每个村 2 万千瓦的开发规模，就可以实现约 14 亿千瓦的开发规模，随着技术的不断进步，开发规模或将进一步扩大。

分散式风电发展面临诸多挑战。首先，经济性不足是制约其发展的首要难题。项目地点分散，建设条件复杂，资源评估难，风机台数少，导致项目在前期运输、基础建设、吊装等非技术方面成本分摊难度较大，后期运维的难度和成本也同样高于集中式风电项目。江西、浙江、山东和河南等省份的部分市区仍有补贴政策，在电网全部消纳的条件下，分散式风电项目的收益或高于集中式风电。但是在没有补贴的地区，分散式风电收益率较低，这降低了其投资吸引力。其次，电网消纳空间有限。目前，多数分散式风电和分布式光伏接入的是低压电网，低压电网承载能力有限，而分布式光伏装机容量快速增加，导致河南、安徽、山东等省份电网消纳能力严重不足，这限制了适宜布局分散式风电的地区的消纳空间。最后，对风电机组的高可靠性提出更高要求。“驭风行动”所涉及的风电场多位于居民区附近，实施过程中需要充分考虑民生问题和环保问题，以及运行中可能产生的噪声、光影污染等问题。同时，机组的设计和运行必须具有极高的安全性才能够符合分散式风电的要求。

尽管面临诸多挑战，但灵活的开发模式和较高的经济效益使分散式风电在农村和偏远地区具有广阔的应用前景。例如，河南、安徽、湖南等省份的分散式风电项目已初具规模，为当地经济发展和能源转型提供了有力支持。同时，得益于各地区对“驭风行动”的积极推动，截至 2024 年 7 月底，已有宁夏、内蒙古、安徽、甘肃、山西、云南、湖北 7 个省份发布了关于“驭风行动”的省级文件。预计“十五五”期间，分散式风电的市场潜力将逐步释放，将作为集中式风电的重要补充，有力支撑风电产业规模增长。

（6）项目支撑推动海上风电快速发展

我国海上资源丰富，且毗邻东南沿海用电负荷区，便于能源消纳，无论是从国际视角还是国内视角来看，发展海上风电均已成为重要的战略。

受军事用海、航道、渔业等影响，2024—2025 年海上风电项目，尤其是江苏和广东地区项目被严重推迟。从在建项目来看，2024 年新增装机容量预计为 600 万千瓦，较 2023 年有小幅下降。2024 年海上风电发展不及预期，但是到 2025 年，各省份为完成“十四五”目标，预计会进行新一轮的小规模抢装，新增装机容量将超过 1000 万千瓦。近期核准的 3800 万千瓦以及已竞配但尚未核准的 1100 万千瓦的海上风电存量项目，预计主要将在“十五五”期间实现并网。

11 个沿海地区均开展海上风电规划研究工作，其中，广东、浙江等 9 个省份明确“十四五”期间海上风电发展目标，新增装机规模达 54.17GW（见图 1–29），约是“十三五”期间我国海上风电新增装机总量的 6 倍。长期来看，沿海各省份积极推动海上风电基地建设，福建漳州（50GW）、江苏盐城（33GW）、广东汕头（60GW）、河北唐山（13GW）、广东潮州（43.3GW）先后出台海上风电发展规划，累计规划量近 200GW，国内海上风电具备广阔的发展空间。

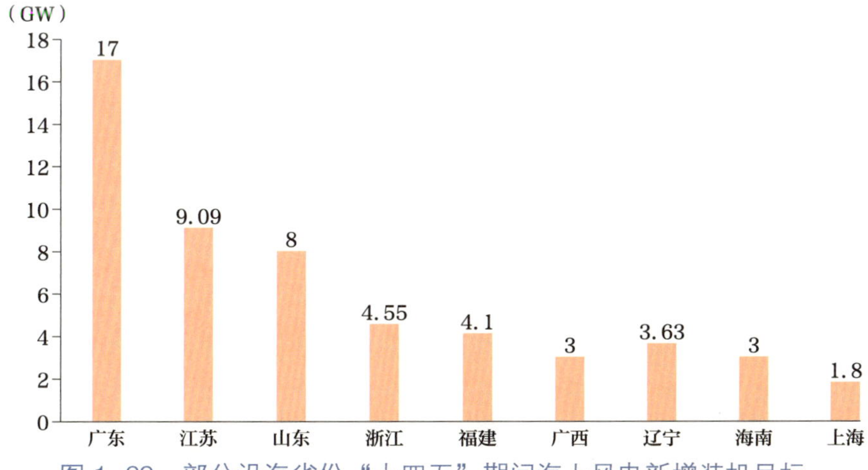

图 1–29　部分沿海省份“十四五”期间海上风电新增装机目标

资料来源：各地区“十四五”发展规划，国家能源集团技术经济研究院。

2. 风电机组将继续朝大型化、轻量化、智能化发展

随着技术进步和市场需求的变化，风电机组的大型化、轻量化、智能化成为行业发展的主要趋势。大型化不仅提升了单机的发电效率，还有效降低了风电场的建设和运维成本。

目前，陆上10MW级的大兆瓦风机已经进入样机吊装或下线阶段。2024年上半年，多家中国风电企业，如浙江运达、中国中车、联合动力、华锐风电等，均成功完成了10MW级风机的吊装，标志着中国风电产业正式迈入万千瓦时代。统计数据显示，10MW风机的订单量在2024年上半年达到了1750万千瓦，占总订单量的27.3%，显示出市场对于大兆瓦风机的高度认可。在陆上风电领域，部分企业已经开始着手15MW级及以上风电机组的研发。例如，浙江运达的“16MW级超大型陆上风力发电机组研发及应用”项目已被纳入内蒙古自治区低碳能源领域的重点科研计划，预示着更大兆瓦级别的风机即将问世。

海上风电同样呈现出向大兆瓦级别发展的态势。2024年上半年，16MW及以上的海上风电机组相继下线或成功并网，其中，远景能源的16.7MW海上风电机组成为全球已并网的最大单机容量风电机组，而东方电气的18MW机型再次刷新了全球已并网机组单机容量的世界纪录。此外，明阳智能研发的20MW海上风电机组在海南完成吊装，成为目前全球单机容量最大、叶轮直径最大的海上风电机组。2024年上半年，16MW及以上的海上风电机组的订单量达227万千瓦，占海上风电总订单量的38.1%。2024年也有多家整机企业在风能展上推出单机容量普遍在25MW的新型海上风机。预计2025年后，海上风机的单机容量将迎来显著增长。

除了大型化，轻量化也是风电机组发展的重要方向。通过采用新材料和技术，风电机组的重量得以减轻。这不仅降低了对基础设施的要求，还提高了安装和运输的便利性，进一步促进了风电产业的发展。智能化则是另一个重要趋势，借助大数据和人工智能技术，风电机组能够实现对气象数据的精

确分析和预测，从而提前调整运行策略，确保在最佳状态下发电，提高了发电效率并降低了运维成本。

综上所述，2025 年及以后，随着新材料、新技术的不断应用，风电机组在大型化、轻量化和智能化方面的进展将更加显著，为风能产业的未来发展开辟更为广阔的前景。

3. 海上风电项目逐步向深远海推进

目前，关于深远海开发的顶层政策设计正在紧锣密鼓地展开。山东、广东、福建等海上风电大省，在海上风电的发展规划中，均将深远海海上风电发展视为产业突破和未来风电发展的重中之重（见表 1-6）。预计“十五五”期间，深远海海上风电市场空间将进一步打开。2030 年后，百万千瓦级的深远海海上风电示范项目将不断涌现，为漂浮式海上风电的规模化发展奠定基础。

表 1-6　部分地区深远海海上风电规划

地区	政策文件	规划内容
上海	《上海市可再生能源和新能源发展专项资金扶持办法》	对企业投资的深远海海上风电项目和场址中心离岸距离大于等于 50 公里近海海上风电项目，根据项目建设规模给予投资奖励，分 5 年拨付，每年拨付 20%
江苏	《江苏省“十四五”可再生能源发展专项规划》	稳妥开展深远海海上风电示范建设，探索开展海上风电柔性直流集中送出、海洋牧场、海上综合能源岛、海上风电制氢、海上风电与火电耦合等前沿技术示范
广东	《国家能源局综合司关于广东省海上风电规划调整的〈复函〉》	稳妥推进位于国管海域的深远海海上风电项目示范化开发。“十四五”期间推动 800 万千瓦项目建设前期工作，并作好与全国深远海海上风电规划的衔接，手续齐备时开工建设，力争 2025 年底前建成并网装机容量 200 万千瓦以上
福建	《福建省“十四五”能源发展专项规划》	稳妥推进深远海风电项目建设，“十四五”期间增加并网装机容量 410 万千瓦，新增开发省管海域海上风电规模约 1030 万千瓦，力争推动深远海风电开工 480 万千瓦

资料来源：国家能源集团技术经济研究院。

在海上风电向深远海挺进的趋势下，漂浮式风电项目成为必然选择。各整机企业也在积极推进漂浮式风电机组的研发，中车株洲所更是发布了全球首款20MW单机容量的漂浮式机组“启航号”，成为目前市场上同类产品中单机容量最大的。2024年4月，明阳智能的双转子漂浮式机组“明阳天成号”完成了浮体基础下水，并开始了塔架的吊装工作。至2024年6月中旬，明阳阳江16.6MW漂浮式海上风电示范项目已进入核准前公示阶段，这标志着明阳智能的该机型即将完成岸边安装，并逐步过渡至机位点的安装阶段。

4. 中国风电产业加速国际化进程

近年来，中国风电行业的创新能力显著增强，技术水平大幅提升，形成了具备国际竞争力的产业体系，拥有全球最完备的风电产业链供应链。得益于风机大型化趋势及完整的产业链支持，中国风机的成本持续降低，而国外通胀、原料和人力成本上涨等因素导致风机成本增加，使得中外风机价格差距进一步扩大，凸显了中国风机的价格优势。

2024年上半年，中国风电设备制造商在海外市场表现突出，共获得5GW风机采购的海外订单，创下历史同期新高，标志着中国风电企业在全球市场的份额和影响力日益增大。随着前期积累的海外订单陆续交付，风机及其零部件的出口额显著增长，仅2024年上半年就超越了2023年全年出口额，实现了新的里程碑式发展。

以金风科技和远景能源为代表的中国风电企业，通过建立战略伙伴关系和进行海外投资，积极拓展国际市场，覆盖了中亚、中东、欧洲等多个地区。上述区域市场需求旺盛，加之国外主要竞争对手的市场份额缩减，为中国企业创造了宝贵的发展机遇。

中国风电企业也在积极探索多元化的商业策略，包括与当地伙伴合作开发项目、利用国际合作框架争取项目合同等方式，从单纯的设备供应商向项目投资方和持有者转变，为自身在海外市场的长远发展奠定了坚实的基础。

随着全球对清洁能源需求的增长和能源转型的加速，中国风电企业面临着前所未有的发展机遇。依靠强大的技术研发能力、丰富的项目管理经验和稳健的供应链管理措施，中国企业将继续扩大在全球风电市场的影响力，开启风机出口的新篇章。

第二章
全球太阳能发电发展现状与前景展望

太阳能利用可分为光伏发电（PV）、光热发电（CSP，太阳能热发电）和太阳能热利用3个方面。本章的研究主要集中在发电方面，研究对象为2023—2024年全球的光伏发电和光热发电状况。

世界各国密切关注地缘政治因素对本国能源市场的影响，在加强本国能源安全的同时，注重加快能源转型和绿色发展。太阳能发电是实现能源安全和能源转型的重要途径之一，全球太阳能发电市场快速发展。

2023年，全球太阳能发电新增装机容量为444.5GW，同比增长93%，新增量创11年来最高水平。截至2023年底，全球太阳能发电累计装机容量达到1631.6GW，其中光伏发电1624GW、光热发电7.6GW。全球有29个国家达到吉瓦级市场，但是增长格局发生了变化，传统龙头国家中，中国、美国、德国增长规模依然最大，印度和澳大利亚均有下降。全球大型光伏项目整体年可利用小时数为1286小时，同比下降51小时。上游产品价格下降，但是非组件成本有所上升，两者相互作用下，2023年全球大型太阳能发电系统（非跟踪支架）加权平均LCOE较上年小幅上涨3美元/兆瓦时，涨幅为7%。光伏发电在部分地区已经是最经济的电源，成为新建电源的理想选择。印度古吉拉特邦GUVNL公司的500MW光伏项目平均价格为30美元/兆瓦时，成为当年全球最低中标价。太阳能发电的光明前景使得2023年全球光伏企业融资总额达到343亿美元，同比增长42%，是近10年来光伏融资总额最多的一年。光伏电池效率不断提高，主流单晶硅电池最高转换效率达到了27.6%。产品制造业产业链各个环节的生产能力继续增长。截至2023年底，多晶硅料、硅片、电池和组件的产能分别为245.8万吨、974.2GW、1032GW和1103GW，同比分别增长83%、47%、77%、62%；产量分别为156.9万吨、681.5GW（单晶硅片）、643.6GW和612.2GW，同比分别增长50%、79%、76%、76%。

2023年，中国太阳能发电新增并网装机总量达21630万千瓦，同比增长147%，创历史新高，连续11年稳居世界首位。作为全球最大的光伏产品制造国，中国光伏产品的产能和产量在全球占比均在85%以上，出口量居全球第一，主导了全球市场。2023年，中国光伏硅片、电池、组件出口量同比分别增长93.6%、65.5%、37.9%，出口总量同比增长了50.4%，但因产品价格同比降幅较大，出口总额约为484.8亿美元，同比下降5.4%。光伏产品作为“中国名片”，已经与锂离子电池、电动载人汽车一起，成为出口“新三样”，其供应的高速增长带来了一定程度供需失衡，整个行业处于底部深度调整状态。

在全球应对气候变化和能源变革的背景下，各国均把太阳能发电作为重要发展方向，纷纷上调发展目标。未来，太阳能发电行业前景仍然广阔。我们预计，2024年全球太阳能发电装机容量增长500～550GW，同比增幅为12%～24%，其中大部分是光伏发电，光热发电或有1.2GW建成。中国仍将保持引领位置，新增装机容量将达到180～200GW。

一、全球太阳能发电发展现状与特点

（一）装机容量

2023年，全球太阳能发电新增装机容量为444.5GW，同比增长93%，创11年来最高水平。其中，光伏发电444GW，同比增长70%；光热发电500MW，同比增长100%。截至2023年底，全球太阳能发电累计装机容量达到1631.6GW。其中，光伏发电1624GW，光热发电7.6GW（见图2-1）。

1. 中国、美国、德国仍是最大装机市场

全球有29个国家达到吉瓦级市场，但是增长格局发生了变化。传统龙头国家中，中国、美国、德国增长动力仍然强劲，巴西近3年来保持增长状态，跻身第四位。印度新增量有所下降，但仍是第五大市场。欧洲国家在能源安全和转型的推动下，西班牙、意大利、荷兰、波兰都成为快速增长的市场，日本则保持了传统大市场地位。2023年，新增装机前十位的国家新增总量为312.2GW，占全球新增总量的70%，与上年基本持平。这意味着前十大

市场是拉动全球太阳能发电装机的主要动力，其他地区和国家在发展规模上与它们仍有较大差距（见图 2-2）。

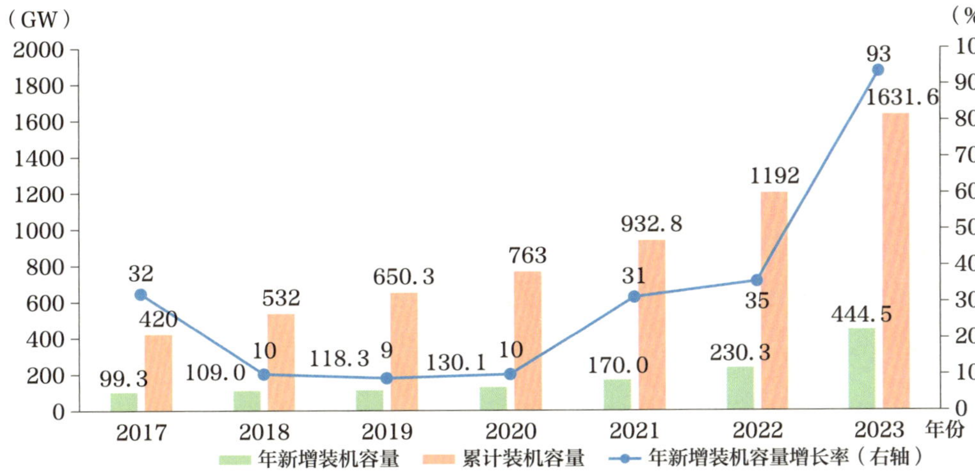

图 2-1　2017—2023 年全球太阳能发电新增装机容量（直流侧）及年增长率

资料来源：国家能源集团技术经济研究院。

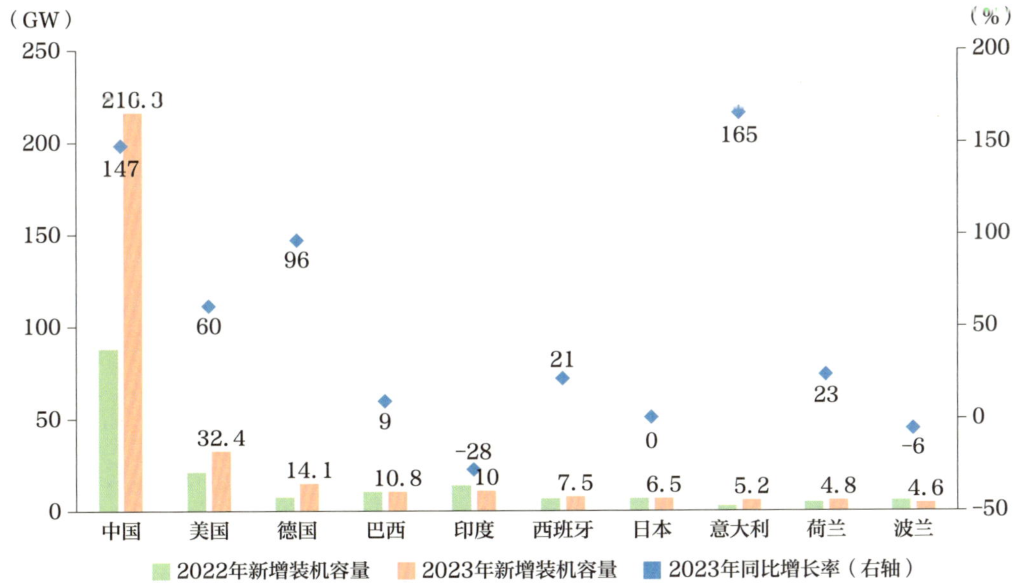

图 2-2　2022 年、2023 年主要国家光伏发电新增装机容量和增长情况

资料来源：中国数据来源于中国国家能源局，美国数据来源于美国太阳能行业协会（SEIA），德国数据来源于德国联邦网络局（Bundesnetzagentur），巴西数据来源于巴西光伏太阳能协会（Absolar），印度数据来源于印度新能源和可再生能源部（MNRE），西班牙数据来源于西班牙电网公司（REE）和西班牙可再生能源企业协会（APPA Renovables），日本数据来源于日本光伏发电协会（JPEA），意大利数据来源于国际可再生能源署（IRENA），荷兰数据来源于荷兰新能源研究公司（DNE），波兰数据来源于波兰可再生能源研究所 (IEO)。

中国太阳能发电新增装机容量刷新历史纪录。2023 年，全国太阳能发电新增装机容量 216.3GW，同比增长 147%，创历史新高，年新增装机容量连续 11 年稳居世界首位，均为光伏装机，光热无新增装机容量。截至 2023 年底，全国并网太阳能发电总装机容量为 609.488GW，其中光伏发电 608.918GW，光热发电 570MW。并网太阳能发电装机容量占全国发电装机总量的 21%，相继超过风电和水电，太阳能发电成为排在火电之后的第二大电源。2023 年全国太阳能发电量为 5833 亿千瓦时，同比增长 3.6%；并网太阳能发电利用小时数为 1286 小时，同比下降 54 小时。

美国已连续多年保持全球第二大太阳能装机市场地位。2023 年是《通胀削减法案》生效后的首个完整年度，高额补贴推动了太阳能装机市场的发展。2023 年美国新增光伏发电装机容量为 32.4GW，同比增长 60%，新增装机容量首次占到新增发电装机总量的一半以上，达到了 53%；光热发电无新增装机容量。其中，公用事业电站是新增装机容量的主要类型，达到 22.5GW，占比 69%。截至 2023 年底，美国累计太阳能发电装机容量达到 179GW。《通胀削减法案》也激励了美国本土制造业发展，不仅美国本土企业扩大产能，中国光伏龙头企业，如晶澳科技、隆基绿能、晶科能源、天合光能、阿特斯等，也均计划或正在美国建厂，美国本土组件产能已经达到 12GW 左右。

德国一直致力于可再生能源转型，乌克兰危机导致的能源短缺加速了转型的过程。2023 年德国新增光伏发电装机容量 14.1GW，同比增长 96%。2022 年末和 2023 年，德国相继实施了提高上网电价、豁免增值税、简化审批流程等一系列政策，充分刺激了分布式光伏的快速扩张，全年分布式光伏新增装机容量 6.5GW，占光伏新增装机容量的 46%。截至 2023 年底，德国累计太阳能发电装机容量达到 81.74GW。

巴西光照资源十分丰富，年均辐照量 1534 ~ 2264kWh/m^2。在有力政策的推动下，光伏发电装机规模快速增长，由 2012 年底的仅 7.0kW 增长至 2023 年底的 36GW，其中分布式光伏占了 69%。尽管 2023 年分布式光伏政策有所调整，用户需要承担部分上网的输配电费用，但是较高的电力售价和净计量政策仍然促进了光伏装机容量增长，2023年新增装机容量10.8GW，同比增长9%。

印度的光伏装机市场增长低于普遍预期。2023年印度新增光伏发电装机容量10GW，同比下降28%，其中6.5GW来自于公用事业电站、3GW来自于屋顶电站，约500MW来自于离网光伏电站。下降的主要原因是印度实施了基本关税（BCD）（从2022年4月起对进口光伏电池征收25%的基本关税）及执行《太阳能光伏发电组件型号及制造商认证强制注册令》（ALMM），导致进口组件难以满足需求，拖慢了增长速度。截至2023年底，印度累计太阳能发电装机容量达到73.11GW。

日本2023年太阳能发电新增装机容量为6.5GW，与2022年基本持平。日本经济产业省宣布了2024年和2025年住宅、工商业项目太阳能系统的新上网电价补贴（FIT）费率标准，标准下降或少部分维持不变。截至2023年底，日本累计太阳能发电装机容量达到89.08GW。

西班牙是欧洲光照最充足的国家之一，年均日照时长约3000小时，拥有丰富的太阳能资源。2023年新增光伏发电装机容量7.5GW，同比增长21%，在欧洲范围内仅次于德国。购电协议（PPA）更为普及，为发电商提供了可靠回报，刺激地面电站的发展，西班牙2023年新增装机容量5.6GW，是欧洲范围内为数不多的地面电站增长高于分布式电站的国家之一。截至2023年底，西班牙累计太阳能发电装机容量达到31.02GW。

意大利对于分布式光伏实施了超级奖励机制（Superbonus），即为提高能效的家庭装修进行90%的税收抵免，加上国内能源价格上涨，双重因素共同刺激了分布式光伏的爆发式增长。2023年意大利新增光伏发电装机容量5.2GW，同比增长165%，其中住宅和工商业项目分别占新增装机容量的43%和35%。截至2023年底，意大利累计太阳能发电装机容量超过30GW。

荷兰2023年新增光伏发电装机容量4.8GW，同比增长23%；其中住宅项目装机容量约为2.5GW，高于上年的2.2GW，其余为工商业项目和地面电站。荷兰能源转型压力巨大，荷兰政府希望通过扩大光伏发电应用，减少能源领域二氧化碳排放，同时达到降低对进口能源依赖的目的。将光伏发电发展目标写入法律，政府承诺限制石油天然气勘探活动，提高绿色支出，激发市场活力。2023年2月，荷兰众议院批准了未来光伏发电将逐步淘汰现行的净计量计划的法律提案。但是，荷兰不具备大规模开发集中式光伏电站的土地资源，分布式光伏电站是重要应用场景。截至2023年底，荷兰累计太阳能发电装机容量达到23.9GW。

波兰是欧洲第一大煤炭市场，大部分电力是煤电，迫切希望尽快"脱碳"。2023年波兰新增光伏发电装机容量4.6GW，同比下降6%。增长不及预期的主要原因是电网消纳困难，2023年3月和2024年4月，波兰电网运营商PSE两次以非市场手段调减了光伏发电量。截至2023年底，波兰累计太阳能发电装机容量达到15.81GW。

2. 光热发电发展缓慢

2023年，全球光热发电仅新增3座电站，装机容量500MW。新增项目为迪拜950MW太阳能光热光伏混合项目（Noor Energy1）中的部分，均由上海电气牵头的联合体总承包。该太阳能项目中，光伏发电容量250MW，光热发电容量700MW，包括1座100MW塔式机组和3座200MW槽式电站（1～3号机组）。其中，槽式1号光热机组于2022年首次成功并网发电；100MW塔式机组和400MW槽式2号、3号机组于2023年并网发电。

截至2023年底，全球光热发电累计装机容量7.55GW。按聚光形式，槽式占比约75.5%，塔式占比约20.9%，线菲式占比约3.6%。西班牙仍是全球光热发电装机容量最多的国家，约为2300MW，以槽式为主，占比97%。美国光热发电装机容量约为1837MW，槽式约占71.8%，塔式约占27.6%。槽式是全球最早实现商业化应用的光热发电技术，融资相对容易，西班牙和美国都以槽式为主。

2023年，中国没有新增并网光热发电机组。兆瓦级规模以上光热发电机组累计装机容量为588MW；其中，并网光热发电机组容量570MW，包括11座光热电站，最大装机规模100MW，最小装机规模10MW。塔式占比约为64.9%，槽式占比约为26.3%，线菲式占比约为8.8%，中国最初示范项目以塔式为主，建成后推广力度大于槽式，塔式项目较为普遍。

（二）发电量

1. 全球太阳能发电渗透率达到8%以上

2023年，全球太阳能发电渗透率达到8%以上，较上年的6.2%有明显提升，表明太阳能发电在电力消费中发挥的作用在逐步增大。

2023年，18个国家的渗透率超过10%，是2022年国家数量的两倍。西班牙、荷兰、智利和希腊的渗透率超过17%，澳大利亚、以色列和德国的渗透率超过14%。随着光伏装机率的提高，许多国家的太阳能发电渗透率与2022年相比增加了2个百分点或更多。中国和欧盟作为全球最大的光伏发电市场，太阳能发电渗透率分别为9.6%和10.3%，较上年分别增加了3.1个百分点和1.6个百分点（见图2-3）。越来越大的光伏装机规模正在源源不断地为世界各地输出可再生能源电力。

2. 消纳情况总体乐观

2023年，全球大型光伏项目可利用小时数同比略有下降，为1419小时，下降了61小时，连续3年下降。2010年，加权平均容量因子（Capacity factor）为13.8%，2018年达到峰值17.9%，随后围绕17%水平上下波动。2023年为16.2%，在提高容量系数方面并没有取得很大突破（见

表2-1）。提高容量系数的方式主要是在太阳光高辐射地区部署项目，支架使用跟踪装置、双面组件，提高容配比。容配比没有固定标准，因项目而异，一般来说固定支架项目容配比最低，带跟踪器的单轴、双轴支架的容配比稍高。

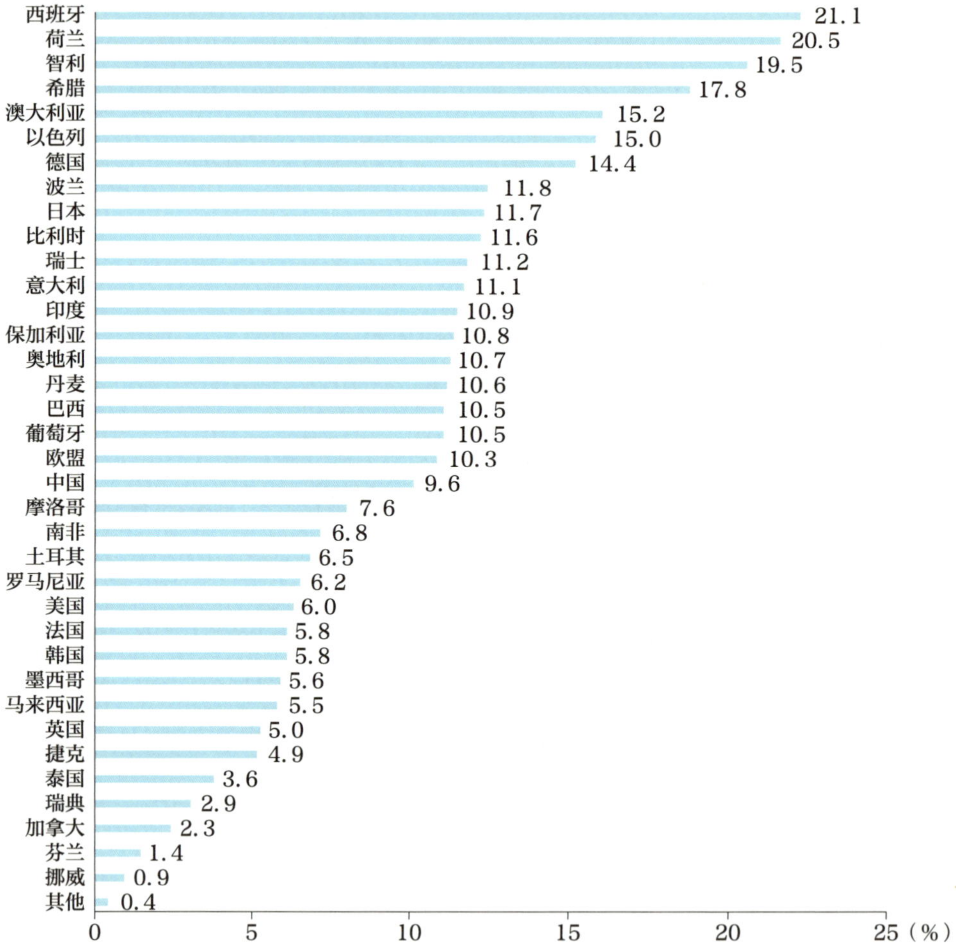

图2-3 2023年部分国家和地区太阳能发电理论渗透率

资料来源：国际能源署（IEA）。

表 2–1　2010—2023 年全球大型光伏项目加权平均容量因子

单位：%

年份	置信下限 5%	加权平均容量因子	置信上限 95%
2010	11.0	13.8	23.0
2011	10.1	15.2	26.0
2012	10.5	15.1	25.3
2013	11.9	16.4	23.0
2014	10.8	16.6	24.4
2015	10.8	16.5	29.0
2016	10.7	16.7	25.9
2017	11.5	17.5	27.0
2018	12.3	17.9	27.0
2019	10.7	17.5	23.9
2020	9.9	16.1	20.8
2021	10.8	17.2	21.3
2022	10.3	16.9	20.6
2023	10.0	16.2	21.7

注：置信水平为 95%。

资料来源：国际可再生能源署（IRENA）。

（三）成本与投融资

1. 全球光伏项目 LCOE 同比小幅上涨

近年来，全球光伏项目 LCOE 持续下降。2023 年和 2024 年上半年，全球大型太阳能发电系统（非跟踪支架）加权平均 LCOE 分别为 45 美元 / 兆瓦时和 48 美元 / 兆瓦时，使用跟踪支架项目的 LCOE 还能在此基础上下降 10% ~ 20%。

2023 年，中国多晶硅料价格高位运行，全年均价为 181 元 / 千克，同比下降 33%；硅片、电池和组件均价分别为 2.93 元 / 片、0.78 元 / 瓦和 0.96 元 / 瓦，分别同比下降 58%、36% 和 50%，制造 4 个环节产品价格均有较大降幅。中国光伏产能在全球占比超过 80%，主导了全球光伏产品供应链价格。虽然上游产品价格大幅下降，但非组件成本有所上涨。在两者相互作用下，2023 年光伏项目 LCOE 较上年小幅上涨了 3 美元 / 兆瓦时，涨幅为 7%。

中国拥有巨大制造产能和强大基建能力，2023 年光伏项目加权平均 LCOE 处于全球较低水平，约为 39 美元 / 兆瓦时。印度、阿联酋、西班牙和意大利太阳自然辐照资源丰富，加权平均 LCOE 分别约为 34 美元 / 兆瓦时、42 美元 / 兆瓦时、41 美元 / 兆瓦时和 45 美元 / 兆瓦时，其中印度国内制造能力提升降低了 LCOE 水平，其 LCOE 处于全球最低水平。

法国、加拿大、美国、德国、马来西亚、越南、英国等处于中间水平，加权平均 LCOE 分别为 53 美元 / 兆瓦时、52 美元 / 兆瓦时、63 美元 / 兆瓦时、58 美元 / 兆瓦时、61 美元 / 兆瓦时、65 美元 / 兆瓦时和 65 美元 / 兆瓦时。

澳大利亚、菲律宾、莫桑比克、印度尼西亚、日本、韩国的 LCOE 范围较宽，反映了分布式项目占有较大比例，且地域不同使得项目造价、接网成本和上网电价均有较大差异。以日本为例，加权平均 LCOE 为 70 美元 / 兆瓦时，但是 LCOE 为 52 ~ 101 美元 / 兆瓦时，日本土地资源紧张且小型项目较多，接网成本也较高，而且外部条件各异使得不同项目 LCOE 差异较大，数值范围广，很多位于山地的项目投资需要比平地项目投资增加很多，多种类型使得不同项目 LCOE 差别较大，小型项目占比越大，LCOE 越高（见图 2-4）。

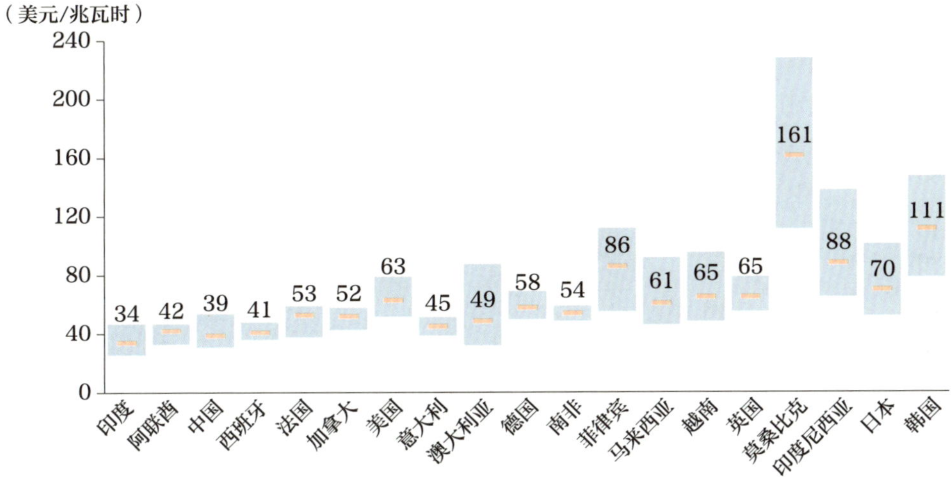

图 2-4　2023 年全球主要国家大型光伏发电项目（非跟踪支架）LCOE

资料来源：国家能源集团技术经济研究院。

2. 拍卖价格区域各异

光伏发电 LCOE 持续下降，在部分地区已经是最经济的电源，成为新建电源的理想选择。更多国家采用拍卖的方式开展项目建设，市场化竞价的价格发现方式很好地体现了光伏项目 LCOE 快速下降的成果。自 2009 年秘鲁实施拍卖以来，拍卖电价屡创新低。2023 年，全球最大的光伏项目竞价（拍卖）市场是中国，全年共进行了不少于 168GW 装机容量的竞价，加权平均价格 54 美元 / 兆瓦时。印度因光照资源优越和政策利好，2023 年印度古吉拉特邦 GUVNL 公司 500MW 光伏项目，招标规模 860MW，加权平均价格 30 美元 / 兆瓦时，成为全球最低中标价；德国联邦网络局（Bundesnetzagentur）2023 年 7 月进行了第六次屋顶光伏项目招标，招标规模为 191MW，加权平均价格为 101.8 欧元 / 兆瓦时（约合 106.8 美元 / 兆瓦时），成为全年最高价（见图 2-5）。

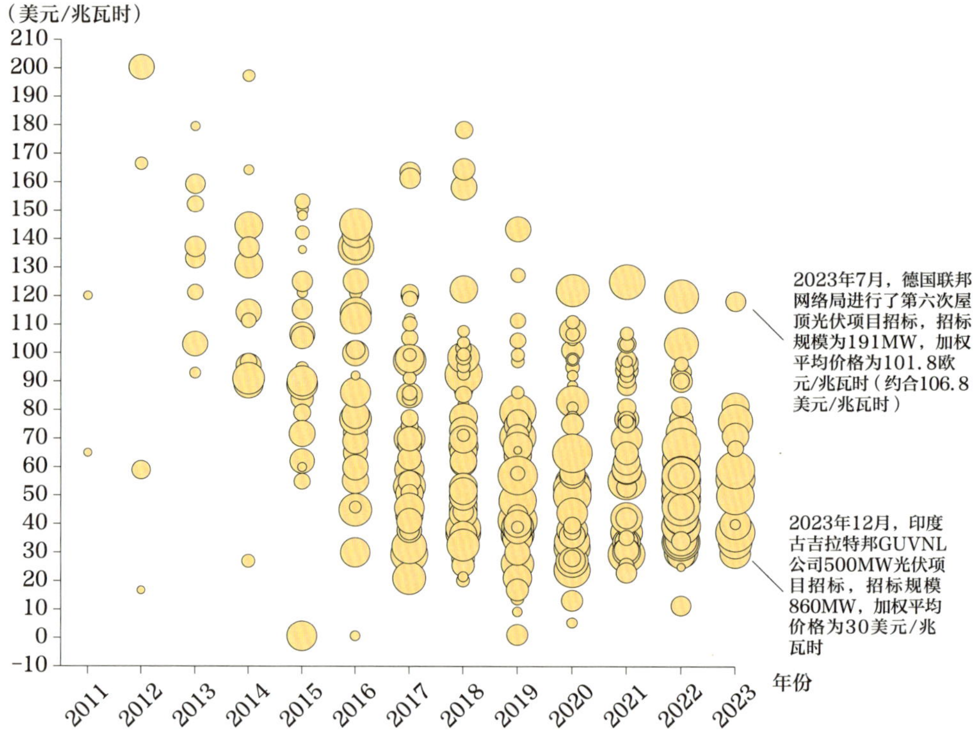

图 2-5　2011—2023 年全球光伏发电拍卖中标电价

资料来源：彭博新能源财经（BNEF）。

要实现低电价，需要对金融运作、设备供应、工程总承包、设计咨询等各个方面进行统筹策划，全方位考虑公共关系、政策走向、技术趋势、建设风险、运营风险等。不同国家的光照资源情况、非技术成本水平等并不相同，越来越低的拍卖价格只能表示当今和未来的发展趋势。最低拍卖价格可能在某一时间、某个国家或者地区产生，并不能推广至所有不同条件的国家和地区。

3. 2023 年光伏行业融资额同比增长 42%

2023 年，全球光伏企业融资总额（包括风险投资融资、私募股权融资、债务融资和公开市场融资）达到 343 亿美元，同比增长 42%[①]，创下了近 10

① 资料来源：Mercom Capital Group。

年来的融资总额新高，交易数量达 160 笔，平均每笔融资额达到 2.14 亿美元，虽然交易数量较 2022 年的 175 笔有所下降，但是单笔平均融资额度提高了 55%。

其中，公开市场融资总额 74 亿美元，同比增长 45%；债务融资 200 亿美元，同比增长 67%，达到了 10 年来最高水平；风险投资融资 69 亿美元，与上年基本持平。在光伏电站收并购方面，2023 年公司层面有 231 笔交易，同比减少 37 笔，但是总体规模达到 46GW，同比增长 28%。项目平均单体规模不断增加，项目开发商和独立业主是最活跃的收购者。

（四）技术与制造

1. 光伏电池和组件效率不断提高

在电池研发方面，从 2024 年 6 月美国国家可再生能源实验室发布的光伏电池效率图可以看出，光伏电池的实验室效率不断提高（见图 2-6）。目前多结类电池效率最高，达 47.6%。向下依次是砷化镓类、晶硅类和薄膜类（碲化镉、铜铟镓硒等）。晶硅电池（不包括晶硅薄膜）转换效率为 21.2% ~ 27.6%；薄膜电池中的铜铟镓硒、碲化镉电池最高效率分别为 23.6% 和 22.6%，新型电池中的钙钛矿－晶硅叠层电池最高效率已经达到 33.9%；有机电池、染料敏化电池等转换效率目前较低，为 13.0% ~ 19.2%。新型电池转换效率提升速度非常快，可能带来光伏产业的新一轮产业变革。

在组件效率方面，从 2024 年 6 月美国国家可再生能源实验室发布的光伏组件效率图可以看出，2023 年至 2024 年 6 月，光伏组件的实验室效率不断提高。主流晶硅 IBC 组件最高效率达到 24.9%，钙钛矿组件最高效率达到 20.6%，铜铟镓硫硒组件最高效率达到 20.3%，碲化镉组件最高效率达到 19.9%，有机组件最高效率达到 14.5%，其他类型电池没有新的效率纪录（见图 2-7）。

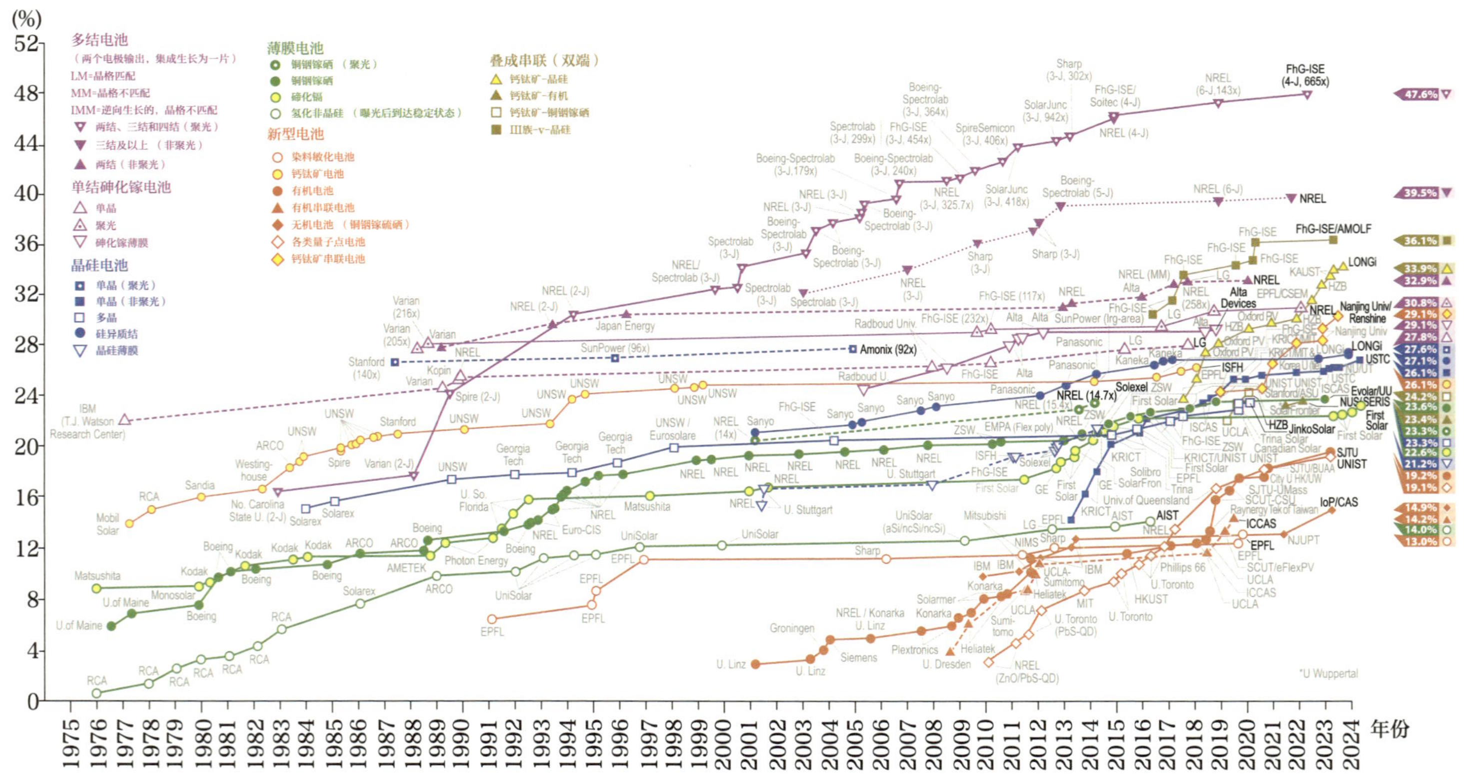

图 2-6 1975—2024 年光伏电池最佳实验室效率

资料来源：美国国家可再生能源实验室（NREL）。

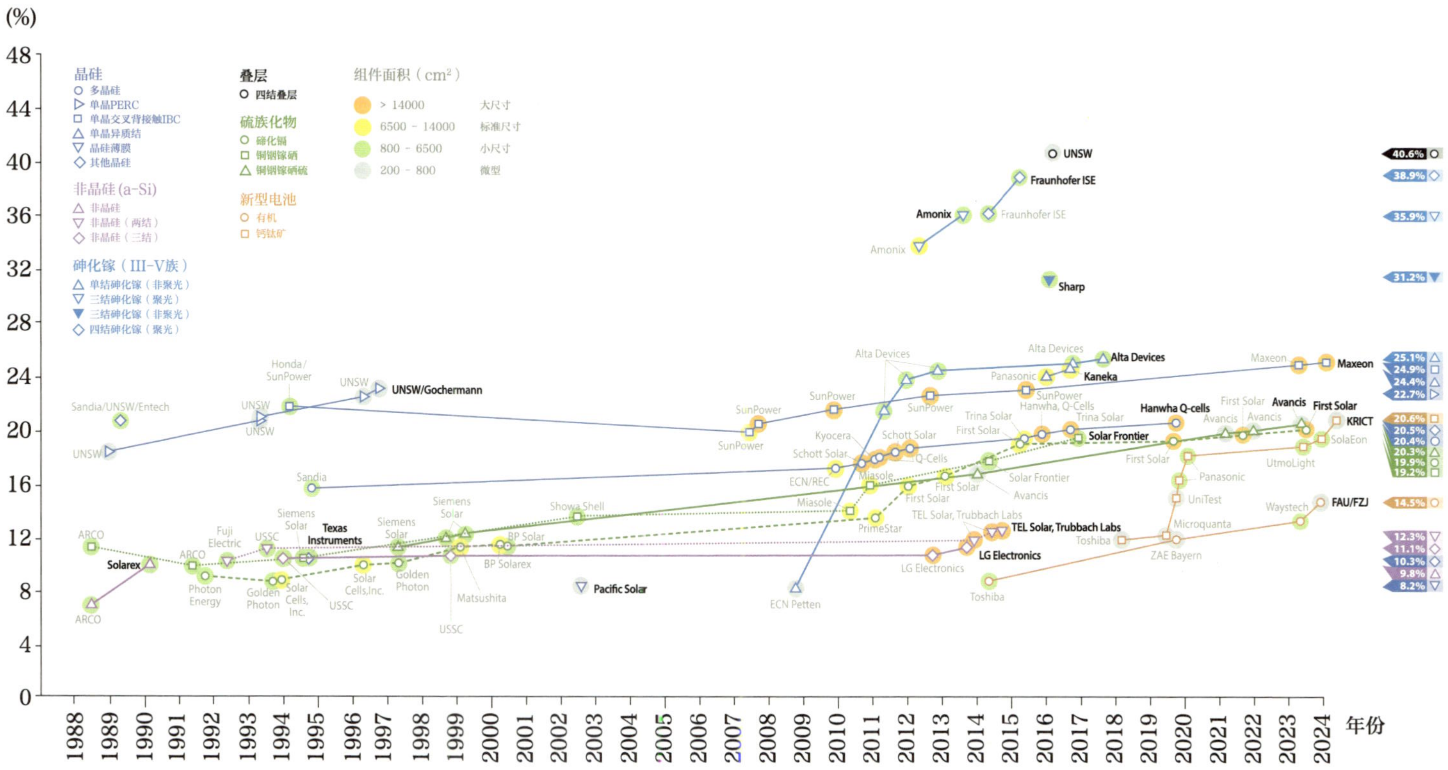

图 2-7　1988—2024 年光伏组件最佳实验室效率

资料来源：美国国家可再生能源实验室（NREL）。

值得注意的是，目前钙钛矿电池研发进展很快。钙钛矿电池以有机金属卤化物半导体作为吸光材料，最初是化学式为 $CaTiO_3$ 的矿物质以及拥有 $CaTiO_3$ 结构的金属氧化物，经过几十年的发展，具备化学通式 ABX_3 的物质都可被称为钙钛矿。目前，钙钛矿电池主流的技术路线包括钙钛矿单结电池、钙钛矿－晶硅叠层电池、钙钛矿－铜铟镓硒叠层电池和全钙钛矿叠层电池。

钙钛矿电池具有理想的禁带宽度、极高的吸光系数、很低的电子空穴对结合能、均衡的载流子迁移率和较长的载流子寿命等化学和电学特征。钙钛矿电池的优点是光电转换效率提升快、潜力大，制造成本低，轻质化、可柔性化。但是也有不可忽略的缺点，如尺寸小，以及稳定性差导致寿命较短。

在电池的研发方面，从 2024 年 4 月美国国家可再生能源实验室发布的光伏电池效率图可以看出，属于新型电池的钙钛矿系列电池实验室效率不断提高。由隆基绿能研发的钙钛矿－晶硅叠层电池最高效率已经达到 33.9%①。由中国南京大学研发的全钙钛矿电池（Perovskite/perovskite）最高效率达到 29.1%②。由美国西北大学和加拿大多伦多大学研发的钙钛矿单结电池（Perovskite）最高效率达到 26.1%③。由德国亥姆霍兹柏林材料所（HZB）研发的钙钛矿－晶铜铟镓硒叠层电池最高效率达到 24.2%④。从刷新频率上看，2020 年以来，钙钛矿－晶硅叠层电池刷新纪录 7 次，最为频繁，说明研发情况最为活跃。钙钛矿单结电池 5 次，全钙钛矿电池 4 次，钙钛矿－铜铟镓硒叠层电池最后一次刷新纪录是在 2020 年。

2. 制造产业链各环节产能产量均大幅增长

全球光伏产品制造业产业链各个环节的生产能力继续增长。截至 2023

① 认证机构为美国国家可再生能源实验室（NREL），2023 年 10 月。
② 认证机构为日本电气安全和环境技术实验室（JET），2023 年 1 月。
③ 认证机构为美国 Newport，2023 年 8 月。
④ 认证机构为德国弗劳恩霍夫太阳能系统研究所（Fraunhofer ISE），2020 年 2 月。

年底，多晶硅料、硅片、电池和组件的产能分别为245.8万吨、974.2GW、1032GW和1103GW，同比分别增长83%、47%、77%和62%；产量分别为156.9万吨、681.5GW（单晶硅片）、643.6GW和612.2GW，同比分别增长50%、79%、76%和76%。

多晶硅料环节，2023年可以用于光伏行业的太阳能级块状硅和颗粒硅产量均大幅增长。其中，太阳能级块状硅产量约为134.9万吨，同比增长50%；颗粒硅产量约为22万吨，同比增长257%；中国产量为147.2万吨，占比从2022年的88%进一步提高到93.8%，连续13年居全球首位。

2023年，全球前十的多晶硅企业总产能达到194.5万吨，占全球总产能的79%。其中9家是中国企业，产量为138.82万吨，在全球产量中占比88%，全球多晶硅产业中心集中于中国（见表2-2）。国外多晶硅企业主要有德国瓦克（Wacker）、韩国OCI、美国Hemlock、日本Tokuyama、挪威REC等企业。目前来看，中国的新建企业在技术、设备、电价、生产成本、运营成本和技术工艺方面竞争力非常明显，平均生产成本低于7美元/千克，产品质量、标准和产品一致性正在逐年提升。

表2-2 2023年全球前十位多晶硅生产企业产量

单位：万吨

序号	企业名称	生产地点	产量	序号	企业名称	生产地点	产量
1	四川通威太阳能	中国	38.9	6	东方希望	中国	10.1
2	协鑫科技	中国	23.23	7	德国瓦克（Wacker）	德国、美国	7.18
3	新疆大全新能源	中国	19.78	8	丽豪半导体	中国	5.67
4	新特能源	中国	19.13	9	戈恩斯能源	中国	5.55
5	亚洲硅业	中国	10.96	10	润阳新能源	中国	5.5

资料来源：中国光伏行业协会。

硅片环节，2023 年全球硅片总产能为 974.2GW，同比增长 47%；总产量为 681.5GW（单晶硅片），同比增长 79%。中国硅片企业产能达 953.6GW，在全球占比 97.9%，处于绝对主导地位。行业内龙头企业和跨界新晋企业抓住市场机遇，扩大生产规模。截至 2023 年底，中国晶澳科技、隆基绿能、晶科能源和天合光能在东南亚地区均有硅片、电池和组件的垂直一体化产能布局。由于 2024 年 5 月美国恢复对东南亚四国太阳能产品征收关税，更多企业开始计划在东南亚以外地区，如中东、美国、欧洲等地区建设工厂。

中国企业凭借连续拉晶和金刚线切割等生产技术，以及区位布局在低价电力地区带来的生产成本方面的优势，进一步巩固了产业领先地位。硅片产业集中度较高。2023 年，产量前十位的硅片企业总产能为 811GW，全球占比为 83.2%，同比上升 1.2 个百分点；总产量为 603.3GW，全球占比为 88.5%，同比下降 4.7 个百分点。硅片两家龙头企业——隆基绿能和 TCL 中环产能均超过 150GW，第二梯队的晶科能源、晶澳科技、高景太阳能产能增长很快，均超过 80GW，新进入硅片生产领域的企业如协鑫科技、双良节能、美科股份等产能均超过 50GW（见表 2-3）。

电池环节，晶硅电池保持市场主流地位，市场占比达 98%；薄膜电池占比仅为 2%，依然是小众市场。2023 年全球晶硅电池总产能为 1032GW，同比增长 77%；总产量为 643.6GW，同比增长 76%。全球晶硅电池的生产基地集中在亚洲，中国是最主要的生产基地，产能为 929.9GW，占全球总产能的 90.1%，其次是马来西亚、越南、泰国和印度，占比分别为 2.5%、2.1%、2% 和 1.2%，再次是柬埔寨和老挝等，市场份额较小。

表 2-3 2023 年全球前十位硅片生产企业产能和产量

单位：GW

序号	企业名称	生产地点	产能	产量	序号	企业名称	生产地点	产能	产量
1	TCL 中环	中国	155	133.7	6	高景太阳能	中国	80	40.6
2	隆基绿能	中国、马来西亚	170	127.5	7	美科股份	中国	51	37
3	晶科能源	中国、越南	85	76	8	双良节能	中国	55	30.6
4	协鑫科技	中国	58.5	51.1	9	弘元绿能	中国	35	30.5
5	晶澳科技	中国、越南	83.5	50.1	10	高测股份	中国	38	26.2

注：产量扣除代加工部分。

资料来源：中国光伏行业协会。

从电池技术和工艺上看，大尺寸电池已成为市场主流，如 182mm 方片市场占比 47.7%，210mm 方片占比 20%，其他尺寸占比较小。9 家电池龙头企业达成共识，以矩形硅片为市场主流产品，围绕 182mm × 191.6mm 和 182mm × 210mm 尺寸产品进行生产。

PERC 电池仍是 2023 年市场的主流，市场占比为 73%，但是面临着产线改造和逐渐退坡问题。n 型 TOPCon 电池产业化进度处于快速上升期，成本效益相比其他技术均有很大优势，市场占比约为 23%，预计将在 2024 年大幅上升。n 型 HJT 电池市场占比为 2.6%，HJT 技术最明显的劣势仍是成本高，仍需各个环节持续降本，但是该技术工艺流程简捷、理论效率极高，且可以与其他电池技术叠层，例如与钙钛矿叠层，转换效率可以迅速提高。XBC 技术市场占比为 0.9%，2023 年技术上有了较大进展，隆基绿能推出高效 HPBC 电池技术产品，还有很多企业作为技术储备，进入了 XBC 电池的研发领域。PERC、TOPCon、HJT、XBC 电池技术的比较见表 2-4。

表 2-4　PERC、TOPCon、HJT、XBC 电池技术比较

类别	PERC+	TOPCon	HJT	XBC		
				经典 IBC	TBC（TOPCon+IBC）	HBC（HJT+IBC）
单 GW 设备投资（元）	1.3 亿 ~ 1.5 亿	1.6 亿 ~ 1.8 亿	3.5 亿 ~ 4.0 亿	3 亿	3 亿	5 亿
量产平均效率（%）	22.8 ~ 23.8	24.5 ~ 25.0	24.5 ~ 25.0	23.5 ~ 24.5	24.5 ~ 25.5	25.0 ~ 26.5
实验室最高效率（%）	24.1（隆基绿能）	26.4（晶科能源）	26.3（隆基绿能）	25.2（Sunpower）	26.1（Fraunhofer）	26.6（Kaneka）
银浆耗量（mg/ 片）	70 左右（高温）	130/182（高温）	150/166（低温）	低于双面 PERC	低于双面 TOPCon	低于 HJT
薄片化（μm）	150 ~ 155	130 ~ 140	130 ~ 150	130 ~ 150	130 ~ 150	140
主要企业	主流厂商	中来光伏新材、四川通威太阳能、天合光能、晶科能源、晶澳科技等	晋能控股、爱康科技、山煤国际、华晟新能源、钧石能源、金刚玻璃、四川通威太阳能等	隆基绿能、爱旭科技、Sunpower 等		
工序步骤（道）	10 ~ 11	11 ~ 14	4 ~ 6	多于 12，难度高		
工艺难点	氧化铝钝化、金属化	硼扩散、POLY/ 掺杂、背金属浆料、烧结	高效清洗、非晶硅 / 微晶制备、TCO 制备・低温浆料	N-P 结的形成 / 背面金属化 / 表面钝化技术		
硅衬底	P	可以是 P 或 N	N	可以是 P 或 N	可以是 P 或 N	N
兼容性	主流产线	与 PERC 兼容	与 PERC 不兼容	兼容部分 PERC	兼容 TOPCon	兼容 HJT
增加设备	—	增加硼扩、激光 SE 设备，增加隧穿氧化层制备及多晶硅沉积设备	增加非硅晶膜、ITO 镀膜设备，改进金属化设备	增加掩膜沉积设备、激光消融设备		
串焊机	—	兼容较好	需更换	需更换		
切割损失	—	与 PERC 持平	切损严重	—		

资料来源：集邦咨询。

电池产量前十名企业全部为中国企业，2023 年总产量为 456.3GW，在全球总产量中占比 71%（见表 2-5）。

表 2-5　2023 年全球前十位电池生产企业产能和产量

单位：GW

序号	企业名称	总部所在地	产能	产量
1	四川通威太阳能	中国	95	80.8
2	晶科能源	中国	90	63.9
3	隆基绿能	中国	66.8	62.3
4	晶澳科技	中国	90	45.5
5	天合光能	中国	75	44.3
6	爱旭科技	中国	46	38
7	江苏中润光能（含中宇）	中国	58.8	34.9
8	捷泰科技	中国	49.5	30.6
9	润阳悦达	中国	55	30
10	浙江正泰	中国	50	26

资料来源：中国光伏行业协会。

组件环节，2023 年全球组件总产能为 1103GW，同比增长 62%；总产量为 612.2GW，同比增长 76%，均以晶硅组件为主，薄膜组件是小众市场。全球组件生产制造中心仍在中国，中国产能达到 920GW，约占全球的 83.4%；其次为印度、越南、马来西亚、泰国、土耳其和美国，市场占比分别为 3.8%、2.3%、2.3%、2.3%、1.6% 和 1.2%，其他地区市场占比为 3.1%。

全球前十位组件生产企业出货量约为 416GW，同比增长超过 63%。10 家企业均有大幅增长，晶科能源、隆基绿能、晶澳科技和天合光能以绝对领先优势连续 5 年稳居前四名，出货量均超过 55GW。第二梯队企业中，阿特斯、四川通威太阳能、浙江正泰、东方日升的出货量超过 20GW，内部竞争相当激烈。美国第一太阳能公司（First Solar）主要生产碲化镉组件，产能超过 12GW，出货量为 11.4GW，主要市场在美国（见表 2-6）。

表 2-6 2023 年全球前十位组件生产企业产能和产量

单位：GW

序号	企业名称	所属地区	产能	出货量
1	晶科能源	中国	110	83.523
2	隆基绿能	中国	120	72.772
3	晶澳科技	中国	95	59.953
4	天合光能	中国	95	58.928
5	阿特斯	中国	50	31.4
6	四川通威太阳能	中国	75	31.07
7	浙江正泰	中国	55	29.166
8	东方日升	韩国	35	21.265
9	协鑫集成	中国	29.5	16.238
10	美国第一太阳能公司	美国	12.1	11.4

资料来源：中国光伏行业协会。

3. 晶硅光伏产品制造产业集中在中国

中国光伏龙头企业凭借晶硅产品量产技术工艺方面的先进优势，积极扩张先进产能，加之良好的成本控制，使全球晶硅光伏制造产业集中在中国，除硅片产能外，其他制造端的产能和产量在全球的占比均实现不同程度增长。

多晶硅料、硅片、电池环节上，中国企业的产能、产量占比均超过90%。组件环节中国制造的占比达到 80% 以上。美国、欧盟等设置国际贸易壁垒，利用关税等多种方式阻挡中国光伏产品进口，未来中国企业将更多地在中国以外地区，如美国、欧盟、中东、非洲等地建设海外生产项目，实现当地生产和销售（见表 2-7）。

表 2-7 2023 年全球光伏产品产能、产量及中国占比

类别	产能			产量		
	全球	中国占比（%）	同比提升（个百分点）	全球	中国占比（%）	同比提升（个百分点）
多晶硅料	245.8 万吨	93.6	6.6	156.9 万吨	93.8	5.8
硅片	974.2GW	97.9	持平	681.5GW（单晶硅片）	98.1	0.7
电池	1032GW	90.1	83.4	643.6GW	91.8	1.5
组件	1103GW	83.4	2.2	612.2GW	84.6	−0.2

资料来源：中国光伏行业协会。

4. 薄膜电池市场占有率下降 1.1 个百分点

2023 年，全球薄膜太阳能电池产能达到 18.5GW（实现商业化），同比增长 68%；产量约为 12.5GW，同比增长 36%，在全球市场份额中只占 2%，同比下降 1.1 个百分点。

产品类型方面，主要有碲化镉和铜铟镓硒组件。2023 年，碲化镉电池产量约为 12.4GW，主要是美国第一太阳能公司的产量。其在美国、印度、马来西亚和越南建有工厂，总产能达到 16.6GW，2026 年计划总产能为 25GW。新一代产品 Series7 组件（面积 $2.8m^2$）功率达到 525 ~ 552W，效率为 19.7%。龙焱能源科技（杭州）股份有限公司在杭州和山西建有 140MW 碲化镉组件产能，中山瑞科新能源有限公司建有 100MW 碲化镉组件产能，凯盛科技集团有限公司在成都、邯郸和瑞昌建有 300MW 碲化镉组件产能。

铜铟镓硒电池生产企业均在中国。原聚焦于铜铟镓硒电池的日本 Solar Frontier 公司因生产成本居高、难以盈利，已经停止铜铟镓硒电池生产，改为生产碳化硅功率半导体。凯盛科技集团有限公司、原汉能薄膜公司淄博基地、尚越光电科技股份有限公司、宣城开盛新能源科技有限公司有少量产量。总体来说，薄膜电池出货量虽然也有较快增长，但是发展速度远远不及晶硅电池。

（五）国际贸易摩擦

近年来，受国际地缘政治、经济等外部环境影响，光伏领域出现了多种关税和非关税壁垒。关税壁垒包括反倾销税、反补贴税、保障措施税、特别保护关税、反规避调查。非关税壁垒包括低碳认证、能效标签认证、可持续发展和环境认证、ESG 信息披露和“人权”调查等。

光伏主材（硅片、电池、组件）共出口 1818.27 万吨，同比增长 25.56%，实现出口额 490.66 亿美元，因产品单价下降，出口额同比下降

5.58%；逆变器出口 99.54 亿美元，同比增长 11.37%。中国光伏组件产量已经连续 17 年居全球首位，多晶硅料、硅片、电池、组件等的产量及产能在全球占比均达 80% 以上。2023 年中国对欧洲的光伏产品出口达 202 亿美元，市场占比为 41.14%。中国主导了全球市场，也首先受到各种贸易壁垒和摩擦影响。

关税壁垒方面，美国、欧盟、印度等国家和地区，一直通过反倾销调查、基本关税等贸易政策限制光伏产品进口，降低对中国光伏产品的需求。美国对中国光伏产品征收 201 关税、301 关税等，并于 2024 年 6 月恢复对柬埔寨、马来西亚、泰国和越南光伏产品进口征税。欧盟出台《净零工业法案》和《关键原材料法案》，旨在促成制造业的回流。印度自 2022 年 4 月 1 日起对外国制造的光伏组件征收 40% 基本关税，对光伏电池征收 25% 的基本关税。

非关税壁垒更多体现在对绿色低碳方面的要求。碳足迹要求成为评价光伏产品国际竞争力的关键指标。韩国、法国、意大利、瑞典等国家都对光伏产品的碳足迹提出要求，依靠这些“绿色”门槛对进口产品形成制约，碳足迹逐步成为发达国家对中国光伏产品实施贸易壁垒的一大利器，“碳壁垒”成为国际贸易中的新技术壁垒。

在国际贸易壁垒之外，知识产权也成为争夺市场主导权的贸易壁垒手段。美国 Maxeon 公司陆续起诉四川通威太阳能、爱旭科技、阿特斯等企业以及相关方，天合光能起诉润阳新能源、中清光伏等技术侵权。在中国国内面临供需失衡、低价竞争白热化的情况下，新一轮光伏出海大潮已悄然开启，对于出海的光伏企业而言，围绕专利纠纷展开的市场之争或将进一步加剧。

二、中国太阳能发电发展现状与特点

中国是太阳能发电和应用大国，光伏产业是中国获得全球竞争优势的新兴产业，光伏产品成为中国出口“新三样”之一。2023 年，光伏产品、电动载人汽车和锂离子电池等“新三样”产品合计出口 1.06 万亿元，首次突破万亿元大关。光伏组件产量已连续 17 年位居全球首位，多晶硅料产量连续 13 年居全球首位，光伏新增装机容量连续 11 年居全球首位，累计装机容量连续 9 年居全球首位。多晶硅料、硅片、电池、组件等的产能及产量在全球占比均达 80% 以上。2023 年太阳能发电装机容量超越水电，跃升为中国第二大装机电源，仅次于火电。

2023 年，太阳能发电行业再次实现新的突破。累计装机容量连续突破 4 亿千瓦、5 亿千瓦、6 亿千瓦，达到 6.1 亿千瓦，同比增长 55%；新增装机容量首次突破 2 亿千瓦，在全球新增太阳能发电装机中占据半壁江山；装机结构方面，分布式光伏累计装机达到 2.54 亿千瓦，占比进一步达到 42%，结构进一步优化。产业和技术方面，多晶硅料、硅片、电池、组件等各环节的产能、产量继续保持全球的绝对引领地位，技术持续创新，迭代升级。

2023 年，中国太阳能发电产业在装机容量、发电量、制造端、技术和工艺、系统造价和成本、出口和国际贸易、应用市场等方面呈现以下特点。

（一）装机容量

2023 年，全国太阳能发电新增并网装机容量为 21630 万千瓦，同比增长 147%（见图 2-8），创历史新高，连续 11 年稳居世界首位。新增均为光伏装机容量，光热无新增装机容量。其中，地面光伏电站、工商业分布式光伏电站、户用光伏电站新增装机容量分别为 12001.4 万千瓦、5280.3 万千瓦、4348.3 万千瓦。截至 2023 年底，全国并网太阳能发电总装机容量 60948.8

万千瓦，其中并网光伏发电装机容量 60891.8 万千瓦，并网光热发电装机容量 57 万千瓦。并网太阳能发电装机容量占全国总装机容量的 21%，超过风电和水电，成为继火电之后的第二大电源。

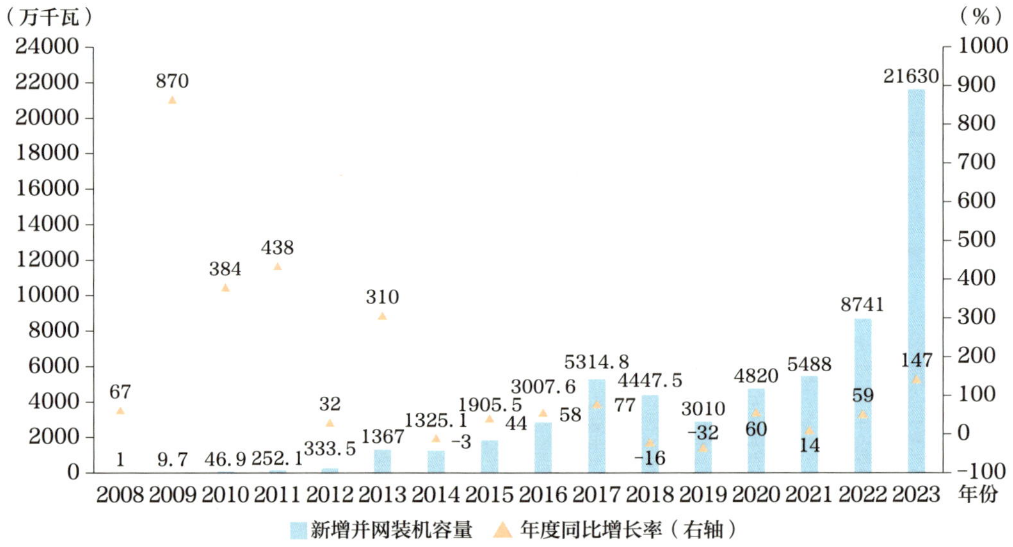

图 2-8　2008—2023 年中国太阳能发电年新增并网装机容量

资料来源：国家能源局。

集中式光伏电站和分布式光伏电站并举发展，2023 年集中式光伏电站增速反超分布式光伏电站。回顾 2022 年，集中式光伏电站新增装机容量 3629 万千瓦，同比增长 42%，占新增装机总量的 42%。2023 年，主要由于第一批风光大基地项目于年底集中并网，推动了集中式光伏电站新增装机容量的大幅增长。2023 年全年，集中式光伏电站新增装机容量 12001.4 万千瓦，同比增长 231%，占新增装机总量的 55.5%；分布式光伏电站新增装机容量 9628.6 万千瓦，同比增长 88%，占总量的 44.5%。

分布式光伏电站中，工商业分布式光伏电站新增装机容量大幅超过户用光伏电站。回顾 2022 年，工商业分布式光伏电站和户用光伏电站新增装机容量相差无几。2023 年，由于工商业分布式光伏电站在峰谷套利方面更加有利，且可不受能耗双控制约，全年新增装机容量 5280.3 万千瓦，同比增长

104%；户用光伏电站新增装机容量 4348.3 万千瓦，同比增长 72%。多地区下发新的分布式管理办法，租赁屋顶的户用光伏电站按照工商业项目备案管理，也使得工商业项目在统计数据上的增长超过户用项目。

分地区来看，光伏发电新增装机前五位的地区分别为河北、云南、新疆、山东、江苏，新增装机容量分别为 1561.1 万千瓦、1514.4 万千瓦、1428.7 万千瓦、1422.6 万千瓦、1419.6 万千瓦（见图 2-9）；前十位的地区合计 13040 万千瓦，占全国新增装机容量的 60.3%。在地面光伏电站方面，新增装机前五位的地区分别为云南、新疆、甘肃、河北、湖北，分别新增装机容量 1440.7 万千瓦、1428.2 万千瓦、1103.7 万千瓦、1029.7 万千瓦、773.2 万千瓦；前十位的地区合计新增 8772.6 万千瓦，占全国地面电站新增装机容量的 73.1%。在工商业分布式光伏电站方面，新增装机前五位的地区分别为浙江、江苏、广东、山东、河南，分别新增装机容量 731 万千瓦、669.8 万千瓦、547.9 万千瓦、515.5 万千瓦、390.3 万千瓦；前十位的地区合计 4300.2 万千瓦，占全国工商业分布式光伏电站新增装机容量的 81.4%。在户用光伏电站方面，新增装机前五位的地区为河南、江苏、山东、安徽、江西，分别新增装机容量 999.4 万千瓦、547.3 万千瓦、497.5 万千瓦、461.9 万千瓦、353.7 万千瓦；前十位的地区合计 3814.7 万千瓦，占到全国户用光伏电站新增装机容量的 87.7%。

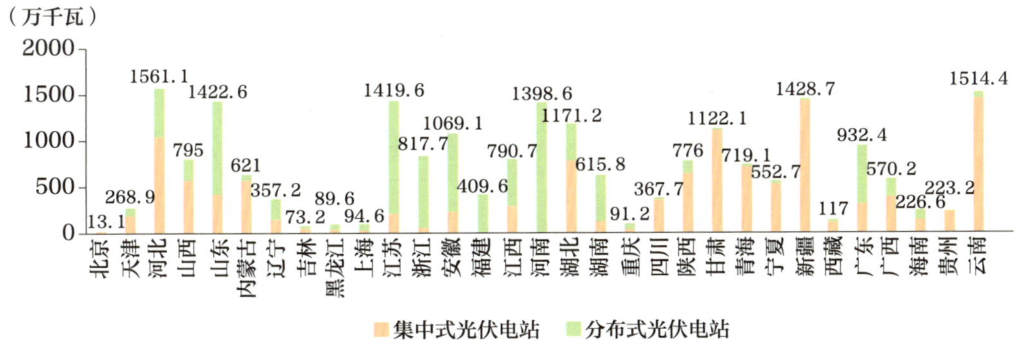

图 2-9　2023 年各省（区、市）光伏发电新增装机容量

资料来源：国家能源局。

（二）发电量

太阳能发电是发电量增幅最大的电源。2023 年，全国太阳能发电量为 5833 亿千瓦时，同比增长 36.4%，占全国总发电量的 6%，是所有电源中增幅最大的。并网太阳能发电（6000 千瓦及以上电厂发电设备）利用小时数为 1286 小时，同比减少 54 小时。

各地区发电量增长与累计装机容量正相关。发电量居前列的地区是山东、河北，分别为 627 亿千瓦时、553 亿千瓦时；山东分布式装机占比 72%，分布式项目在发电总量中贡献较大；河北集中式和分布式项目占比分别为 56% 和 44%，两类项目对发电总量贡献较为均衡。其他发电量超过 250 亿千瓦时的地区有江苏、河南、浙江、内蒙古、青海、宁夏、山西、安徽、新疆，发电量分别为 358 亿千瓦时、331 亿千瓦时、296 亿千瓦时、291 亿千瓦时、290 亿千瓦时、282 亿千瓦时、275 亿千瓦时、270 亿千瓦时、262 亿千瓦时（见图 2-10）。其中，内蒙古、青海、宁夏、山西、新疆以地面集中式大项目为主。

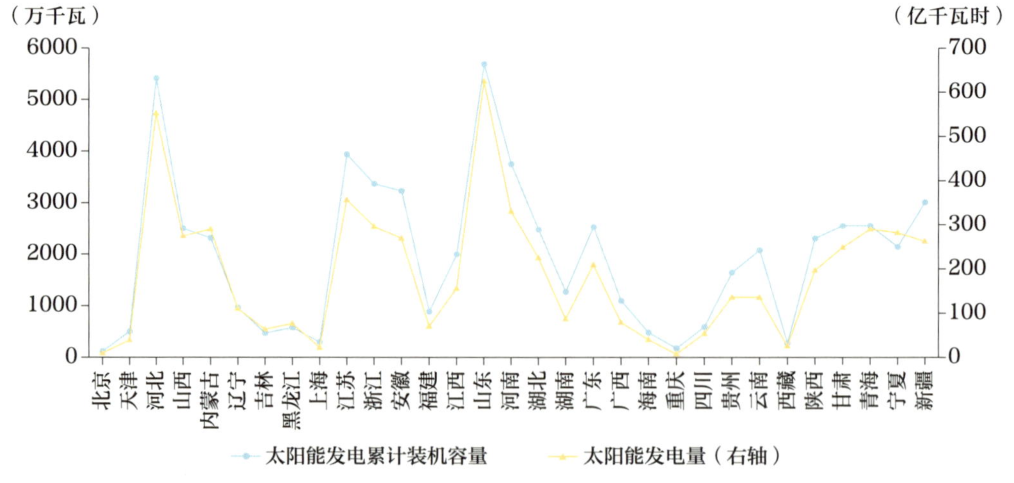

图 2-10　2023 年各省（区、市）太阳能发电累计装机容量和发电量

资料来源：中国电力企业联合会。

光伏利用率同比微降，电网消纳问题开始显现。2023 年，全国光伏利用率为 98%，比 2022 年的 98.3% 下降了 0.3 个百分点。西北地区消纳仍存在困

难，西藏利用率为 78.0%，青海由于可再生能源装机新增较多，但外送通道不畅，因此利用率仅为 91.4%，虽然同比提升了 0.3 个百分点，但较全国平均水平低 6.6 个百分点。此外，低于全国水平的还有陕西、甘肃、宁夏、新疆、河南、河北、蒙西、吉林等省份和地区，河南由于分布式光伏项目增速过快、消纳不畅，利用率同比下降 1.8 个百分点（见图 2-11）。

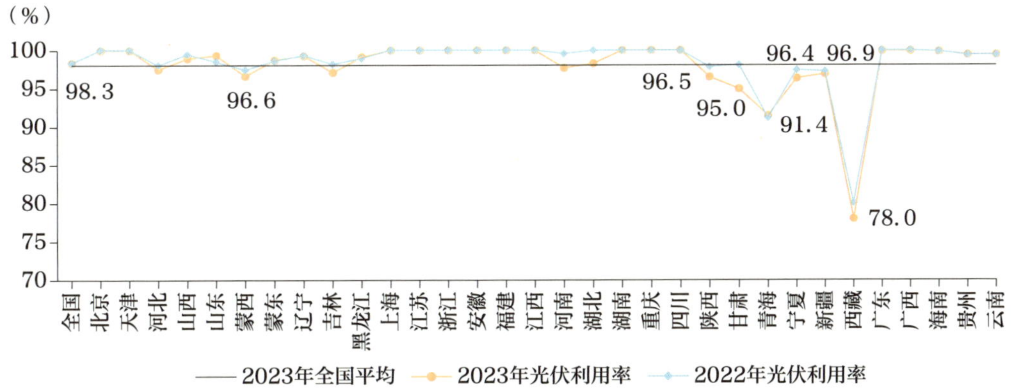

图 2-11　2022 年、2023 年各地区光伏利用率

资料来源：全国新能源消纳监测预警中心。

（三）制造端

光伏制造端全产业规模进一步增长。2023 年，中国多晶硅料、硅片、电池、组件产量再创新高，行业总产值超过 1.7 万亿元。多晶硅料产量超过 147.2 万吨，同比增长 66.9%。硅片产量超过 6.22 亿千瓦，同比增长 67.5%。电池产量超过 5.45 亿千瓦，同比增长 64.9%。组件产量超过 4.99 亿千瓦，同比增长 69.3%。

产能增长过快，市场价格暴跌，全产业链深度调整。2023 年底，光伏上游制造端的多晶硅料、硅片、电池、组件 4 个环节产能均超过 9 亿千瓦。2023 年和 2024 年全球组件需求分别约为 5.5 亿千瓦和 6.5 亿千瓦，各环节产能增长过快导致市场供需均出现不匹配。

受多晶硅料产能集中投产，硅片、电池、组件供求错配等多方面因素影响，2023 年上半年主要光伏产品价格明显波动向下，下半年快速下降。其中，多晶硅料降幅最大，达到 66%，硅片、电池环节部分降幅超过 50%（见表 2-8）。在价格同比“腰斩”的情况下，虽然制造端 4 个环节产量均同比增长 64% 以上，行业产值增长却只有 17.1%，增幅远低于产量增幅。生产企业层面，除垂直一体化生产企业尚可保持微薄单瓦利润外，专业化企业全年盈利状况不佳。

表 2-8　2023 年各环节光伏产品价格变化

	多晶硅料（元/千克）	硅片（元 / 片）			电池（元 / 瓦）			组件（元 / 瓦）		
		p-182	p-210	n-182	p-182	p-210	n-182	p-182	p-210	n-182
1 月初售价	190	3.9	5	5.5	0.8	0.8	0.9	1.83	1.83	1.86
当年最高价	230	6.45	8.2	6.39	1.14	1.14	1.24	1.83	1.83	1.86
12 月底售价	65	2	3	2.2	0.36	0.37	0.47	0.95	0.98	1
全年价格同比下降（%）	66	49	40	60	55	54	48	48	46	46

资料来源：国家能源集团技术经济研究院。

（四）技术与工艺

多晶硅料环节电耗和综合能耗等持续下降，人均产出量提升。2023 年，随着生产装备技术和管理水平提升、系统优化能力提高、生产规模扩大，全国多晶硅企业平均还原电耗 43 千瓦时 / 千克 -Si，同比下降 3.4%；综合能耗 57 千瓦时 / 千克 -Si，同比下降 5%；平均硅耗 1.08 千瓦时 / 千克 -Si 水平，同比下降 0.92%。多晶硅单线产能提升、系统集成化以及产线满产，多晶硅产线的人均年产出量提高至 60 吨，同比提升 3.4%。

2023 年硅片环节铸锭耗硅量与 2022 年持平，切片厚度持续下降。铸锭耗硅量为 1.08 千克 / 千克，拉棒耗硅量为 1.061 千克 / 千克，与 2022 年基本持平。P 型单晶硅片平均厚度在 150 微米左右，同比下降 5 微米。为降低 n 型产品成本，用于 TOPCon 电池和异质结电池的 n 型硅片产品片厚减薄动力较强；用于 TOPCon 电池的 n 型硅片平均厚度为 125 微米，用于异质结电池的硅片厚度约 120 微米，分别同比下降 15 微米和 5 微米。工厂自动化水平不断提升，单位产能逐步增加，导致硅片工厂的人均产出也快速提高，2023 年硅片产线晶体环节拉棒（方棒）人均产出率为 27.5 吨 /（人·年），切片人均产出率为 2.3 百万片 /（人·年）。

大尺寸硅片市场占有率进一步增加，硅片形态更加多样化。不同类型硅片市场占比方面，n 型产品产能释放，快速提高市场份额，P 型单晶硅片市场占比压缩至 74.5%，n 型单晶硅片占比增长至 24.7%，多晶硅片属于小众市场，市场份额不足 1%。市场上硅片尺寸种类多样，其中，166 毫米及以下、182 毫米方片、微矩形硅片市场份额占比分别为 2.0%、47.7%、20.3%，210 毫米方片、矩形尺寸硅片市场份额占比分别为 20%、10%。

电池环节转换效率稳步提升，人均产出率还有提升空间。2023 年，P 型单晶电池均采用 PERC 技术，平均转换效率达到 23.4%，同比提高 0.2 个百分点；n 型 TOPCon 电池平均转换效率达到 25.0%，异质结电池平均转换效率达到 25.2%，同比均有较大提升。根据中国可再生能源学会光伏专业委员会发布的《2023 年中国光伏技术发展报告》，隆基 n-HJT 电池以 26.81% ± 0.40% 的转换效率高居榜首。2023 年，PERC 电池产线人均产出率达 4.5 兆瓦 /（人·年）。TOPCon 电池产线人均产出率约为 5.1 兆瓦 /（人·年）。异质结电池生产工艺流程较短，产线人数也较少，人均产出率约为 7.2 兆瓦 /（人·年）。随着光伏电池产线自动化、智能化程度的不断提升，电池转换效率持续提高，电池人均产出率还有较大提升空间。

组件环节最大功率进一步提升。2023 年，采用 166 毫米尺寸 72 片 PERC 单晶电池的组件功率达到 460 瓦，采用 182 毫米尺寸 72 片 PERC 单晶电池的组件功率达到 555 瓦，采用 210 毫米尺寸 66 片 PERC 单晶电池的组件功率达到 665 瓦，采用 182 毫米尺寸 72 片 TOPCon 单晶电池的组件功率达到 580 瓦，采用 210 毫米尺寸 66 片异质结电池的组件功率达到 710 瓦。多晶产品功率基本维持上年水平。组件工厂人均产出率也提升至约 5.1 兆瓦 /

（人·年）。

钙钛矿新技术产品加速发展。2023 年，据美国国家可再生能源实验室认证，隆基绿能自主研发的钙钛矿－晶硅叠层电池效率达到 33.9%，是目前叠层电池效率的最高纪录。此前该电池效率的世界纪录是 33.7%，由阿卜杜拉国王科技大学于 2023 年 5 月创造。33.9% 的新世界纪录是自 2016 年有钙钛矿－晶硅叠层电池效率记载以来，第一次由中国企业创造。组件方面，两家钙钛矿头部企业协鑫光电、极电光能分别宣布大尺寸商用钙钛矿组件效率跨过 18% 门槛。经全球权威检测机构 TÜV 南德意志集团测试，极电光能 1.2 米 ×0.6 米商用尺寸钙钛矿组件全面积效率达到 18.2%，对应的最大功率为 131.07 瓦，孔径面积（AP 面积）效率高达 19.55%。经中国计量科学研究院认证，协鑫光电 1 米 ×2 米尺寸钙钛矿单结组件光电转换效率达到 18.04%，功率达到 360.7 瓦，279 毫米 ×370 毫米叠层组件转换效率达到 26.17%。经日本电气安全和环境技术实验室第三方认证，南京大学谭海仁教授课题组研制的大面积全钙钛矿光伏组件稳态光电转换效率达 24.5%，叠层组件面积达 20.25 平方厘米，为后续产业化发展打下技术基础。虽然钙钛矿组件转换效率创新高，但是目前在商业上仍然难以与晶硅组件竞争，而且稳定性、生产良率等仍是未来产业化需要攻克的关键点。

（五）系统造价与成本

光伏全系统造价同比下降 17.7%。由于组件价格降幅较大，2023 年光伏全系统造价为 3.4 元 / 瓦，同比下降 17.7%，在系统造价中占比同比下降了 8.4 个百分点。由此带来其他技术成本和非技术成本在系统造价中占比分别同比上升 5.5 个百分点和 2.9 个百分点（见图 2-12）。非技术成本中的土地成本并未下降，土地问题逐渐成为光伏项目是否可行以及衡量经济性的重要影响因素。

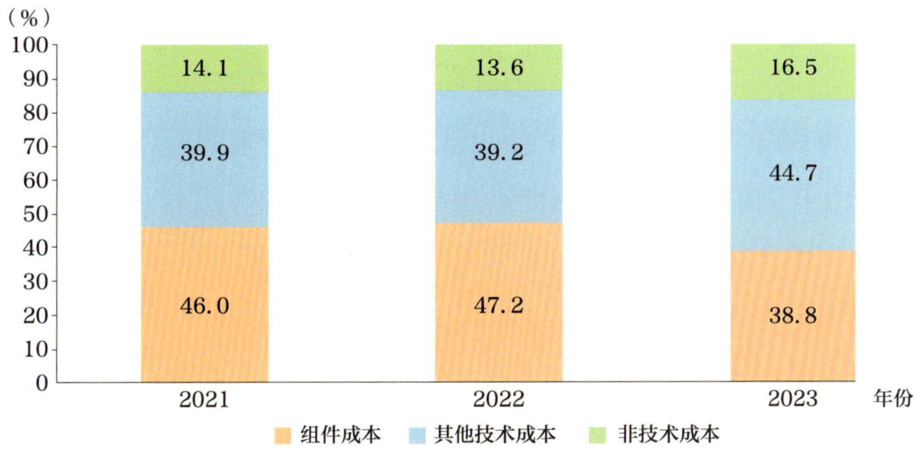

图 2-12　2021—2023 年中国大型地面电站系统造价结构变化

资料来源：中国光伏行业协会。

光伏电站 LCOE 同比有较大幅度下降。在全投资模型下，2023 年光伏地面电站在 1800 小时、1500 小时、1200 小时和 1000 小时等效利用小时数的 LCOE 分别为 0.15 元 / 千瓦时、0.18 元 / 千瓦时、0.23 元 / 千瓦时和 0.27 元 / 千瓦时[①②]，同比分别下降 16.7%、18.2%、17.9% 和 20.6%。分布式光伏电站在 1800 小时、1500 小时、1200 小时和 1000 小时等效利用小时数的 LCOE 分别为 0.14 元 / 千瓦时、0.17 元 / 千瓦时、0.21 元 / 千瓦时和 0.25 元 / 千瓦时，同比分别下降 22.2%、19%、22.2% 和 21.9%。目前，分布式光伏装机大部分位于山东、浙江、河北、河南、安徽、江苏等省份，等效利用小时数通常为 1000 ~ 1100 小时，大部分已经具有经济性。

组件加权中标价格同比下降 27%。2023 年，共跟踪到 31782 万千瓦光伏组件招标、定标信息，同比增长 91.6%，包括 577 万千瓦分布式光伏、3597 万千瓦地面电站、27608 万千瓦集中采购项目。从组件类型来看，15402 万千瓦未明确单、双面组件要求，剩余 16380 万千瓦中要求单面

① 资料来源：《中国光伏产业发展路线图（2023—2024 年）》。

② 仅考虑全投资情景，不包含融资成本；LCOE 计算按照《光伏发电系统效能规范》中 LCOE 计算公式得出，其中折现率按照 5% 计算，电站残值按照 5% 计算，增值税按 5 年分期完成抵扣，容配比按 1∶1 考虑。

组件的占比为7%，要求双面组件的占比为93%。从技术路线来看，有26480万千瓦组件明确了技术路线，以PERC、n-TOPCon为主，少部分明确要求使用HJT和IBC技术；P型占比为53%，n型占比为47%。中标价格方面，由于2023年组件价格变动剧烈，中标后部分项目还会重新议价，也有部分项目采用浮动中标价格，经加权统计，全年加权平均中标价格为1.377元/瓦，与2022年相比下降27%。

地面电站EPC定标规模同比增长22%。2023年，共跟踪到14294万千瓦（直流侧）光伏地面电站EPC的定标，包括4678万千瓦大EPC定标、7695万千瓦小EPC定标①，以及1921万千瓦项目施工定标，同比增长22%（见表2-9）。其中，小EPC和大EPC定标项目加权平均的中标价格分别为1.283元/瓦和3.244元/瓦。

表2-9　2023年地面电站EPC定标规模及价格

月份	小EPC		大EPC		月定标规模（兆瓦）	容配比
	定标量（兆瓦）	单价（元/瓦）	定标量（兆瓦）	单价（元/瓦）		
1	822	1.774	3556	4.075	5143	1.143
2	2153	1.366	2313	3.912	5339	1.142
3	5233	1.047	4835	3.611	12078	1.177
4	2603	1.133	2882	3.285	7022	1.166
5	2291	1.803	1832	3.889	4640	1.190
6	2512	1.295	5133	3.611	9230	1.112
7	2835	1.326	4362	3.889	8161	1.127
8	5396	1.527	19368	2.822	26630	1.258
9	4544	1.280	8466	3.468	16784	1.161

① 大EPC是指受建设业主方的委托，按合同要求对整个光伏电站建设项目的设计、采购、施工、试运行等全部承包；小EPC一般主要承包设计、供应组件和部分施工等。

续表

月份	小 EPC		大 EPC		月定标规模（兆瓦）	容配比
	定标量（兆瓦）	单价（元 / 瓦）	定标量（兆瓦）	单价（元 / 瓦）		
10	2893	1.467	5183	2.940	9552	1.126
11	7186	1.065	10654	2.754	19935	1.176
12	8316	1.212	8365	3.341	18430	1.144
加权平均	—	1.283	—	3.244	—	1.17
合计	46784	—	76949	—	142944	—

资料来源：智汇光伏。

分布式光伏 EPC 定标规模同比增长 72.9%。2023 年，共跟踪到 5856 万千瓦（直流侧）分布式光伏电站 EPC 的定标，同比增长 72.9%；包括 4461 万千瓦大 EPC 定标、1395 万千瓦小 EPC 定标；其中 3420 万千瓦为整县推进分布式项目，占比高达 58%。大 EPC 定标价格加权平均值为 3.528 元 / 瓦（见表 2–10）。

表 2–10　2023 年分布式光伏 EPC 定标规模及价格

月份	小 EPC		大 EPC		月定标规模（兆瓦）
	定标量（兆瓦）	单价（元 / 瓦）	定标量（兆瓦）	单价（元 / 瓦）	
1	324	2.027	1935	3.971	2259
2	500	1.998	4005	3.726	4505
3	502	1.918	1758	3.753	2260
4	624	1.767	1826	4.037	2450
5	1175	1.939	1892	4.095	3067
6	2059	1.697	1520	3.74	3579
7	1211	1.936	4506	3.656	5717

续表

月份	小 EPC		大 EPC		月定标规模（兆瓦）
	定标量（兆瓦）	单价（元/瓦）	定标量（兆瓦）	单价（元/瓦）	
8	861	1.521	2977	3.62	3838
9	862	1.783	4531	3.462	5393
10	1107	1.733	2949	3.476	4056
11	749	1.699	6560	3.600	7309
12	3973	1.953	10152	3.012	14125
加权平均	—	1.835	—	3.528	—
合计	13947	—	44611	—	58558

资料来源：智汇光伏。

外部因素给电站收益带来较大不确定性。电源侧光伏电站按容量以某一比例强制配置储能作为辅助消纳与支撑电网的措施，成为电站开发建设的前置条件，按照 100 兆瓦项目配置 10%×2 小时储能系统的要求，电站造价成本将增加 0.3 元/瓦以上，每增加 10% 的储能比例，电站成本将增加约 0.3 元/瓦，多地配储比例要求呈升高趋势，显著影响了电站收益水平。部分地区实施分时电价政策，光伏出力最多的时段基本被纳入电价低谷时段，分布式项目收益率下滑严重。新能源逐步参与电力市场交易，到 2030 年新能源全面参与电力市场化交易已经成为必然趋势，市场化交易是未来光伏电站获得收益的主要形式。与中长期交易不同，电价与市场波动以及气象等不确定性因素密切相关，从而造成收益模式的不确定性；而且不同省份的电力现货交易规则不同，造成光伏收益难以预测。此外，光伏电站、风力发电等项目不得在河道、湖泊、水库内建设，不得占用耕地和林地，使用农用地不超过项目总用地面积的 50% 等土地政策，以及部分地区以产业配套作为风光项目开发建设门槛，都给电站收益带来影响。

（六）出口与国际贸易

光伏产品出口量大幅增长，出口额同比下降 5.4%。2023 年，硅片产品出口 7030 万千瓦，同比增长超过 94%；晶硅电池产品出口 3930 万千瓦，同比增长 65.5%；晶硅组件产品出口 21170 万千瓦，同比增长 37.9%。但是，由于全年产品价格大幅下降，出口量的增加并未带来出口额的提升，出口量增价减，光伏产品出口总额（硅片、电池、组件）484.8 亿美元，同比下降 5.4%。

光伏产品出口到各大洲市场整体趋势是量增价减。市场目的地更加多元化，传统市场和新兴市场相结合。2023 年，出口前十名的国家占比从上年的 70.4% 下降到 62.1%，1 亿美元以上出口市场数量增加 7 个，5 亿美元以上出口市场数量增加 4 个。荷兰、巴西、西班牙和印度依然保持前四大出口市场地位，但比例均有下降，比利时、沙特阿拉伯、巴基斯坦市场首次跻身前十（见图 2-13）。欧洲受乌克兰危机影响，对于能源安全的重视程度提高，新能源发电成为其实现能源独立的重要途径，对于光伏组件的需求迅速增加，约占出口总额的 42%。荷兰鹿特丹港作为欧洲市场的中转站，继续保持第一出口目的地位置，占出口总额的 22.8%，但是由于 2023 年下半年组件库存高企，进口势头同比稍减，占比同比下降 3.9 个百分点。

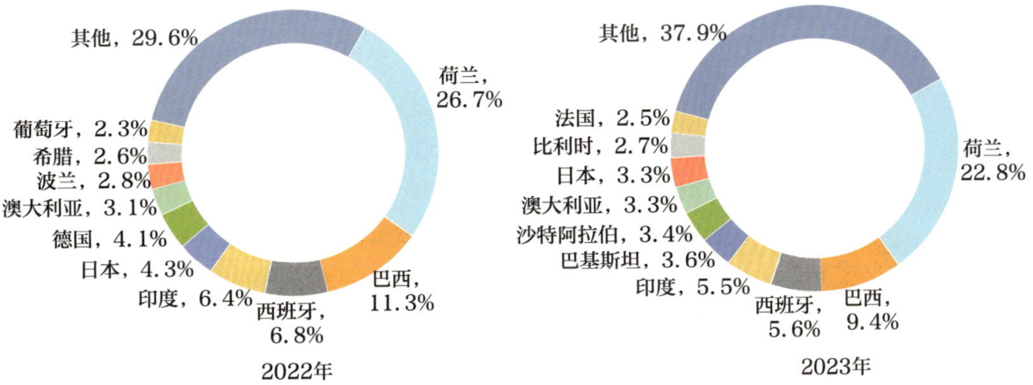

图 2-13　2022 年、2023 年中国光伏产品主要出口国家和地区

资料来源：中国光伏行业协会。

针对光伏产品的国际贸易摩擦日益增多。自 2011 年遭遇美国“双反”调查以来，中国光伏产品共遭受多个国家（地区）20 余项贸易壁垒政策，主要有美国的“双反”调查、201 调查、337 调查、反规避调查，欧盟的“双反”调查、价格承诺，印度的反倾销调查、保障措施调查、基本关税调整以及执行《太阳能光伏发电组件型号及制造商认证强制注册令》，澳大利亚的反倾销调查，土耳其的反倾销调查，以及以“人权”为借口的限制措施、绿色低碳贸易壁垒、ESG 信息披露相关的新型贸易壁垒和知识产权诉讼（见表 2-11）。

表 2-11　2022 年以来部分国家和地区实施的贸易壁垒政策

时间	国家（地区）	内容
2022 年 2 月	印度	4 月起对外国制造的太阳能组件征收 40% 的基本关税
2022 年 2 月	美国	对光伏面板实施紧急进口限制（第 201 条款），对来自中国等的进口产品的额外关税延长 4 年
2022 年 3 月	美国	美国商务部宣布自 3 月 25 日起对柬埔寨、马来西亚、泰国和越南全境的光伏电池、组件启动反规避调查
2022 年 6 月	美国	对柬埔寨、马来西亚、泰国和越南生产的太阳能产品实行 24 个月的关税豁免
2022 年 6 月	欧盟	欧洲议会通过反强迫劳动海关措施决议，要求在欧盟各国海关采取措施，禁止强迫劳动产品进入欧盟市场
2022 年 6 月	印度	对原产于或进口自中国的除透明背板之外的太阳能涂氟背板征收为期5年的反倾销税。其中，生产商中来光伏新材为762美元/吨，其他生产商为 908 美元/吨，该措施的有效期为 5 年
2022 年 6 月	美国	美国国土安全部下设的强迫劳动执法工作组（FLETF）第一次发布了其所谓的《维吾尔强迫劳动预防法案》（UFLPA）实体清单，合盛硅业、新疆协鑫新能源、新疆大全新能源、东方希望 4 家光伏材料企业及其相关子公司被列入清单
2022 年 7 月	美国	美国海关和边境保护局（CBP）要求提供多晶硅制造过程中使用的石英来源
2022 年 8 月	印度	原定于 8 月 31 日发布的关于对原产于或进口自中国、泰国和越南的光伏电池及组件的反倾销调查终裁结果，延期至 10 月 31 日发布

续表

时间	国家（地区）	内容
2022 年 9 月	欧盟	欧盟委员会通过了一份名为“强迫劳动禁令”的草案，建议欧盟采取措施，禁止在欧盟市场上使用强迫劳动制造的产品
2022 年 9 月	美国	暂时免除了对使用中国制造的零部件在柬埔寨、马来西亚、泰国和越南组装的光伏电池和组件征收的所有反倾销或反补贴税。该规则不适用于从中国制造和出口的光伏电池和组件
2022 年 11 月	欧洲议会	发布《企业可持续发展报告指令》（CSRD），最早将于 2024 年 1 月 1 日起执行。这使得 ESG 规范从企业此前自愿遵守的“软法”转变为有约束力和可执行的“硬法”，在劳工权益和环境保护等方面提出更高要求
2022 年 12 月	美国	初步裁定比亚迪、阿特斯、天合光能和 Vina Solar Technology（隆基绿能子公司）等存在规避行为，违反了美国贸易法。以上企业将被分别施加 27%、16%、254%、254% 的关税
2022 年 12 月	欧盟	碳边境调节机制（CBAM）达成临时协议，于 2023 年 10 月 1 日启动过渡期，进行试运行
2023 年 11 月	土耳其	土耳其贸易部发布了第 2023/32 号公告，对原产于中国的光伏组件反倾销案启动反规避调查，审查中国涉案产品是否经由越南、马来西亚、泰国、克罗地亚及约旦出口至土耳其以规避反倾销税
2024 年 1 月	印度	2022 年 6 月，印度财政部对从中国进口的氟背板（不包括透明背板）征收反倾销税，以消除对印度国内市场造成的损害
2024 年 2 月	印度	2024 年 2 月 9 日曾确认将重新实施《太阳能光伏发电组件型号及制造商认证强制注册令》，但对开放式光伏项目、处于建设后期的光伏项目，以及没有获得补贴的屋顶光伏项目予以豁免。2024 年 2 月 15 日宣布暂停实施
2024 年 3 月	欧洲议会、欧盟	就禁止强迫劳动产品进入欧盟市场的法规达成临时协议。一旦发现有强迫劳动的情况，当局可以要求将相关商品从欧盟市场和在线市场上撤下，并在边境予以没收，中国光伏产品是触及红线的高风险产品
2024 年 5 月	欧盟	根据《净零工业法案》规则，欧盟将对光伏组件采购进行监管，从而避免任一成员国在招标中从单一国家获得一半以上的组件

资料来源：中国光伏行业协会、中国机电产品进出口商会。

除了政策措施，部分国家还出台了相关法案，促进本地光伏产品制造业的发展，旨在减少对中国产品的进口。2022 年 8 月，美国通过《通胀削减法案》，对美国本土制造的锂离子电池、光伏等新能源产品给予补贴或税收优惠。2024 年 5 月，欧盟委员会通过《净零工业法案》，提出到 2030 年，欧盟将在本土生产其所需净零技术产品的 40%，包括太阳能光伏板、风力涡轮机、电池等。这些政策和举措为我国光伏企业的产品出口和海外市场拓展带来很大不确定性。

（七）应用市场

智能化、光储端信融合发展引领创新和高质量发展。我国先后实施了三批智能光伏试点示范项目，93 个智能光伏试点示范项目和 80 家智能光伏试点示范企业进入名单，有效引导行业智能升级。同时，推动光伏产业与新一代信息技术深度融合成为发展新方向，全行业正在加快实现智能制造、智能应用、智能运维、智能调度。以光储端信为核心的能源电子全产业链协同和融合发展，提升新能源生产、存储、输配和终端应用能力。

2023 年海上光伏启动建设，从浙江起步，逐步推广。国家层面政策指导发展方向，国家能源局发布《2023 年能源工作指导意见》提出，要谋划启动建设海上光伏，为推动海上光伏项目开发建设释放积极的引导信号；还发布了《关于组织开展可再生能源发展试点示范的通知》，鼓励开展海上光伏试点，形成可复制可推广的海上光伏开发模式。自然资源部发布《关于探索推进海域立体分层设权工作的通知》，鼓励对海上光伏等用海进行立体分层设权。除此之外，浙江、山东、江苏、河北和福建等沿海省份也纷纷出台了涉及海上光伏的相关政策文件。海上光伏有望成为继风光大基地和分布式光伏之后新的规模化应用市场。

“光伏 +”新应用模式不断涌现。“光伏 + 储能”“光伏 + 建筑”“光伏 + 交通”“光伏 + 农业”“光伏 + 林业”“光伏 + 沙戈荒”等多元化应用模式不断创新，快速渗入日常生活。

光热发电行业道阻且长，步入规模化发展新阶段。从 2006 年科技部启动光热发电研究示范工作，2012 年首座兆瓦级塔式太阳能热发电实验电站成功发电，到 2016 年 9 月国家能源局确定了第一批太阳能热发电 20 个示范项目，装机容量为 134.9 万千瓦，光热发电掀起了第一波建设高潮。2022 年，光热发电进入无补贴时代，没有新开工项目，发展一度陷入停滞。2023 年 4 月，国家能源局发布《国家能源局综合司关于推动光热发电规模化发展有关事项的通知》，明确了光热发电规模化发展的重要意义并提出目标：力争“十四五”期间，全国光热发电每年新增开工规模达到 300 万千瓦左右，该政策明确了光热发电发展方向。光热具有储热和储能的特点，风光大基地建设中，光热与风电、光伏等互补开始了一体化发展，光热迎来了巨大发展机遇，掀起了第二次建设热潮。有近 30 个“光热 +”大基地项目（含光热发电装机近 300 万千瓦）正在快速推进，其中约 20 个项目进入全面建设阶段，更多新的项目也在积极布局和规划。

三、前景展望

（一）全球

1. 传统光伏大国和新兴市场共同推动全球装机市场发展

展望 2024 年，乌克兰危机、巴以冲突和红海航道危机导致全球对能源安全更加重视。世界各国不同程度地在安全可靠和绿色低碳之间加以平衡，加之光伏产品价格在底部徘徊，安装需求增加，预计将推动全年新增装机容量创历史新高。预计 2024 年，全球太阳能发电装机增长 500 ~ 550GW（直流端），同比增幅为 12% ~ 24%，其中大部分是光伏发电，光热发电或有

1.2GW 建成。展望未来 5 年，全球年新增太阳能发电装机将逐年增长，至 2030 年可以达到年新增 770 ~ 820GW（见图 2-14）。

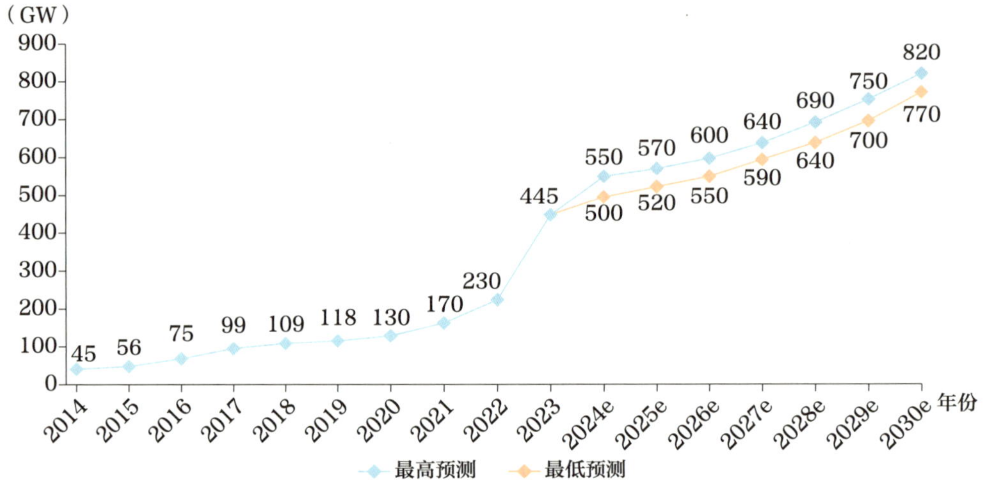

图 2-14　2024—2030 年全球太阳能发电年新增装机规模预测

资料来源：国家能源集团技术经济研究院。

在重点市场方面，展望未来 7 年（2024—2030 年），中国仍将是全球光伏装机市场的领头羊，年新增装机容量预计为 180 ~ 210GW。传统光伏大国中，美国、印度、德国年新增装机容量预计分别可以达到 45 ~ 55GW、22 ~ 28GW、16 ~ 20GW。巴西、西班牙、澳大利亚、日本、意大利、土耳其也将是增长量较多的市场，预计分别可以达到 12 ~ 15GW、7 ~ 9GW、6.5 ~ 8.5GW、6 ~ 8GW、5 ~ 7GW、4 ~ 6GW。5 年间，上述 10 个重点市场年新增装机容量预计为 303.5 ~ 366.5GW，7 年间新增总装机容量超过 2100GW（年均 300GW)，其中分布式光伏占比不少于 40%。

2. 发电成本波动向下

因技术飞速进步，光伏发电造价成本快速下降，经济性显著增强，在部分地区已经成为成本最低的电源。未来，随着技术进一步成熟、设备更新、生产规模扩大，不论是光伏还是光热发电的成本都将下降。但是，短期来看，受到国际大宗商品、原材料、辅料以及土地价格等影响，成本将有一定波动。

（1）系统成本

近年来，光伏项目的系统成本总体逐年下降。2023 年，全球公用事业项目系统造价约为 0.62 美元 / 瓦。2024 年，光伏产品上游供过于求，产品价格在底部深度调整，将给系统成本带来进一步下降空间。预计 2024 年全球集中式光伏发电系统造价将下降至 0.56 美元 / 瓦（见图 2-15）。

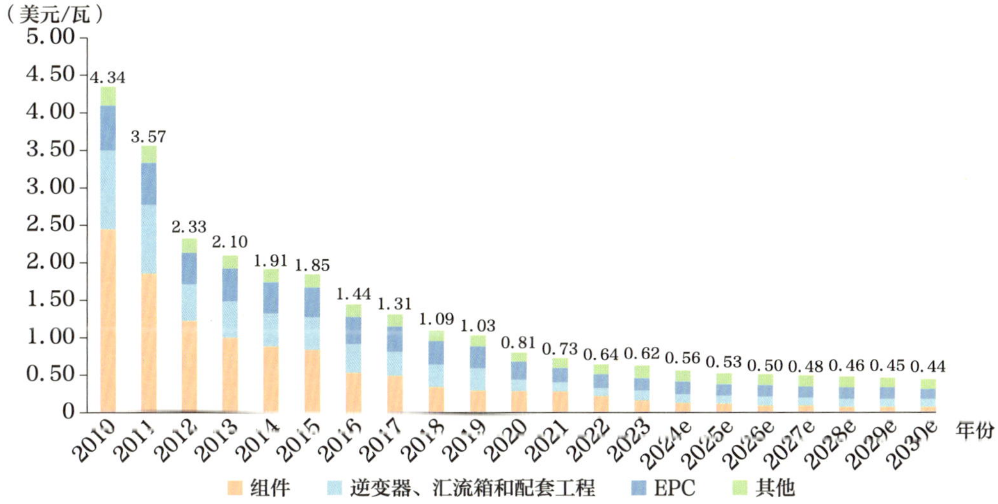

图 2-15 2010—2030 年全球集中式光伏发电系统造价（固定支架）

资料来源：国家能源集团技术经济研究院。

（2）度电成本

现阶段，在中国、印度、德国、法国、意大利、西班牙、葡萄牙和希腊新建的大型集中式光伏电站的成本已经可以和新建的燃煤和燃气发电站［加上配建碳捕集、利用与封存（CCUS）处理设施的成本］竞争。

中国凭借强大的制造业体系，拥有较低系统造价，并且 EPC 成本较低，成为全球 LCOE 水平较低的国家之一，2023 年加权平均 LCOE 为 39 美元 / 兆瓦时。中国将继续保持制造产能优势，并且非技术成本也将有一定程度下降，预计 2030 年和 2035 年 LCOE 将分别下降至 22 ~ 38 美元 / 兆瓦时和

20 ~ 33 美元 / 兆瓦时 [见图 2-16（a）]。

美国幅员辽阔，光照条件好且可以建设项目的空间很大，住宅分布式项目建设条件好，民众对光伏认可度高，公共事业项目也有很大市场潜力。2023 年加权平均 LCOE 为 63 美元 / 兆瓦时。《通胀削减法案》对于清洁能源的补贴将刺激美国本土制造产能的增长，从而降低 LCOE，预计 2030 年和 2035 年 LCOE 将分别下降至 31 ~ 47 美元 / 兆瓦时和 20 ~ 30 美元 / 兆瓦时 [见图 2-16（b）]。

德国是传统光伏大国，虽然德国光照自然条件并不优越，且可利用土地有限，接网等基础设施条件有待改进，但是德国的低碳能源转型战略非常激进，且对于能源安全非常重视，装机规模快速增长，2023 年加权平均 LCOE 为 58 美元 / 兆瓦时。虽然未来大型项目 LCOE 会进一步下降，但还有很多分布式项目与建筑结合，未来 LCOE 将稳步缓降。预计 2030 年和 2035 年 LCOE 将分别下降至 32 ~ 52 美元 / 兆瓦时和 28 ~ 46 美元 / 兆瓦时 [见图 2-16（c）]。

印度凭借优越的光照条件、低廉的人工成本以及本土生产能力的逐渐增强，成为全球 LCOE 最低的国家，2023 年加权平均 LCOE 为 34 美元 / 兆瓦时。但是国家与各邦政策不协调，且配电网接入能力不佳，加之对中国光伏产品限制进口的政策，致使 LCOE 快速下降受到一定制约。未来几年，在政策支持下，印度本土制造产能将进一步扩大，LCOE 将明显下降，预计 2030 年和 2035 年 LCOE 将分别下降至 20 ~ 33 美元 / 兆瓦时和 16 ~ 25 美元 / 兆瓦时 [见图 2-16（d）]。

日本因为项目外部环境多样，且有很多小型项目，彼此之间差异较大，所以 LCOE 范围较大，2023 年加权平均 LCOE 为 70 美元 / 兆瓦时。但是由于系统成本下降，预计 2030 年和 2035 年 LCOE 将分别下降至 34 ~ 60 美元 / 兆瓦时和 31 ~ 54 美元 / 兆瓦时 [见图 2-16（e）]。

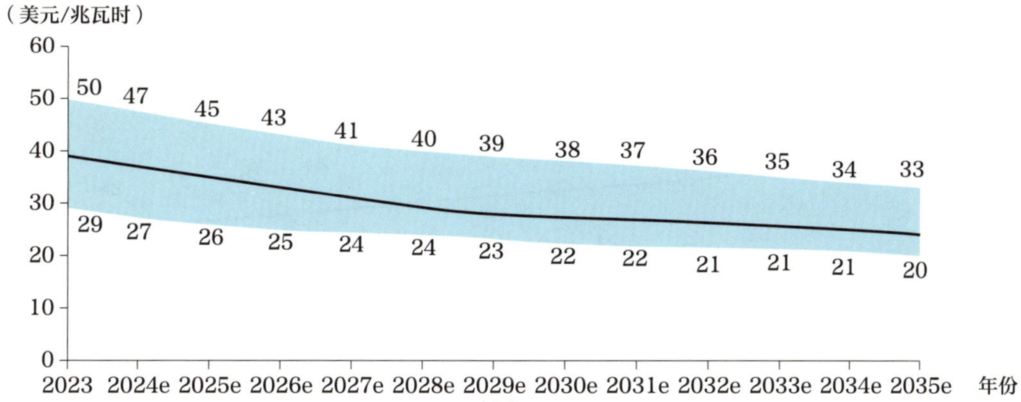
（美元/兆瓦时）
60
50
40
30
20
10
0
50 47 45 43 41 40 39 38 37 36 35 34 33
29 27 26 25 24 24 23 22 22 21 21 21 20
2023 2024e 2025e 2026e 2027e 2028e 2029e 2030e 2031e 2032e 2033e 2034e 2035e
年份

中国

（a）

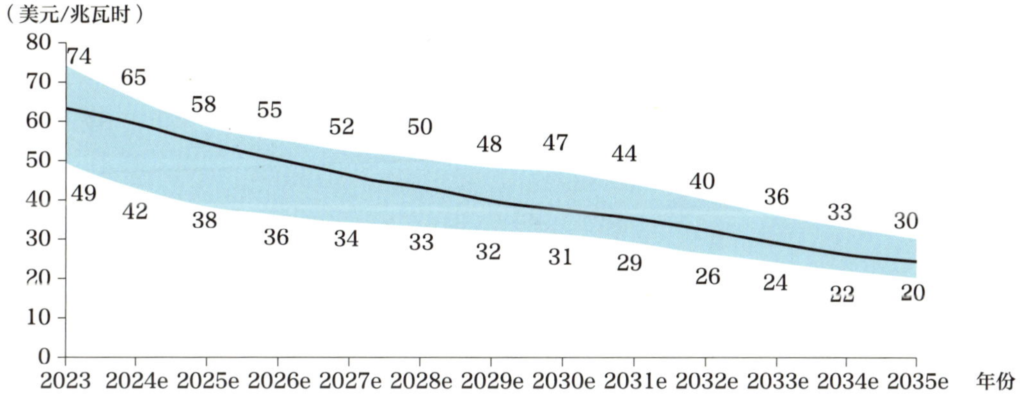
（美元/兆瓦时）
80
70
60
50
40
30
20
10
0
74 65 58 55 52 50 48 47 44 40 36 33 30
49 42 38 36 34 33 32 31 29 26 24 22 20
2023 2024e 2025e 2026e 2027e 2028e 2029e 2030e 2031e 2032e 2033e 2034e 2035e
年份

美国

（b）

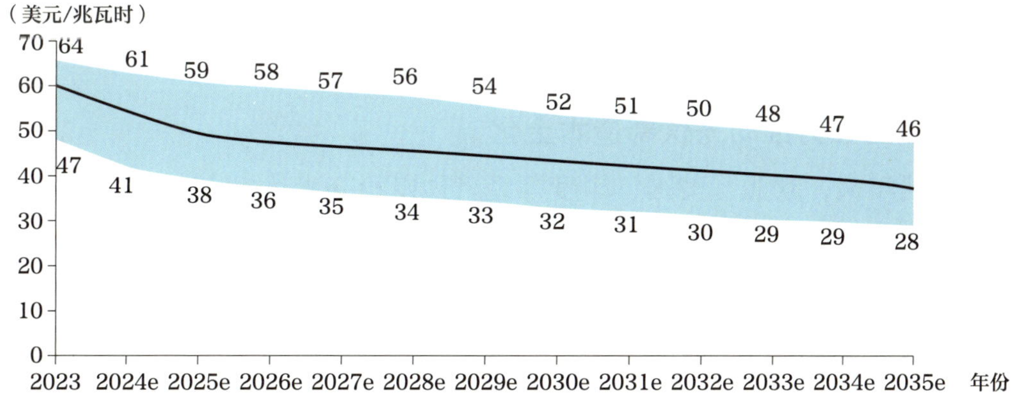
（美元/兆瓦时）
70
60
50
40
30
20
10
0
64 61 59 58 57 56 54 52 51 50 48 47 46
47 41 38 36 35 34 33 32 31 30 29 29 28
2023 2024e 2025e 2026e 2027e 2028e 2029e 2030e 2031e 2032e 2033e 2034e 2035e
年份

德国

（c）

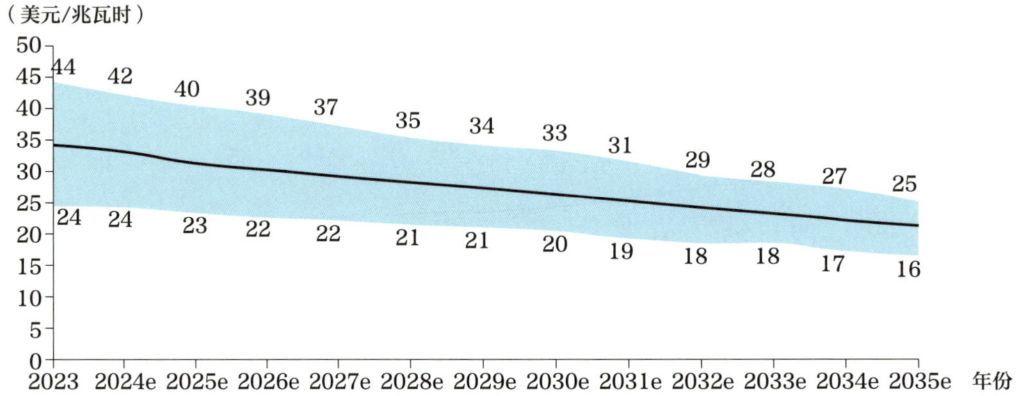

印度
（d）

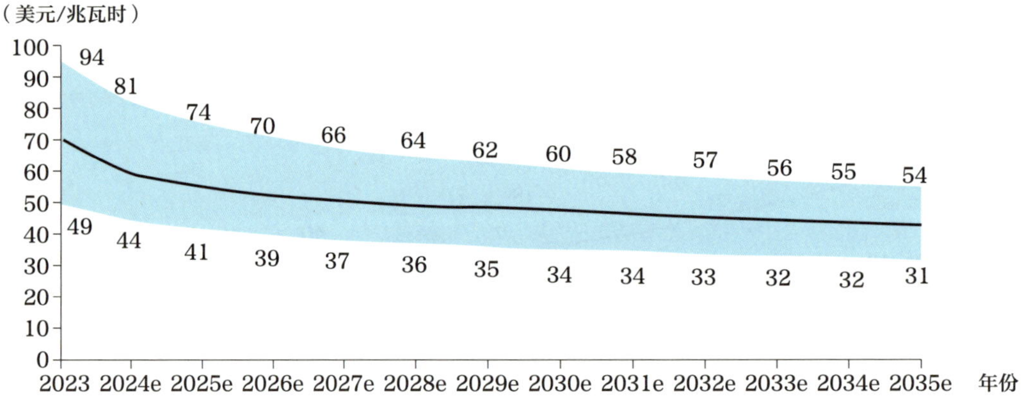

日本
（e）

图 2-16　2024—2035 年中国、美国、德国、印度和日本光伏发电（无跟踪）LCOE 趋势预测

资料来源：国家能源集团技术经济研究院。

3. 多国强力推动光伏制造本土化

近两年来，欧盟、美国、印度等经济体以抢夺光伏发电主导权为初衷，以维护能源安全、加快净零碳转型、提高能源经济竞争力等为目的，采取一系列措施，支持本土光伏制造，意图降低对光伏产品的进口，主要是为了摆脱对中国光伏产品的依赖。

美国采取“大棒 + 胡萝卜”方式，通过征收高额关税等措施限制中国光伏产品进入其市场，通过高额税收抵免和补贴激励本土光伏发展。美国对我国光伏产品加征平均约 40% 的反倾销和反补贴税，2022 年 8 月通过的《通胀削减法案》提出，未来10年将投入3690亿美元用于支持本土光伏制造。欧盟通过约束供应来源、加大税收补贴力度等方式鼓励本土光伏投资。2023年3月欧盟公布的《净零工业法案》规定，到2030年欧盟至少40%的清洁技术产品将由本土生产；2023年初，欧盟《绿色协议工业计划》提出将投入2700亿美元为投资零碳技术的企业进行税收减免。印度综合运用关税、《太阳能光伏发电组件型号及制造商认证强制注册令》、反倾销税等措施，抑制我国光伏组件进入印度市场；同时公布高效太阳能光伏组件国家计划，制订生产挂钩激励计划，鼓励本土光伏制造业发展。此外，欧美也同时加强与"盟友"的政策协调和合作。美国通过全球基础设施建设和投资伙伴关系向海外相关国家提供融资支持。欧盟设立约3000亿欧元的贷款资金池，为海外清洁能源供应链项目提供资金。

在一系列政策刺激下，各经济体的光伏本土生产能力飞速提高。据不完全统计，截至2024年1月底，美国光伏组件生产能力不少于32GW，其中非中国企业投资的产能达到20.3GW。欧盟光伏组件生产能力不少于14GW，印度光伏组件生产能力不少于48GW。

随着海外光伏产能的不断扩张，全球供应链将更加多样化，中国产品产能份额将有所下降。中国光伏全产业链企业选择出海直接建设产能，目的地包括美国、欧洲、印度，也有更多企业选择发展前景广阔和政策宽松的中东和非洲地区。但是在海外建立起完整供应链体系需要时间，也面临着诸多未知困难，建设与中国国内供应链成本竞争力相当的供应链体系难度非常大。长期来看，全球化布局光伏制造业是必然趋势，但是中国仍然是最主要的制造中心。

4. 光伏产品技术和制造新重点

经过几十年的发展，目前太阳能发电的主流技术——晶硅电池技术在日臻成熟的同时也暴露出其短板，即单结单晶电池已经接近效率天花板，而且晶硅电池柔性、可定制性不足，寻找晶硅电池技术的替代技术或补充技术路线成为业界关注的焦点问题之一。

钙钛矿电池技术发展前景广阔。短短10余年内，实验室小面积器件转换效率最高达29.5%，效率提升速度惊人，大面积的组件已经初步产业化，大量资本进入研发和产业化领域，将极大推动未来发展。钙钛矿产品应用场景较之晶硅产品也更为广泛，不仅可适用于大型电站，因其轻薄、柔性和可定制的特性，将来还可以广泛适用于光伏建筑一体化、消费电子产品、传感器、布料等多种场景。

钙钛矿电池迫切需要解决的问题是：大面积均一制备成熟技术，提升大尺寸组件级别的转换效率，并同时保持稳定性。此外，由于尚无公认的测试标准，一些测试结果可能存在误差。由于没有可靠的数据支持，投资商不敢贸然使用，大规模商业化的脚步缓慢。一旦研发突破了技术关键问题，钙钛矿及其叠层电池可能替代和补充晶硅产品，改变目前晶硅产品一统天下的局面。作为全新的光伏技术，钙钛矿产品有着极大发展空间，在电池效率、稳定性和成品面积等方面都有着巨大提升空间，制备设备、工艺等整个产业链也需要持续创新升级。

（二）中国

1.新增装机容量

（1）“十四五”发展趋势

太阳能发电为新型能源体系构建和新型电力系统发展提供强劲动力，对于保障实现“双碳”目标具有重要意义。太阳能发电各项政策已经明确，“十四五”时期是实现从重“量”到“质”“量”并重的关键窗口期，太阳能发电摆脱了对财政补贴的依赖进入平价阶段，可以与其他能源公平竞争。市场进一步发挥在可再生能源资源配置中的决定性作用，光伏发电在电力消费中的占比将持续提升，通过大规模集中式和因地制宜的分布式并举开发利用，实现高质量发展。伴随着以沙漠、戈壁、荒漠地区为重点的风光大基地的建设，光热发电发挥储热和发电调节的作用，在风光大基地建设中将迎来第二波建设热潮。

按照“2025 年非化石能源消费占比 20% 左右，2030 年达到 25% 左右”的发展目标，2024 年及以后年均新增 2 亿千瓦左右。至“十四五”末，太阳能发电累计装机容量达到 10.1 亿千瓦，年发电量约为 7668 亿千瓦时，在全国总量中分别占 27.9% 和 7.3%（见图 2–17）。

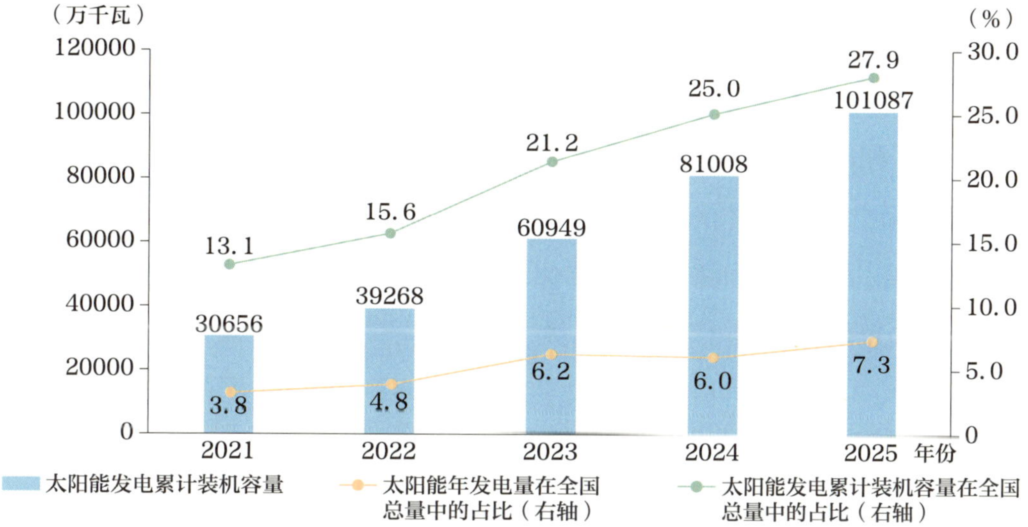

图 2–17 “十四五”期间太阳能发电累计装机容量和在全国总量中的占比及年发电量在全国总量中的占比

资料来源：国家能源集团技术经济研究院。

加快推进风光大基地建设和主要流域水风光一体化开发建设，支撑“十四五”期间太阳能发电装机快速发展。自 2021 年末规划批准第一批风光大基地以来，加上后继的第二批、第三批风光大基地，开发建设总规模已超过 2 亿千瓦。第一批风光大基地超过半数已经并网，未并网项目和第二批、第三批以及沙戈荒大基地项目在“十四五”期间成为重点推动项目。雅砻江流域、金沙江流域、大渡河流域等一体化基地论证、建设已陆续启动。根据水电水利规划设计总院初步统计，我国水能资源技术可开发量超过 200 万千瓦的流域（河段）超过30条，技术可开发量合计约5亿千瓦。2024年，水风光流域一体化基地开发也将成为行业的重点推动领域。不论是风光大基地还是水风光流域一体化基地，电力外送通道建设都是消纳的关键。国家电网有限公司已经启动了陇东—山东、宁夏—湖南、哈密—重庆、金上—湖北4个特高压直流工程建设，2025年将陆续投运。4条特高压输电通道共配套了超过1.45亿千瓦大基地项目。在建设输电通道的同时，加快推进煤电等支撑性调节性电源的建设和改造也是重要工作。

集中式和分布式光伏项目并举发展。除上述大基地和一体化基地项目集中开发以外，各地区保障性和市场并网项目是主要类型。根据各地公布的"十四五"期间风电、光伏发展规划，总规模超过8亿千瓦，其中超过一半为光伏项目。分布式光伏项目方面，整县推进及其他工商业项目和户用项目是主要形式，项目类型将更加多样化。技术和商业模式创新探索出了"水光互补""风光互补""光储充""光伏+农、林、牧、渔"等多种产业跨界融合发展模式。海上光伏作为新开发类型，逐步受到沿海地区的重视。光伏发电将从单一品类电源向移动电源、综合智慧能源等方面创新发展。

风光大基地配套光热项目集中投运。风光大基地建设开发中对落实市场化并网条件有着配套要求，光热发电作为选择之一，在西北地区太阳光法向直接辐射资源丰富的西藏、新疆、青海、甘肃等地区集中规划了大量项目。2023年，在国家第一批、第二批风光大基地建设项目等配储太阳能热发电项目基础上，又将12个太阳能热发电新建项目列入政府名单，装机容量共135万千瓦。截至2023年底，我国各省（区、市）在建和拟建（列入政府名单）的太阳能热发电项目超40个，总装机容量约480万千瓦，预计最晚将于2025年完成建设，2024年约有120万千瓦建成。

（2）"十五五"发展趋势

预计"十五五"期间，我国太阳能发电年新增装机容量为1.4亿～1.6亿千瓦。至2030年末，累计装机容量将达到17.8亿千瓦，在全国装机总量中占比约为 35.5%；年发电量约为 1.47 万亿千瓦时，在全国总量中占比约为 11.2%（见图 2-18）。光伏发电将成为 LCOE 最低的和重要的主力电源。

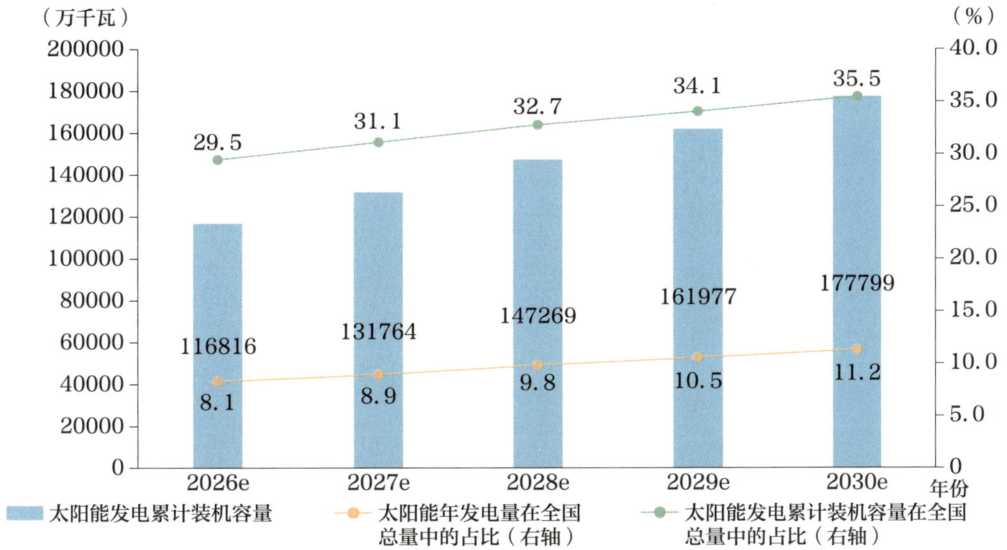

图 2-18 “十五五”期间太阳能发电累计装机容量和在全国总量中的占比及年发电量在全国总量中的占比

资料来源：国家能源集团技术经济研究院。

项目类型方面，大型项目和分布式项目仍将并举发展。大型项目继续以沙漠、戈壁、荒漠等以及海上大基地项目为主，分布式和“光伏 +”项目快速发展，此外，光伏发电作为灵活和低价电源，将与服装、建筑、道路、家用电器等结合，成为大众生活和工作的新应用形式。

2. 制造端

光伏制造端将继续深化调整。近两年来，光伏行业各个环节开启了新一轮的大幅扩产，目前多晶硅料、硅片、电池、组件 4 个环节的产能均超过了 10 亿千瓦，供需出现不匹配。2023 年起，光伏产业进入阶段性、周期性的调整期。光伏行业是产能、需求及技术三重因素共振，周期性及成长性共同作用的行业。充分的市场经济带来“螺旋式上升”，每一轮周期都是由充分市场竞争带来优胜劣汰。激烈竞争激发了企业的活力，光伏产业在开放竞争中练就了真本事，先进产能推动行业发展，促使技术快速迭代。“十四五”时期，部分落后产能和竞争力不足的产品或将被逐渐淘汰，具有技术优势的产能将更具竞争优势。

光伏制造全产业链出海成为最新趋势。2021 年至 2024 年底，我国光伏产品（硅片、电池、组件）累计出口额超过 1255 亿美元，较“十三五”时期累计出口额增长 47%。从 10 年前原料、设备、市场“三头在外”，到如今拥有全球八成以上主要制造环节产量，大量的产能使得出海建厂成为近两年来光伏产业的发展趋势。出海目的地已从以东南亚为主拓展至美国、中东、印度尼西亚等市场，美国不仅因“双反”调查设置了高关税，而且对光伏产品有非新疆产地要求，加之《通胀削减法案》补贴的吸引，赴美设厂成为光伏企业 2023 年的普遍考量（见表 2-12）。布局海外产能的环节更多，上下游全产业链出海已成趋势，而且从单纯输出产品，过渡到提供生产、管理、品牌、服务的整体解决方案，光伏产品正从“中国造、全球卖”向“全球造、全球卖”的格局转变。在出海承包项目方面，2023 年太阳能发电项目签约 177 个，项目金额达 171.7 亿美元，同比增长 72.2%，继续保持高速增长（见表 2-13）。

表 2-12　2023 年中国企业赴美投资建厂情况

公司名称	时间	地点	环节	产能	备注
晶澳科技	2023 年 1 月	亚利桑那州凤凰城	组件	200 万千瓦	预计 2025 年投运
隆基绿能	2023 年 3 月	俄亥俄州	组件	500 万千瓦	已投运
协鑫科技	2023 年 3 月	—	多晶硅料	—	处于调研阶段
晶科能源	2023 年 4 月	佛罗里达州杰克逊维尔	组件	100 万千瓦	预计 2024 年投运
阿特斯	2023 年 6 月	得克萨斯州梅斯基特	组件	500 万千瓦	预计 2025 年投运
TCL 中环参股公司 Maxeon	2023 年 8 月	新墨西哥州阿尔伯克基	电池、组件	300 万千瓦	预计 2025 年投运
天合光能	2023 年 9 月	得克萨斯州	—	—	预计 2024 年投运
阿特斯	2023 年 10 月	印第安纳州	n 型电池	500 万千瓦	预计 2025 年投运

资料来源：中国机电产品进出口商会。

表 2–13 太阳能发电境外项目签约情况

年份	签约项目数（个）	签约金额（亿美元）	签约装机容量（万千瓦）
2014	13	8.33	43.37
2015	13	15.56	77.4
2016	20	26.7	156.97
2017	31	35.27	240.2
2018	68	68.6	735.51
2019	40	41.5	689.67
2020	117	99.8	1410
2021	125	57.1	1030
2022	136	99.7	1110
2023	177	171.7	3400

资料来源：中国机电产品进出口商会。

3. 应用市场

参与市场化交易已成大势所趋，收益模式面临很大变化。一方面，光伏项目参与电力市场化交易可以凭借较低的变动成本获得发电收益；另一方面，因为光伏发电的不稳定性和难预测性，需要支付较高的偏差考核和辅助服务费用，将增加成本，降低项目收益。目前，集中式光伏因各省份电力市场规则存在差异，交易方式也有所区别。新能源占比低的地区以“保量保价”收购为主，执行批发电价；新能源占比较高的地区以“保障性消纳 + 市场化交易”方式为主，保障性消纳的比例逐年降低。分布式项目一般采用“自发自用，余电上网”或者“全额上网”的方式，参与市场化交易潜力不大，而需要期待“隔墙售电”的政策实际推进，这对推进综合能源服务的新业态也具有积极作用。因此，在市场化交易的趋势中，光伏项目要打破固定电价销售电力的盈利模式思维，探索新的交易方式。

海上光伏发展前景广阔。海上光伏作为新开发类型，逐步受到沿海地区的重视。沿海省份是经济最发达和最活跃地区，绿电需求非常迫切，但当地光资源禀赋差，完成可再生能源电力消纳责任权重考核压力大。海上光伏距离电力负荷中心近，消纳空间足，可以在沿海省份能源结构转型方面发挥巨大作用。我国大陆海岸线长约 1.8 万公里，初步预计海上光伏装机规模可达百吉瓦以上。目前，自然资源部已经明确推进海域立体设权工作，山东、浙江、天津、福建等地也陆续推进海上或滩涂光伏项目开发。海上光伏项目因其地理位置特殊性，所涉区域不仅限于海域，通常还包括岸边陆地（如陆上集控中心），且项目通常体量较大，对海洋环境、通航安全及军事等方面均有涉及。同时，海上光伏发展也面临很多挑战：海洋环境恶劣，如风暴、海浪、盐雾和海洋生物等，会对光伏组件造成严重损坏，导致发电效率下降，电站寿命缩短；设计施工运维难度大、开发建设流程长、海域使用存在制约以及相关部门协调存在困难等。整体来看，海上光伏产业还处于起步阶段，面临着无建设运营行业标准、无成熟可借鉴监管经验等实际困难。不仅需要制造企业加大研发力度，打造海上光伏产品，各方面联手降低成本，在商业模式上有所突破，更需要在用海等方面完善顶层制度规则，并使企业获得许可。

分布式光伏发电进入产业快速发展期。我国农村地区可安装光伏屋顶面积约为 273 亿平方米，用户数量超过 8000 万户，开发潜力巨大。立足分布式光伏距离负荷近、不需要通过大电网远距离输送的特性，加快分布式能源开发，对于推动农村光伏与美丽乡村协调发展、美丽乡村建设都具有重要现实意义。同时，分布式智能电网的建设进度慢、新能源供给和消纳的集成耦合不够完善、自主平衡能力不高成为伴随分布式光伏项目发展的新问题。

4. 技术进步

光伏发电技术向着能耗更低、效率更高、系统更友好方向进步。多晶硅料方面，技术路线仍将以三氯氢硅法（改良西门子法）为主，包括硅烷流化床法在内的其他新工艺、新方法产品作为补充，多晶硅料生产综合能耗和电耗将进一步降低。单晶硅片方面，厚度继续下降，在控制碎片率的前提下，由目前的110 ~ 130微米，进一步向100微米以下发展。电池方面，新建产线以性价比较高的TOPCon电池为主，HJT电池和XBC电池技术将更加成熟，成本有所下降，在市场中占比将有一定程度上升。钙钛矿与硅基叠层电池是未来钙钛矿电池技术发展的一个重要方向，理论预测转换效率可达35%。钙钛矿的原材料丰富，随着稳定性提高以及大面积制备工艺问题得到解决，将成为最有可能替代晶硅电池的下一代技术。组件方面，通过采用大尺寸硅片、半切片、多主栅、双面以及减少或者无间隙技术等提升电池转换效率、改进组件材料性能和优化组件版型。系统方面，功率预测精度得到提高，运行适应性以及并网支撑能力得到增强，对电网更加友好。

“十五五”时期，新型电池方面，钙钛矿电池、有机电池、量子点电池、染料敏化电池等新型技术不断突破。目前技术成果最为活跃的钙钛矿电池及钙钛矿叠层电池技术具有轻薄、柔性和可定制的特性，应用场景较晶硅电池也将更为广泛，在解决大面积、稳定性等方面的问题后，将最先步入商业化，将改变目前晶硅电池主导的市场格局。光伏组件将逐步迎来大规模的退役。废旧光伏组件大部分材料都可以循环利用，其中银、铝、锡等金属虽然含量小，但回收价值大。同时，因含有铅、镉等重金属元素及难降解有机物，处置不当会产生二次污染，危害生态环境，所以废旧光伏组件未来面临一定的回收和处置压力。

第三代光热技术的发展重点是提升效率、降低成本。研究方向包括低成本聚光集热技术、高温储热技术、超临界二氧化碳发电技术以及光热联合系统开发等。聚光集热技术的升级和优化产品包括塔式定日镜、槽式集热器、新型吸热器等；高温储热属于新型储热系统和储热介质研究范畴，包括相变储热系统和高温储热材料研究等；超临界二氧化碳发电技术采用新型动力。

5. 出口的国际形势

我国光伏产业面临严峻复杂的国际形势，国际竞争也愈加激烈。以欧美为代表的主要经济体看好光伏产业的发展前景，纷纷出台政策支持本土光伏产业的发展，全球竞争明显加剧。部分国家设置了贸易壁垒，发生多起贸易摩擦，对中国光伏产业形成了十几年来从未有过的国际竞争压力。以美国为代表的部分国家用补贴和贸易壁垒等形式对中国公司和产品施加更多限制，其建立本土产业链的努力将有一定成果，全球供应链将走向多样化，中国产品产能的份额将有所下降，但是中国光伏产品质佳价优，仍将是全球光伏产品主要生产和出口国。

第三章
全球新型储能发展现状与前景展望

储能在全球新能源发展的过程中起到至关重要的作用。其中，新型储能[①]是储能领域的重中之重，主导着储能行业的发展和新能源发电消纳，并于 2024 年首次被写入政府工作报告。新型储能可以改变电力系统即发即用的传统运营限制，还能提高调峰和调频能力，提高系统灵活性和调节能力，对于促进新能源发电的电网消纳和发展构网型新能源意义重大。从更高的层面来看，新型储能是构建新型电力系统、推动新型能源体系建设、促进能源转型和高质量发展的重要技术和基础装备。因此，本章重点分析全球新型储能的发展现状并进行前景展望。

在介绍新型储能相关发展情况时，本章根据需要按照应用场景、安装位置、用户类型、储能时长、技术体系等特性对新型储能进行了多种分类。新型储能按照应用场景可以分为电源侧、电网侧、用户侧储能，其中电源侧、电网侧储能又被称为表前储能（或称电网级储能），用户侧储能又被称为表后储能；用户侧储能可以细分为工商业储能和户用储能。按规模可以分为大型储能和小型储能。按储能时长可以分为长时储能和短时储能。按技术体系可以分为电化学储能、机械储能、热储能、化学储能等。本章通过多层次交叉的分类，对新型储能进行多维度、更加全面的分析。

一、全球新型储能发展现状与特点

（一）装机规模[②]

1. 全球新型储能装机翻倍，中美欧为主场

2023 年，全球新增新型储能装机规模创历史新高，达到 45.6GW，接近翻倍增长。截至 2023 年底，全球新型储能累计装机规模达到 91.3GW。其

---

① 新型储能是指除传统抽水蓄能外的储能形式。如无特殊说明，本章中的储能不包含抽水蓄能。

② 储能装机规模分为容量规模和功率规模，容量规模常用单位为 GWh，功率规模常用单位为 GW。

中，锂离子电池储能作为新型储能中的绝对主力，累计装机达到 88.5GW。

全球新型储能市场近年来呈现高度集中的趋势。中国、欧洲、美国是全球新型储能的主要装机存量和增量市场，连续多年占据新型储能新增装机前三，近年来市场份额总和在 80% 左右，2023 年进一步上升至 88%。2023 年，中国新增新型储能装机 21.5GW，占全球总装机规模的 47%，得益于风电、光伏发电装机量迅猛增长，源网侧储能需求显著提升，是全球新型储能最大的增量市场，远超其他地区。欧洲新增装机 10.1GW，占全球总装机规模的 22%，主要分布在德国、意大利和英国，合计占欧洲新增装机的 76%。美国新增装机 8.7GW，占全球总装机规模的 19%（见图 3-1）。

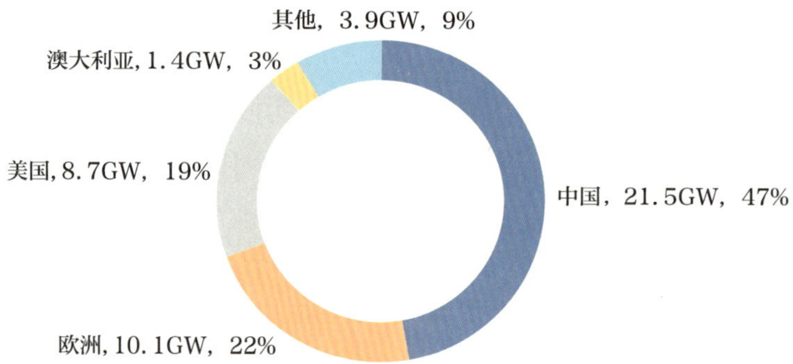

图 3-1　2023 年全球主要国家和地区新增新型储能装机规模及占比

资料来源：中关村储能产业技术联盟（CNESA）。

2. 美国新型储能装机大增，表前储能为主

2023 年，美国新型储能新增装机规模达到 8.9GW/27GWh，同比大幅增长 94%/104%（见图 3-2）。其中，新增表前储能装机规模达到 7.9GW/24GWh，占比接近 90%。截至 2023 年底，美国累计新型储能装机规模达到 20.4GW/58GWh。

美国储能市场表现如此强劲，主要得益于 2023 年初以来，锂离子电池价格跌幅超过 50%，带动储能系统价格持续走低，因此配置储能的经济性显著提升。这一积极变化激发了美国储能市场需求的显著增长。

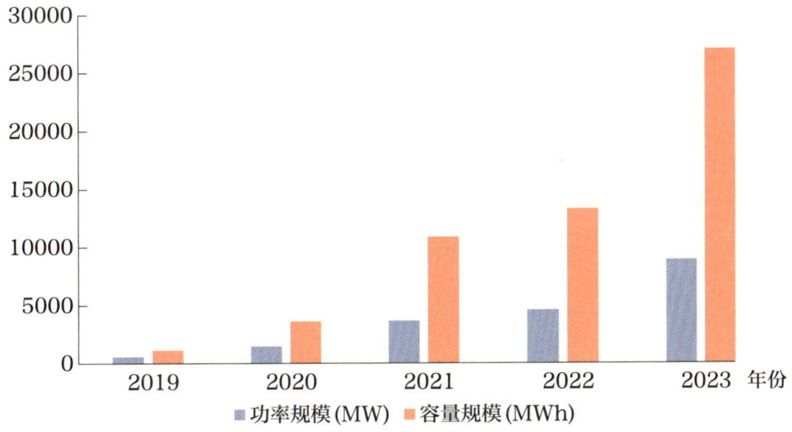

图 3-2 2019—2023 年美国新型储能新增装机规模

资料来源：伍德麦肯兹。

从储能装机结构来看，2023 年，美国储能市场以独立储能和新能源配储为主，两者均为表前储能，合计占比超过 92%（见图 3-3）。美国的大部分电网系统建于 20 世纪 80 年代，截至 2024 年底，已有超过 70% 的电网系统运行年限超过 25 年，故障率较高，且难以应对风电和光伏发电波动性大的问题。随着新能源发电占比逐年提升，为满足电网调度需求并协助新能源消纳，美国显著加快了储能系统的部署。

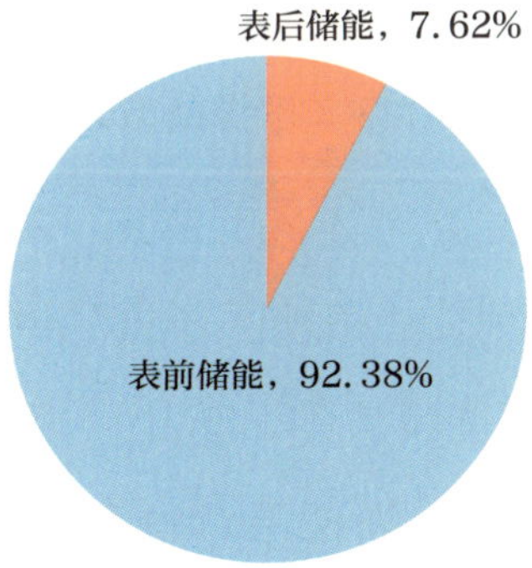

图 3-3 2023 年美国储能装机结构

资料来源：伍德麦肯兹。

根据美国能源信息署（EIA）数据，美国储能系统在调频服务（26%）、峰谷价差套利（20%）、爬坡支援与惯量补偿（19%）、能量时移（11%）等应用场景中占比较高。

3. 欧洲装机规模保持高速增长，以户用储能为主

2023 年，欧洲新型储能新增装机规模达到 10.8GW/18.5GWh，同比大幅增长 108%/129%（见图 3-4）。截至 2023 年底，欧洲累计新型储能装机规模达到 23.6GW/37.3GWh。近年来能源短缺与地缘冲突推动欧洲能源价格飙升，电价大幅上涨，加速了欧洲新能源转型进程，户用光伏储能系统的经济性显现，市场需求快速增长。2023 年，尽管欧洲电价有所回落，光储市场热度略有减弱，但为降低对外能源依赖，欧洲持续加快风光储一体化的能源转型步伐。同时，光储系统成本大幅下降，经济性进一步提升，促进储能市场保持高速增长。

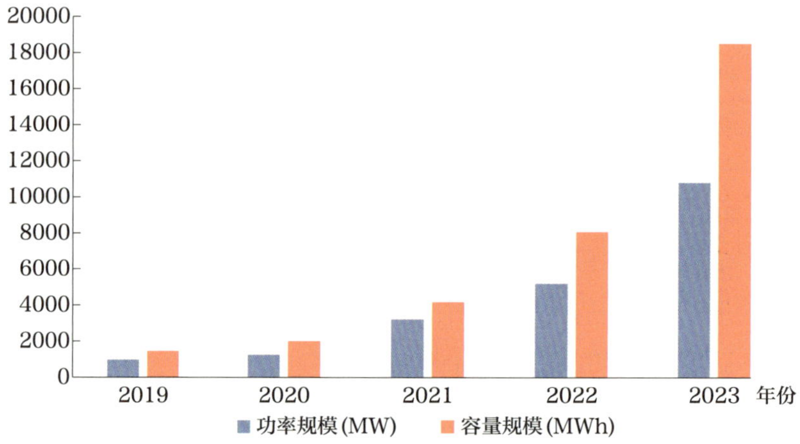

图 3-4　2019—2023 年欧洲新型储能新增装机规模

资料来源：伍德麦肯兹。

与美国、中国等大多数国家和地区不同，欧洲储能市场以户用储能为主。2023 年欧洲新型储能新增装机中，户用储能占比高达 70%（见图 3-5）。这缘于近几年来欧洲高昂的电价促使消费者更倾向于采用太阳能发电结合户用储能系统的方式，降低对公共电网的依赖，从而减少能源成本。此外，部分国家如意大利积极推出了支持户用储能的相关补贴政策，进一步推高了消费者的安装积极性。随着欧洲能源转型的加速推进，欧洲储能市场持续保持强劲增长势头，其中户用储能作为核心增长引擎，成为推动欧洲能源结构变革的重要力量。

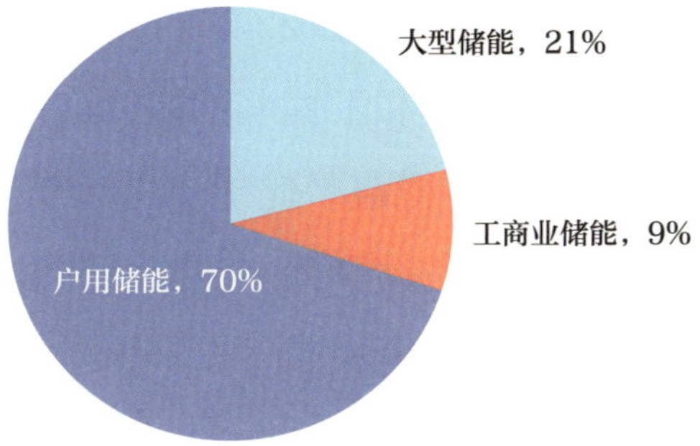

图 3-5　2023 年欧洲储能装机结构

资料来源：欧洲光伏产业协会。

德国和意大利引领欧洲储能市场，合计占据半数以上市场份额。与法国拥有大量核电、挪威和瑞典拥有大量水电不同，德国和意大利的天然气短缺直接导致其基荷需求无法被满足，促使其户用储能需求显著增长，成为推动欧洲储能市场扩张的主要力量。截至 2023 年底，德国和意大利新型储能累计装机合计占欧洲总量的 51%（见图 3-6）。在欧洲户用储能细分市场中，两国的市场份额合计超过七成。

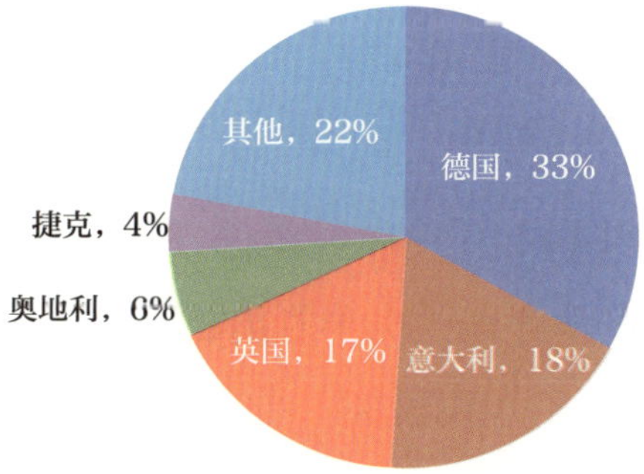

图 3-6　2023 年欧洲储能累计装机市场份额

资料来源：欧洲光伏产业协会。

（二）成本

1. 2023 年全球新型储能系统成本再次下降

据不完全统计，2023 年储能系统的价格区间为 135 ~ 580 美元 / 千瓦时。其中，全球 4 小时储能系统的平均价格较 2022 年下降 24%，降至 263

美元/千瓦时（见图3-7）。在经历了2022年的大幅上涨后，随着原材料价格回落以及市场竞争加剧推动电芯和工程总承包价格下调，储能系统价格在2023年再次呈现下降趋势，主要得益于储能电池组价格、建设费用以及系统集成商利润率的降低。电芯供应过剩叠加电池价值链各环节的激烈市场竞争，进一步压低了储能系统的整体成本。

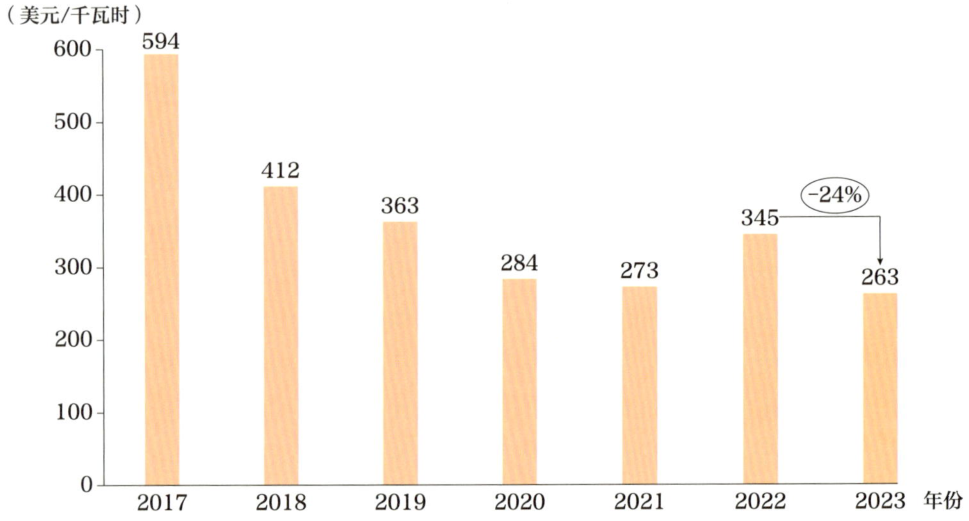

图3-7 2017—2023年全球4小时储能系统价格

资料来源：彭博新能源财经（BNEF）。

2023年1小时、2小时和4小时储能系统的价格分别为327美元/千瓦时、276美元/千瓦时和263美元/千瓦时。其中，中国的成本最低，平均价格分别比欧洲和美国低43%和50%。

值得注意的是，美国和欧洲相对于中国的成本差距正在缩小，这可能归因于越来越多的中国供应商进入这些市场。然而，美国和欧洲等主要市场的本地化趋势（如电池和储能系统组件的本地生产）可能在未来几年推高成本。为了进一步降低成本，电池制造商和储能系统供应商正在优化储能系统的各个部件。当前的主要创新包括314Ah及更大容量的电芯，以及5MWh级集装箱式储能系统产品，其容量分别比现有产品提升了12%和34%。

锂离子电池方面，电池价格在经历了2022年的大幅上涨后，2023年重新回归下降趋势。2023 年，锂离子电池的平均价格降至 139 美元 / 千瓦时，同比下降 14%。这一趋势主要受电池价值链产能过剩的影响，导致原材料和电池组件价格下跌，同时电动汽车需求低于预期也加剧了价格回落。2010—2023 年，电池组件价格累计下降了 90%。其中，中国的电池组件价格在 2023 年降至历史最低点，仅为 82 美元 / 千瓦时。

2. 长时储能区域化分布特征明显

长时储能[①]是新型储能的重要发展方向。因技术体系、储能时长和项目规模的差异，不同长时储能技术的资本支出差异较大，无法一概而论。从全球平均水平看，重力储能由于种类繁多，其平均资本支出也是最高的，达到 643 美元 / 千瓦时。而热储能和压缩空气储能的成本最低，全球平均资本支出分别为 232 美元 / 千瓦时和 293 美元 / 千瓦时。锂离子电池的全球平均资本支出相对较低，为 304 美元 / 千瓦时，其中，中国的锂离子电池资本支出低至 198 美元 / 千瓦时，具有很强的价格竞争优势（见图 3-8）。

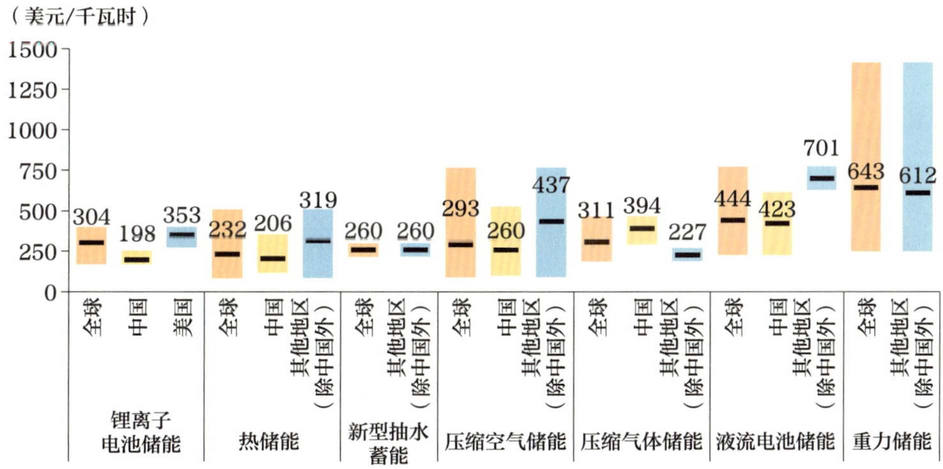

图 3-8 已建成的储能系统资本平均支出

注：阴影表示价格区间。新型抽水蓄能和重力储能缺少中国的数据。

资料来源：彭博新能源财经（BNEF）。

---

① 如无特别说明，在本章中，长时储能皆定义为在额定功率下能够持续放电 8 小时以上的储能，不包括传统抽水蓄能及氢储能等化学储能。

通常中国装机的长时储能比其他地区市场的同类技术资本支出更低。相比于中国市场，其他地区市场的压缩空气储能技术的平均资本支出高出68%，液流电池储能技术高出66%，热储能技术高出55%。造成成本差异的主要原因是中国更高的长时储能技术商业化程度带来的规模经济性。中国成本数据来自已建成的较大规模项目，平均规模达142MW。相比之下，中国以外的成本数据来源于较小规模项目，通常不超过10MW。这一点在液流电池储能和压缩空气储能技术上尤为显著，因为在有利政策的推动下，中国在这些技术的实际部署上遥遥领先。而在其他市场，这些技术仍大多处于试验阶段或商业化前期阶段。唯一的例外是压缩气体储能（包括液态和超临界二氧化碳），由于其在中国的项目多为示范项目，仍在技术探索阶段，因此其资本支出比其他地区市场高出约42%。

3. 中国电池成本持续大幅下降，带动储能系统成本降低27%

2023年，中国磷酸铁锂电池组件价格降至700元/千瓦时（约合96美元/千瓦时），同比下降38%，全年呈现持续下降趋势。2024年，中国电池成本进一步大幅下降，受产能过剩和国内厂商激烈竞争的影响，电池组件价格预估降至400元/千瓦时（约合55美元/千瓦时）以下。

其中，电力转换系统（PCS）和电池管理系统（BMS）等供应链领域同样面临激烈竞争，价格下降趋势预计在短期内将持续。自2023年底以来，中国电池模块成本已下降37%，电池成本的下降使储能系统整体成本降低了27%，但大宗商品价格上涨也带来了长期成本的上行压力。

2024年上半年，中国电网级100MW/200MWh磷酸铁锂电池储能系统的成本为1040元/千瓦时。随着电池组件价格的下降，其在储能系统总成本中的占比从72%下降至63%。其中，电池模块占34%，电池平衡系统（BOP）占22%，电力转换系统占5%，控制系统占2%；其余37%的成本为工程总承包（见图3-9）。

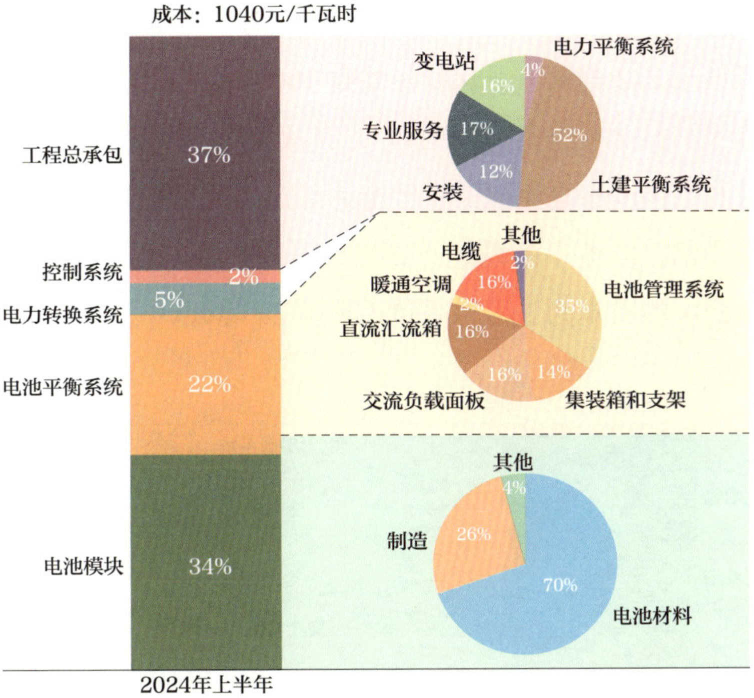

图 3-9　2024 年上半年中国电网级 100MW/200MWh 磷酸铁锂电池储能系统成本

资料来源：伍德麦肯兹。

其中，电池模块和工程总承包为主要成本。2024 年上半年，电池模块在电池储能系统成本中的占比已降至 35% 以下，这主要是由于市场产能过剩，例如电池级碳酸锂价格较 2023 年 6 月下降了 65%。与此同时，电池模块容量也在提升，市场正从 280Ah 电池逐步过渡到 300Ah 及以上规格，大容量带来了更低的单位成本。2024 年上半年，工程总承包占储能系统总成本的 37%，成本变化相对稳定，同比仅下降 5%。由于缺乏完善的市场机制和政策支持，工程总承包成本的进一步下降受到阻碍。电力转换系统成本同比下降 40%，其在储能系统总成本中的占比由 9% 降至 5%。这一变化源于大量太阳能企业将电力转换系统作为新的业务增长点，激烈的市场竞争显著降低了电力转换系统的价格。

4. 美国新型储能成本有所下降，电池模块成本占比仍最大

2023 年，美国电网级 100MW/200MWh 磷酸铁锂电池储能系统的成本约为 320 美元 / 千瓦时（约合 2200 元 / 千瓦时）。2024 年上半年，该成本将进一步降低至 272 美元 / 千瓦时（约合 1900 元 / 千瓦时）。电池模块依然是电池储能系统成本的主要组成部分，其次是工程总承包和电池平衡系统成本，两者占比接近。电池组件在储能系统总成本中的贡献约为 73%，其中电池模块占 36%，电池平衡系统占 27%，电力转换系统占 7%，控制系统占 2.6%；其余 27% 的成本为工程总承包（见图 3-10）。

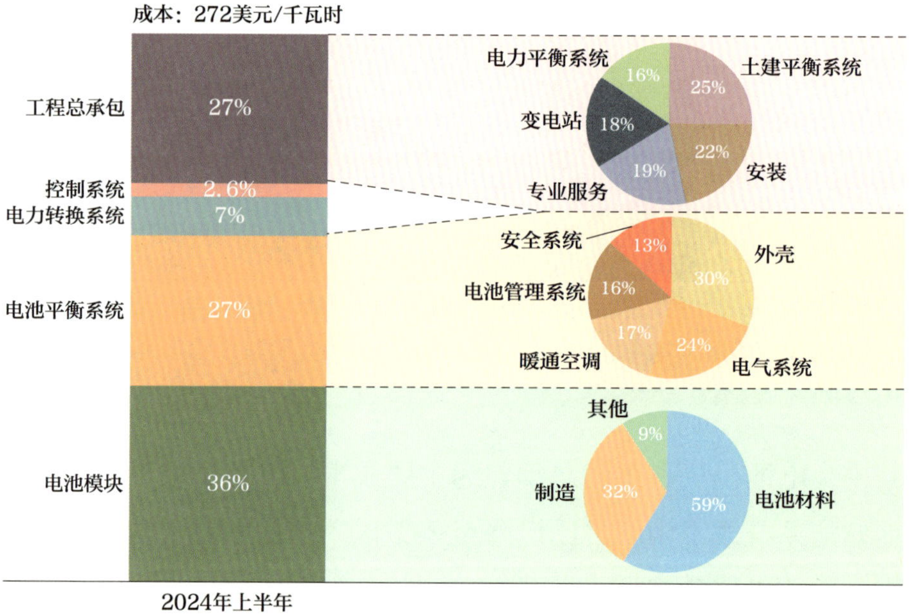

图 3-10　2024 年上半年美国电网级 100MW/200MWh 磷酸铁锂电池储能系统成本

资料来源：伍德麦肯兹。

锂价的下跌显著降低了电池模块在美国磷酸铁锂电池储能系统成本中的占比，从 2023 年的 49% 下降至 2024 年上半年的 36%，为美国提升电池储能系统的国产化率提供了更多可能性。在定制化电池储能项目中，控制器的成本占比可能更高。例如，为降低进口产品带来的网络安全风险，一些电池集成商提供控制器更换服务，这在一定程度上提高了控制器相关成本。

工程总承包成本的构成则主要取决于项目的地理位置和具体条件。如果太阳能设备和储能设备位于同一地点，可以节省包括物流调配和管理费用在内的工程总承包成本。此外，随着磷酸铁锂集装箱能量密度的不断提升，降低了占地面积，进一步降低了单位容量的土建成本。

5. 澳大利亚电池模块成本降低，带动储能系统成本下降 17%

2024 年上半年，澳大利亚电网级 100MW/200MWh 磷酸铁锂电池储能系统的成本为 368 澳元 / 千瓦时（约合 1700 元 / 千瓦时），同比下降 17%。这一降幅主要源于电池模块成本的降低，而这背后是全球电池级碳酸锂供需宽松以及中国源头设备制造商提供的低价支持。

在系统成本构成中，电池组件的占比下降至 72%，其中电池模块占 35%，电池平衡系统占 26%，电力转换系统占 8%，控制系统占 3%；其余 28% 的成本为工程总承包（见图 3-11）。工程总承包成本受到当地和全球多重因素的影响有所上升，而电池模块成本则更接近全球市场的定价水平。

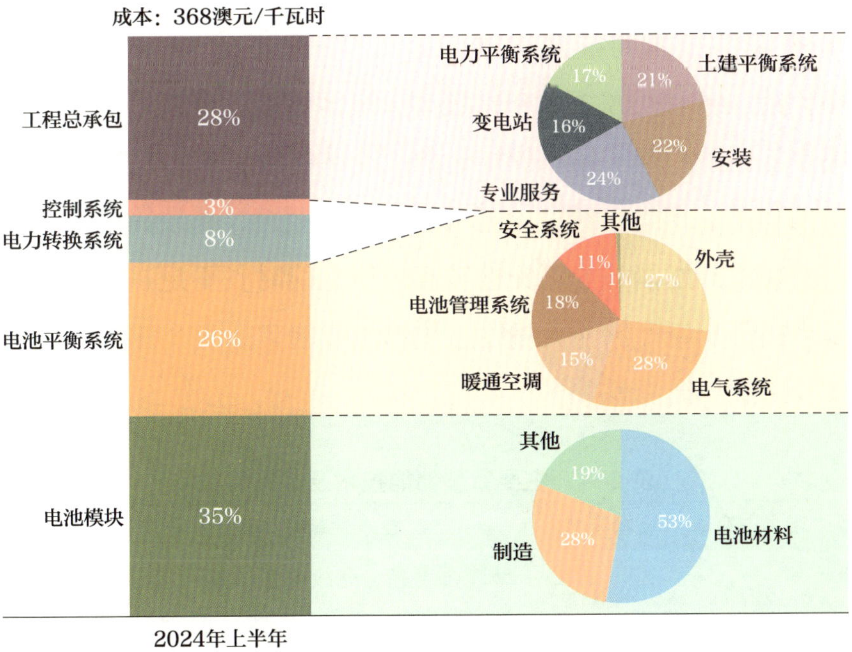

图 3-11　2024 年上半年澳大利亚电网级 100MW/200MWh 磷酸铁锂电池储能系统成本

资料来源：伍德麦肯兹。

随着全球电池产能的持续增长，电池原始设备制造商（OEM）正计划针对固定储能领域进行专门化生产。从长期来看，这将逐步消除储能系统中“溢价”部分对模块定价的影响。然而，与电动汽车领域相比，电池储能系统因采用原材料挂钩定价的模式，仍将面临更高的商品价格波动风险。

不同项目的电池储能系统成本构成可能存在显著差异。2024 年上半年，随着澳大利亚等市场国产变电站供应情况的改善，工程总承包年度成本下降了 11%。此外，长时储能系统和混合型项目（如太阳能 + 长时储能）在工程总承包成本上也有所优化，包括变电站、电池平衡系统和安装成本的降低。同时，随着电池液冷技术逐步取代传统气冷技术，并研发出更高能量密度的磷酸铁锂电池，电池平衡系统成本和占地面积也进一步减少，推动整体储能系统的经济性提升。

（三）技术与制造

1. 新型储能技术特征及进展

新型储能技术种类繁多，包括锂离子电池储能、液流电池储能、飞轮储能、压缩空气储能、氢（氨）储能、热 / 冷储能等，其中锂离子电池储能占主导。与抽水蓄能相比，新型储能项目建设周期短、选址简单灵活、调节能力强，与新能源开发消纳的匹配性较高。但储能时长不足、安全性以及环保等问题是当前影响新型储能大规模应用的主要因素。表 3-1 展示了主要新型储能技术及基础特征。

表 3-1 主要新型储能技术及基础特征

储能类型	市场占有率	技术成熟度	技术优势	存在挑战
锂离子电池储能	>97%	商业化	储能密度高、充放电效率高、响应速度快、循环寿命较长	锂资源有限、开采成本高、热稳定性差
铅蓄电池储能	1.2%	商业化	产业链成熟、成本较低	能量密度较低、循环寿命短、充放电倍率小

续表

储能类型	市场占有率	技术成熟度	技术优势	存在挑战
液流电池储能	0.6%	推广应用	安全性高、寿命长、功率和容量单元配置灵活、适用大规模长时储能	能量密度较低、初装成本高
压缩空气储能	0.6%	推广应用	储能容量大、储能周期长、系统效率高、运行寿命长、单位容量投资小	储气罐建造和维护成本高、能量密度较低
飞轮储能	0.2%	推广应用	高频次、高效率、长寿命、低循环成本、分秒级响应	储能容量小、能量密度较低、初装成本高
热/冷储能	<0.1%	部分商业化	效率高、规模大	能量密度低、初装成本和维护成本高、材料有限制
钠离子电池储能	<0.1%	工程示范	原料自主可控、安全性好、充放电速度快、潜在降本空间大、安全性高、高低温性能优异	能量密度和循环寿命低于锂离子电池、未产业化
超级电容储能	<0.1%	工程示范	功率密度高、充放电速度快、循环寿命长、安全性能好、使用温度范围宽、维护成本低	能量密度低、生产成本过高

资料来源：国家能源集团技术经济研究院。

2023 年，全球锂离子电池储能、铅蓄电池储能、热/冷储能技术已进入商业化应用阶段。在压缩空气储能和液流电池储能技术方面，中国领先，处于推广应用的后期。钠离子电池储能和超级电容储能处于工程示范阶段，中国在钠离子电池储能方面更为领先（见图 3-12）。

2. 储能供应链投融资

（1）总体情况

2023 年全球储能供应链融资总额为 310 亿美元，同比下降约 34%。从融资类型来看，相较于2022年，2023年公开募股和非公开发行的融资额大幅减少，风险投资融资略有下降，而风险债务则显著增长（见图3-13）。这是因为2023年全球经济不确定性和利率上升，投资者对高风险资产的兴趣降低，同时储能行业估值回调和技术不确定性也致使股权融资更加困难，债务投资的稳定回报更符合投资者在高利率环境下的偏好。

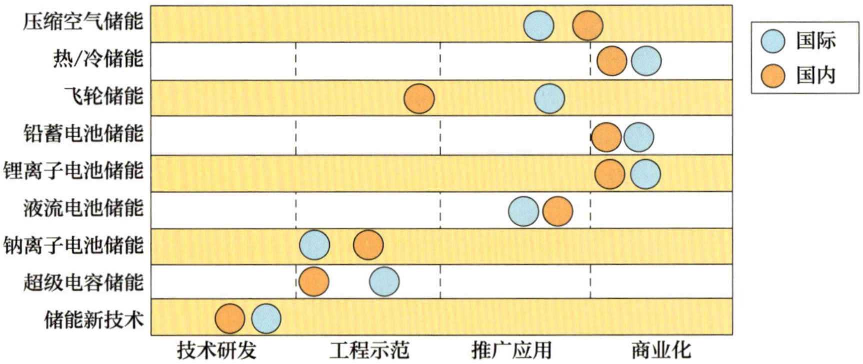

图3-12 2023年中国储能技术和世界先进水平的成熟度对比

资料来源：中国科学院。

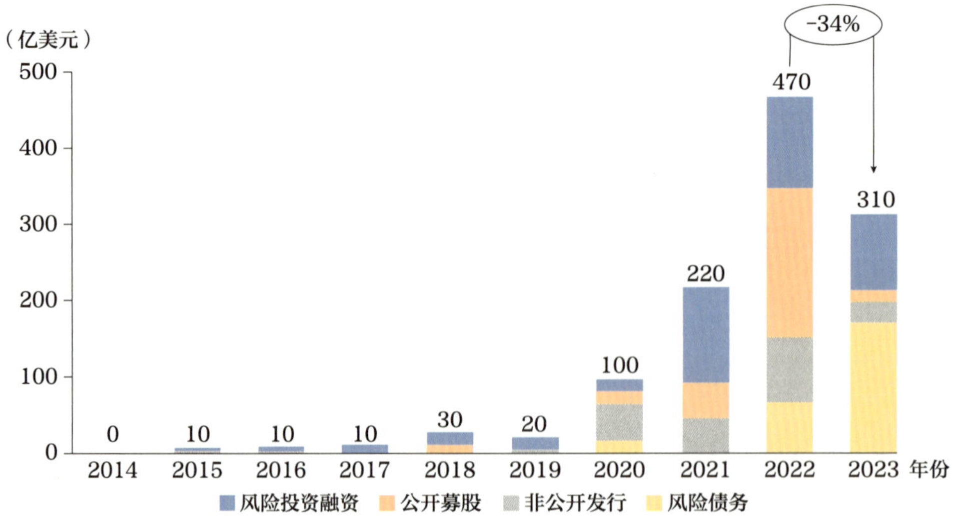

图3-13 2014—2023年全球储能行业筹集资金

资料来源：伍德麦肯兹。

从供应链环节来看，锂离子电池制造业依然是最吸引投资者的子领域，但融资额自2021年以来持续下降，源于前期投资过热导致的产能过剩担忧、原材料价格波动、技术路线的不确定性、宏观经济环境压力以及政策支持的退坡等方面因素。2023年，首先是锂离子电池制造业融资额减少了146亿美元，占总融资额的比例从2022年的72%下降至60%；其次是电池组件制造业，融资额占比为14%，较2022年下降2个百分点。电池回收领域则表现亮眼，融资额增长超过30亿美元，增幅高达224%，达到43.4亿美元，占比从2022年的3%激增至14%，其中超过80%的融资来自美国。系统集成领域融资也取得显著增长，占比从2022年的3%提升至6%（见图3-14）。

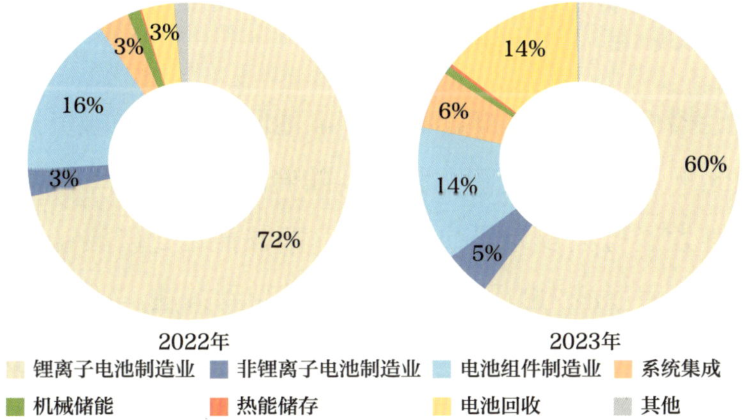

图3-14 2022年、2023年储能供应链融资细分

注：图中份额较小类别的数据未标记。

资料来源：伍德麦肯兹。

（2）锂离子电池融资

锂离子电池方面，2023年全球主要地区的融资总额为180亿美元，同比下降44%（见图3-15）。此次下降主要受到全球经济不确定性和锂离子电池产能过剩的影响，尤其是亚太地区的融资出现断崖式下滑。其中，LG新能

源储能在2022年的108亿美元融资也大幅推高了当年的融资总额，也是导致44%降幅的直接原因之一。如果排除2022年融资数据，2019—2023年的融资总额增长则较为平稳。

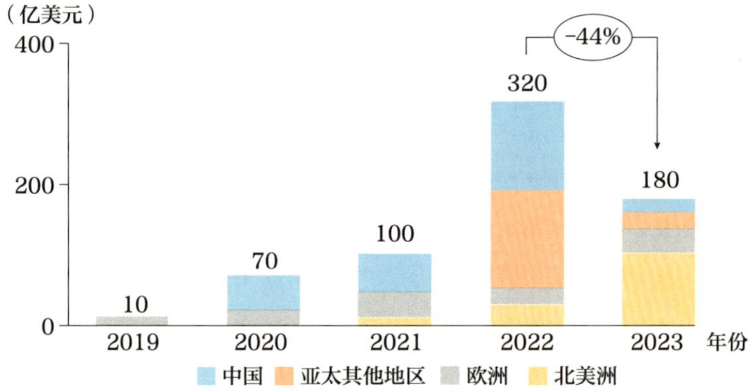

图3-15 2019—2023年按地区划分的锂离子电池融资情况

资料来源：伍德麦肯兹。

从组成元器件来看，2023年锂离子电池阴极材料的融资占比最高，达到58%，相比于2022年更受资本青睐。随着阴极材料成本的降低和安全性能的提升，其发展势头较为强劲。同时，高镍低钴、磷酸锰铁锂和富锰材料等具有高能量密度潜力的阴极材料越来越受到关注。2023年阳极材料的融资占比为17%，较2022年有所下降。当前主流阳极材料仍为石墨，因其稳定的定价和优良的性能备受市场青睐。此外，硅作为一种极具前景的阳极材料，因其理论容量高达约4000mAh/g（是石墨的10倍以上）而备受关注。隔膜融资占比为25%，而电解质融资则大幅下滑，仅占1%（见图3-16）。

（3）长时储能融资

在所有长时储能技术中，液流电池储能商业化进展领先。目前已装机项目以全钒液流电池为主，其融资金额在所有技术中领先。尽管其技术较成熟，但经济性不及锂离子电池。截至2024年上半年，全钒液流电池系统的单位容量价格仍是锂离子电池的 5 倍。截至 2023 年底，长时储能技术累计融资占储能总融资的 7%，而锂离子电池累计融资占 91%，长时储能技术仍有巨大的增长空间。

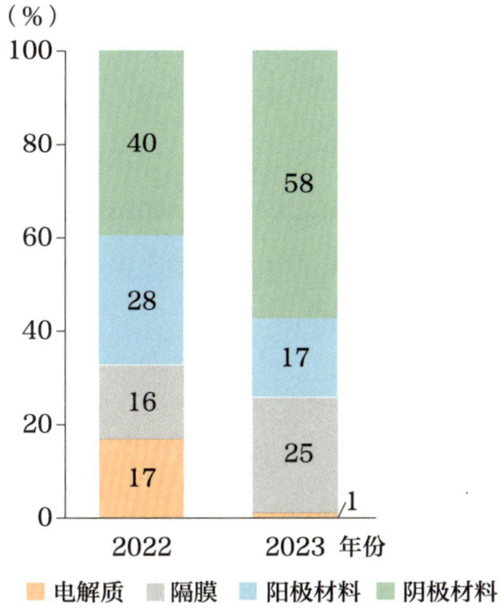

图 3-16　2022 年、2023 年按锂离子电池元器件划分的融资比例

资料来源：伍德麦肯兹。

不同长时储能技术的融资情况差异显著。截至 2023 年底，液流电池以累计 17 亿美元的融资额领先，成为最受资本青睐的长时储能技术。机械储能以 15 亿美元的融资额紧随其后，表明其作为传统储能仍具有较大市场吸引力。锌基电池（11 亿美元）和金属空气电池（10 亿美元）的融资额也相对较高，这些技术优势可能在于材料的可得性和成本的潜在优化。相比之下，热储能（6 亿美元）、液态金属电池（2 亿美元）和氢燃料电池（2 亿美元）的融资力度相对较小，反映了这些技术尚处于早期发展阶段或市场认可度仍需提升（见图 3-17）。

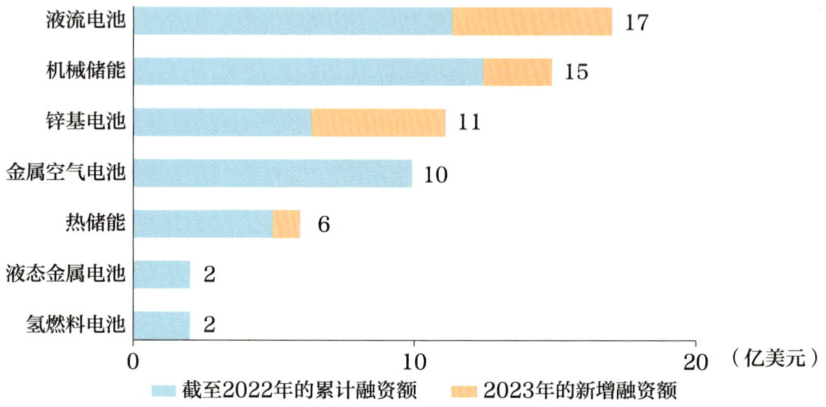

图 3-17　截至 2023 年底储能技术累计募集资金

注：锌基电池不包括锌流电池和锌空气电池。

资料来源：伍德麦肯兹。

3. 全球储能系统制造

据不完全统计，截至 2023 年底，全球储能锂离子电池产能为 315GWh。截至 2024 年第三季度末，全球储能锂离子电池产能为 571GWh。据估计到 2024 年底，全球主要地区的电池总产能（含动力电池）达到约 2732GWh。亚太地区持续引领全球电池制造，占据全球产能的 88%，其中，中国占比高达 83%，亚太其他地区占 5%。此外，欧洲和北美洲的产能分别占 7% 和 5%（见图 3-18）。从计划产能来看，中国、美国和德国稳居前三位，而加拿大首次跃居第四位。

2023 年，中国锂离子电池产能达到 2167GWh，锂离子电池总产量达到 940GWh，锂离子电池出口总值达到 650 亿美元。宁德时代和比亚迪在产能和产量方面都大幅领先，二者 2023 年的总产量占中国锂离子电池总产量 940GWh 的 50% 以上。

从储能电池部件产能看，2024 年，中国在各部件均占据绝大部分产能，电池单元、磷酸铁锂阴极、镍基阴极、阳极、电解液、隔膜的占比分别为 83%、99%、61%、82%、88%、83%（见图 3-19）。

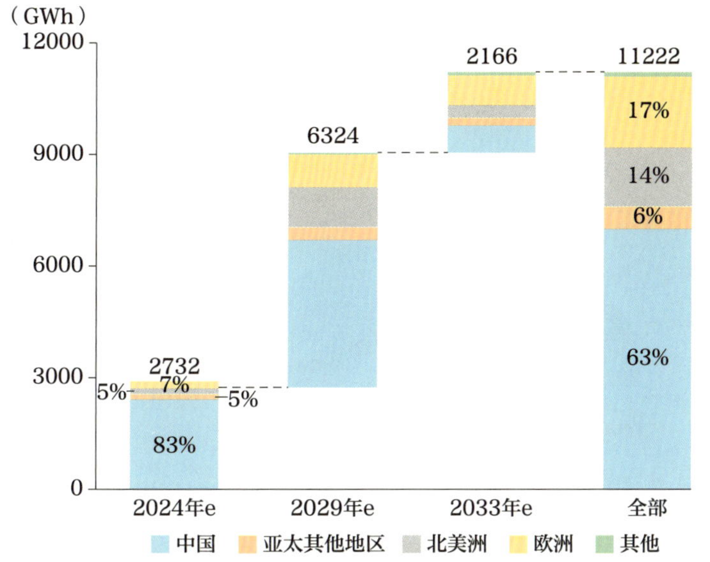

图 3-18 全球电池产能和占有率

资料来源：伍德麦肯兹。

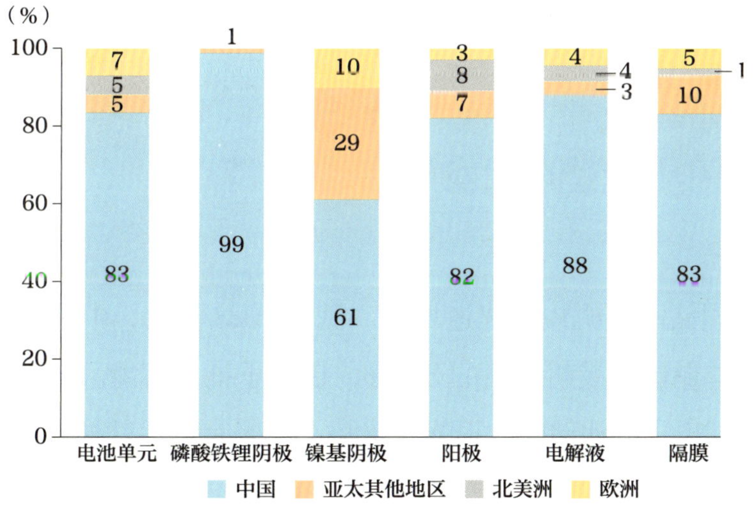

图 3-19 按部件划分的 2024 年各地区储能电池产能份额

资料来源：伍德麦肯兹。

据不完全统计，2023 年，中国企业的储能电池出货量在全球市场中遥遥领先。如图 3-20 所示，全球储能电池出货量排名前五的企业中，宁德时代以 34% 的市场份额位居首位；比亚迪占据 14% 的份额，排名第二；亿纬锂能以 13% 的份额位列第三；瑞浦兰钧和海辰储能都是 7% 的市场份额，并列第四。

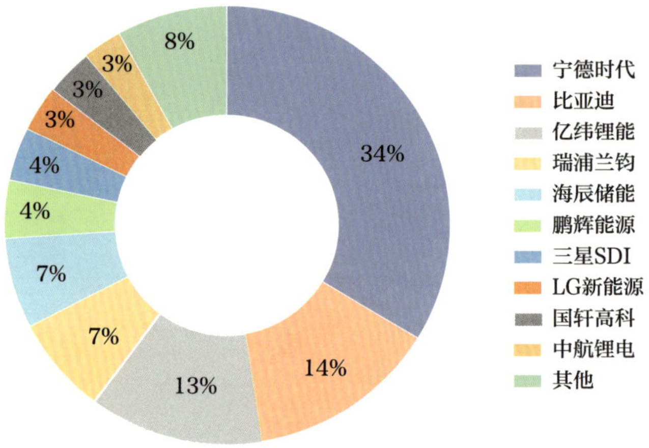

图 3-20　2023 年全球储能电池出货量份额

资料来源：伍德麦肯兹。

二、中国新型储能发展现状与特点

中国新型储能装机规模快速增长。截至 2023 年底，中国已投运新型储能装机规模占储能总装机规模的 39.9%，仅次于抽水蓄能。其中，在新型储能项目中，锂离子电池储能占据绝对优势，未来有望代替抽水蓄能成为第一大储能技术类型。

（一）装机规模

2023 年新增投运新型储能项目装机规模爆发式增长，继续刷新历史，超过 22.6GW/48.7GWh，功率规模同比增长 160%，容量规模同比增长

166%。新型储能累计装机规模首次突破 30GW，达到 31.4GW/66.9GWh，功率规模同比增长 147%，容量规模同比增长 151%。

截至 2024 年上半年，全国已建成投运新型储能项目累计装机规模达 44.44GW/99.06GWh，在 2023 年底的基础上增长超过 40%（见图 3-21）。从投资规模来看，“十四五”以来，新增新型储能装机直接推动经济投资超 1000 亿元，带动产业链上下游进一步拓展，成为中国经济发展新动能。

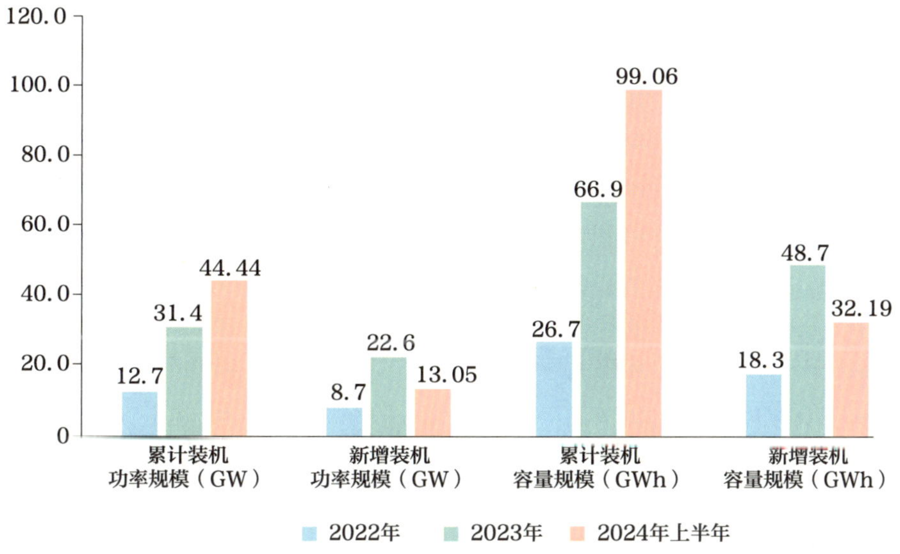

图 3-21　2022 年至 2024 年上半年中国新型储能项目装机规模

资料来源：国家能源局。

1. 分区域装机

在政策推动、电网消纳压力与产业链降本推动下，国内储能市场总量保持较好的增长趋势。从区域看，新能源装机集中的西北地区及储能盈利模式更完善的华北地区装机增速领先。截至 2024 年上半年，西北、华北地区已投运新型储能装机占全国的比例超过 50%，其中，西北地区 27.3%，华北地区 27.2%，华中地区 15.3%，南方地区 15.2%，华东地区 14.6%，东北地区 0.4%（见图 3-22）。

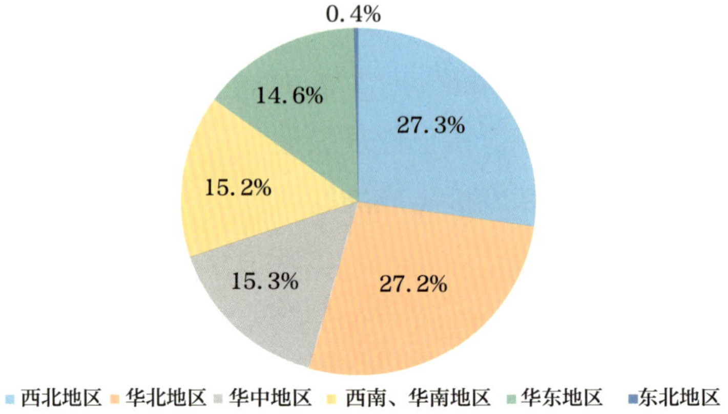

图 3-22 中国各地区新型储能累计装机占比（截至 2024 年上半年）

资料来源：国家能源局。

山东、内蒙古、新疆等省份新型储能装机规模居前，全国共有 11 个省份装机规模超百万千瓦。截至 2023 年底，新型储能累计装机规模排名前五的省份分别是：山东、内蒙古、新疆、甘肃、湖南，装机规模均超过 200 万千瓦（见图 3-23）；宁夏、贵州、广东、湖北、安徽、广西等六省份装机规模超过 100 万千瓦。

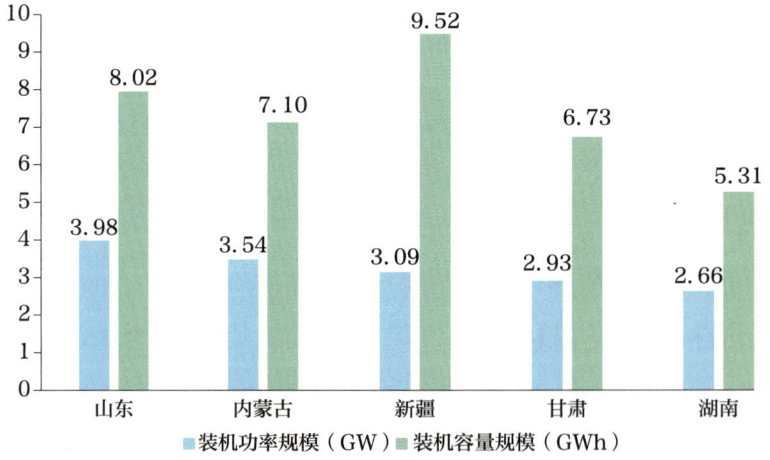

图 3-23 2023 年部分省份新型储能累计装机情况

资料来源：国家能源局。

2. 分场景装机

从装机场景看，源网侧仍占据国内储能市场的主要地位。以大型储能为主，储能业主要有三大电网（国家电网、南方电网、蒙西电网）以及五大发电集团（华能集团、大唐集团、华电集团、国家能源集团、国家电投）等央国企。截至2024年上半年，已投运的新型储能中有45.3%为独立储能和共享储能，42.8%为新能源配储（见图3-24），上述两项主要分布于电源侧和电网侧。

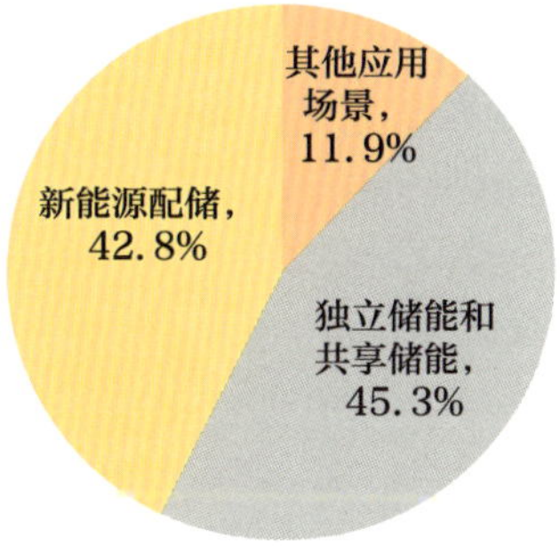

图3-24　中国新型储能装机应用场景（截至2024年上半年）

资料来源：国家能源局。

3. 分技术装机

从技术类型看，截至2023年底，新型储能功率规模和容量规模同比增长均超过150%，占比增长较快。其中，锂离子电池储能累计装机规模占比超过97%，占据绝对优势，以磷酸铁锂电池为主，表明其技术适用性、成熟度、经济性、产业化程度均较高。其他新型储能合计占比低于3%，其中，铅蓄电池储能1.2%，压缩空气储能0.6%，液流电池储能0.6%，飞轮储能0.2%，超级电容储能0.1%（见图3-25）。

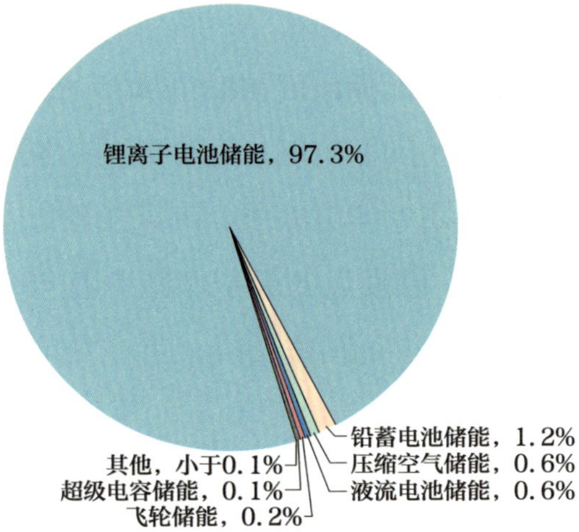

图 3-25　2023 年中国新型储能累计装机规模技术类型分布

资料来源：中关村储能产业技术联盟（CNESA）。

（二）造价与成本

1. 中标价格

从技术角度来看，根据 2024 年 1 月中国工程总承包项目的中标价格，钒氧化还原液流电池的成本最高，达到 1.93 元 / 瓦时；钠离子电池的成本为 1.48 元 / 瓦时；而磷酸铁锂电池 + 钒氧化还原液流电池 + 钠离子电池的混合项目成本最低，为 1.29 元 / 瓦时。这些成本均高于 4 小时磷酸铁锂电池的单位瓦时成本（低于 1 元 / 瓦时），在经济性方面暂时不具备竞争力。此外，截至 2024 年上半年，4 小时液流电池系统的单位瓦时价格仍比磷酸铁锂电池系统高出约 5 倍。

2024 年上半年，中国电网级储能工程总承包和系统价格分别为 1.22 元 / 瓦时和 0.65 元 / 瓦时，同比分别下降 20% 和 43%。同时，自 2023 年以来，由于投资回收周期较短及多样化的商业模式，中国工商业储能市场迎来了繁荣发展。2024 年上半年，中国工商业储能的工程总承包和系统价格分别下降至 1.34 元 / 瓦时和 0.88 元 / 瓦时，比 2023 年同期下降 45%。工商业储能系统的平均中标价格比电网级储能系统高出35%，主要由于产品差异。中国主流的工商业储能产品是200千瓦时以上的液冷机柜产品，这便于储能系统控制，而电网级储能项目常用的大规模集装箱式电池储能（兆瓦级）的成本则可以更低。

2. 成本

2023年中国电网级储能不同储能时长的占比分别为：1小时储能占比约为8%；2小时储能占比最大，为73%；3小时储能占比约为2%；4小时储能占比约为17%。

在项目LCOE方面，2023年1小时储能的平均价格最高，为1.87元/瓦时；2小时储能的平均价格为1.62元/瓦时，比1小时储能低13%；4小时储能的平均价格最低，为1.28元/瓦时（见图3-26）。

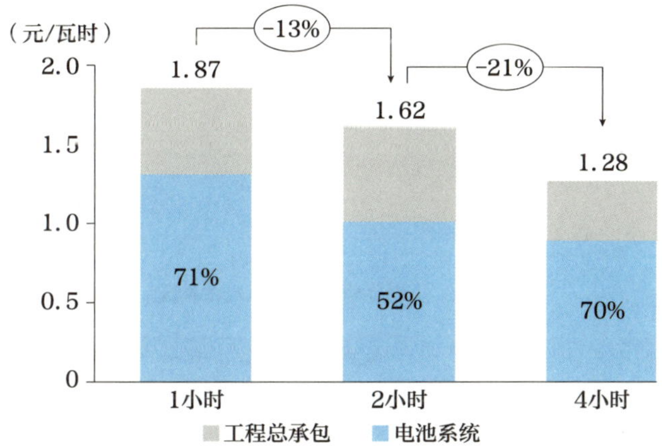

图3-26 2023年中国电网级储能平均价格

资料来源：伍德麦肯兹。

2024年上半年，中国电网级储能的时长结构逐步向长时储能方向发展，不同时长储能的均价均大幅下降。1小时储能的市场占比从2023年的8%下降至1%；2小时储能的市场占比略增至74%；3小时储能的市场占比约为1%；而4小时储能的市场占比从2023年的17%显著提升至24%。尽管目前

2小时储能系统仍占据中国市场的主导地位，但4小时储能系统正逐渐受到市场青睐，原因在于其项目LCOE比2小时储能系统低21%，且在调峰、调频等方面具有更高的实用价值。

在项目LCOE方面，2024年上半年，中国1小时储能的平均价格为1.54元/瓦时；2小时储能的平均价格为1.36元/瓦时；4小时储能的平均价格为1.07元/瓦时。作为硬件的电池系统在总成本中的占比有所下降，1小时、2小时、4小时储能系统的电池成本占比分别为68%、52%和62%（见图3-27）。相比之下，工程总承包成本的占比有所提升，进一步优化了储能项目的整体经济性。

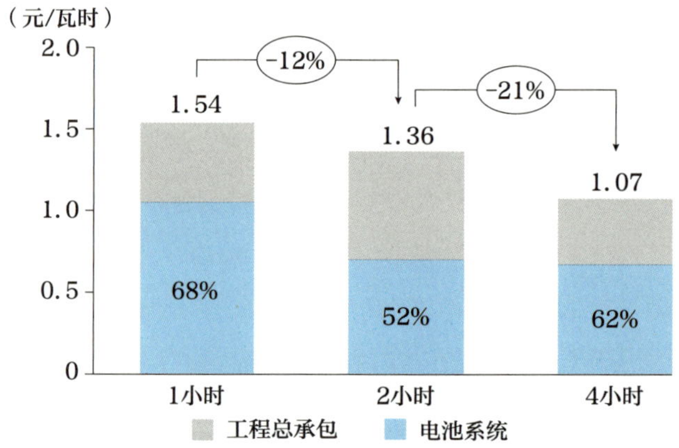

图3-27　2024年上半年中国电网级储能平均价格

资料来源：伍德麦肯兹。

（三）技术与制造

1. 锂离子电池储能

锂离子电池储能因其高储能密度、长循环寿命和高效充放电性能，成为发展最快的新型储能技术。2023年，中国锂离子电池储能技术在大容量、长寿命和高密度方向取得重要进展。液态电解质锂离子电池持续优化，半固态、磷酸锰铁锂和锰基储能锂离子电池等新技术也有所突破。

储能锂离子电池向大容量方向发展，多家厂商推出 300Ah 以上电芯产品，314Ah 和 320Ah 电芯已量产，部分企业如亿纬储能、海辰储能推出 560Ah 和 1130Ah 超大容量电池，推动储能在工商业、户用及便携式场景中的应用。加工技术方面，通过超高效浆料制备、高速涂布等工艺，电池一致性与能量密度持续提升，磷酸铁锂电池能量密度已达 190 ~ 200Wh/kg。同时，技术进步使储能电芯循环寿命从 6000 次提升至 12000 次。

热管理技术方面，液冷逐步取代风冷成为主流，其散热效率高且占用空间小。浸没式液冷技术随着冷却液成本下降，渗透率有望进一步提升。随着电池能量密度和功率的增加，温控系统效率的提升成为行业趋势。此外，单体电芯容量增长促使更高装电量的储能集装箱问世，如宁德时代推出 20 尺“5MWh+”系统，将单舱电量从 3MWh 提升至 5MWh。为提升安全性，储能系统引入浸没式消防、高阻燃材料及 AI 智能预警技术。

2023 年，多个标志性储能项目顺利并网，展现行业规模化发展。例如，国内最大的光储融合治沙电站甘肃武威 500MW+103.5MW/207MWh 新能源示范项目完成一期并网；广东台山电厂 60MW 电化学储能项目成为国内燃煤电厂最大辅助调频项目；新疆哈密十三间房 90MW/180MWh 储能调峰调频电站投运；全球单机功率最大的华能上都储能系统实现满功率运行；全国最大共享储能电站三峡能源山东庆云储能电站全面商业化，总装机规模 301MW/602MWh。此外，江苏丰储 200MW/400MWh 储能电站成为江苏省最大独立共享储能项目，海南首个火储联合调频项目也顺利投运。

2. 液流电池储能

液流电池储能技术因安全性高、寿命长、配置灵活等特点，在大规模长时储能领域具有显著优势。2023 年，中国液流电池技术快速发展，全球首套 100MW/400MWh 全钒液流电池储能电站稳定运行一年，国内已公布规划产能超过 80GWh，基础研究和关键技术均取得重要进展。

在全钒电解液方面，大连融科、中国科学院过程工程研究所等企业和科研机构推动短流程开发，并实现试产。电解液租赁模式逐步应用，如枞阳海螺6MW/36MWh项目采用了钒电解液租赁方案。在电堆设计方面，中国科学院大连化物所开发70kW级高功率密度电堆，体积功率密度提升至130kW/m^3，成本降低40%；四川天府储能推出128kW全钒液流电池电堆。在新体系研发上，中国科学院大连化物所开发100kWh锌溴液流电池系统，巨安储能发布250kW全铁液流储能系统并通过3000小时稳定性测试，宿迁时代推出20kW水系有机液流电池电堆。

2023年，液流电池储能项目招标量与容量增速显著。全钒液流电池储能项目超过40个，产业实现高速增长。代表性项目包括全球首套100MW/400MWh全钒液流电池储能电站，全年完成调度240次，有效支撑电网运行；中国首个兆瓦级铁铬液流电池储能示范项目在内蒙古试运行，刷新全球最大容量纪录；察布查尔县250MW/1GWh全钒液流电池储能项目一期完成招标施工。

3. 钠离子电池

钠离子电池因资源丰富、低温性能好、充放电速度快等优势备受关注，但其较大的离子半径和质量影响了能量密度、循环性能及充放电倍率。当前研发重点集中在正负极材料、电解质及界面材料上，以实现长寿命、宽温域和高密度性能。2023年，中国在钠离子电池基础研究和技术开发方面取得重要成果，多家企业推出相关产品和示范应用。

层状过渡金属氧化物综合性能最佳，已率先实现产业化；聚阴离子化合物稳定性高、理论循环寿命最长，但需提升储钠容量以提高能量密度并降低成本；普鲁士蓝类化合物成本低、能量密度高，但因循环寿命短及热失控问题而发展较慢。

2023年，广西电网公司等联合研制全球首套10MWh钠离子电池储能系统，能量转换效率超92%，成为大容量储能系统研发的重要里程碑。兴储世纪在四川自贡投运50kW/105kWh储能示范项目，并计划扩展至

500kW/1MWh 光储充一体化示范。中科海钠与江淮钇为推出搭载钠离子电池的电动车“花仙子”，续航 252 千米，并于 2024 年初实现批量交付。

4. 压缩空气储能

压缩空气储能技术因储能容量大、寿命长、效率高等优势，被认为是大规模储能的理想选择。2023 年，中国压缩空气储能技术从单机 100MW 级向 300MW 级推进，在系统设计、压缩机、膨胀机、蓄热换热器及系统集成等方面取得重要突破。中国科学院工程热物理研究所完成 300MW 系统全工况设计，效率达 70% 以上，研制出国际首套 300MW 级压缩机和膨胀机样机，测试结果超设计指标，并被认定为 2023 年度重大科技创新成果。蓄热换热器技术实现阵列化高效设计，单体容积达 8000 立方米，总储热量达 8.3TJ。系统集成技术解决了非线性强耦合问题，开发出 300MW 储能与电网耦合控制系统。

2023 年，多个示范项目取得了突破。山东肥城 10MW 项目全年接受电网调度 300 余次；河北张家口 100MW 项目运行效率达 70.2%，累计调度 190 余次。山东肥城 300MW 国家示范电站完成调试并网，成为中国新型储能试点项目。宁夏中宁 100MW 项目于 2023 年开工，计划 2025 年投运。新疆阜康、河南信阳、湖北应城等项目也在推进中。

目前，中储国能、大唐集团等企业已启动超 8000MW 的储能项目，总投资超 500 亿元，预计 3 年内陆续建成。2023 年，中国压缩空气储能技术与产业化进入快车道，应用推广加速。

5. 热 / 冷储能

热 / 冷储能技术因成本低、效率高、规模大等优势，在能源、工业和建筑领域应用广泛。2023 年，中国在热 / 冷储能的基础研究、关键技术及集成示范方面取得重要进展，研究热点包括材料物性及制备、能量损失机理控制、系统优化等。

在储热集成示范方面，熔盐储热技术应用取得突破。辽宁辽河油田建成全球首台电热熔盐储能注气试验站，总储热规模 15MW；北方魏家峁煤电公司投运国内首套 660MW 煤电机组耦合蒸汽熔盐储热调峰项目，储热容量 80MWh；全国首个 GWh 级熔盐储热耦合煤电项目在安徽宿州开工。

在储冷集成示范方面，分布式储热储冷产品已用于火电厂调峰项目，并可定制供暖制冷解决方案。中国首个液化天然气冷能养殖示范项目在广东大鹏液化天然气接收站成功运行，标志着储冷技术在新领域的应用进一步拓展。

6. 飞轮储能

飞轮储能技术具备高频次、长寿命、低成本等优势，适用于数百千瓦至数十兆瓦、持续数秒到数分钟的电储能场景，是电压稳定和频率调节的重要技术。2023 年，中国在飞轮转子、电机、控制技术及系统集成示范方面取得重要进展。

在飞轮转子技术上，利用高强合金钢研制出储能达 125kWh 的中速飞轮，可实现 500kW 功率放电 15 分钟，应用于电力系统二次调频。电机技术方面，500 ~ 1000kW 飞轮储能电机实现 5000 ~ 9500r/min 转速，突破了高转速电机的散热和动力学难题。控制技术上，提出多模态飞轮阵列自主控制方案、虚拟惯性控制策略等，优化飞轮功率输出和频率调节效果。

在集成示范方面，飞轮储能在电网调频领域取得进展。河南 5MW/175kWh 飞轮储能项目通过调频试验。内蒙古二连浩特 MW 级飞轮储能关键技术研究项目示范工程将 3 台 1MW 飞轮与 3MW 锂电组成混合储能系统，为风电场提供调频支持。华能莱芜电厂投运飞轮储能与火电联合调频项目，采用 10 台 600kW 飞轮储能装置，进一步提升调频性能。

7. 铅蓄电池

铅蓄电池因技术成熟、成本低等优点得到广泛应用，但能量密度低、循环寿命短等不足限制了其发展。近年来，铅碳电池成为研发重点，通过在负极添加活性炭材料、在正极使用添加剂，有效抑制了硫酸盐化引起的容量衰减，提升了循环寿命和充放电性能，广泛应用于电源侧和用户侧储能。

在绿色制造方面，浙江工业大学与天能集团建成年产1500万千瓦时铅碳电池绿色制造线，并在再生铅闭路循环等技术上取得进展。昆明理工恒达科技攻克铝基铅合金板栅制造技术，开发多孔碳添加剂等新技术，将铅合金用量减少30%，提升电池能量密度和循环寿命。中国科学院大连化物所研发出耐热隔膜，恒丰国能开发双极性铅碳电池技术，显著提高了能量密度和寿命。

2023年，江苏长强钢铁用户侧储能电站（25.3MW/243.3MWh）投运，成为国内最大单体铅碳电池储能项目。多个共享储能项目完成招标，铅碳电池已进入商业化阶段，因安全性高，有望在工业园区和人口密集地区推广，市场规模持续提升。

（四）政策

据不完全统计，截至2023年底，全国已累计发布1700余项储能相关政策。其中，2023年全国共发布储能相关政策655项，国家层面发布约60项，重点在技术研发、示范应用、电价机制、市场建设、规范管理等方面出台政策；地方层面，多地实施储能产业战略布局，加大支持力度，推动储能产业发展。伴随着政策体系的进一步完善，储能的战略地位及其在新型电力系统中的作用也愈加受到重视。

1. 各地区储能装机目标

在储能装机目标方面，据对全国省级储能相关政策的不完全统计，截至2023年底，全国已有20多个省（区、市）制定了2025年新型储能装机目标，总规模达80GW左右，远超国家30GW目标（见表3-2）。值得注意的是，全国累计装机量已远远超出全国的规划装机目标，但从结构上来看，各地区的装机进度有较大差异。其中，大规模的储能项目装机主要集中在可再生能源富集区，如内蒙古、甘肃、宁夏等地区。

表 3–2 部分省（区、市）储能装机目标

省（区、市）	2025 年装机目标	政策	发布时间
全国	30GW	《国家发展改革委 国家能源局关于加快推动新型储能发展的指导意见》	2021 年 7 月 23 日
辽宁	1GW	《辽宁省“十四五”能源发展规划》	2022 年 7 月 5 日
吉林	0.5GW	《抢先布局新型储能产业新赛道实施方案》	2023 年 12 月 1 日
北京	0.7GW	《北京市碳达峰实施方案》	2022 年 10 月 11 日
天津	0.5GW	《天津市可再生能源发展“十四五”规划》	2022 年 1 月 27 日
河北	4GW	《河北省“十四五”新型储能发展规划》	2022 年 4 月 10 日
山西	6GW	《山西省可再生能源发展“十四五”规划》	2022 年 9 月 23 日
内蒙古	9GW	《内蒙古自治区人民政府办公厅关于促进新能源消纳若干举措的通知》	2023 年 12 月 11 日
青海	6GW	《青海打造国家清洁能源产业高地行动方案（2021—2030 年）》	2021 年 7 月 7 日
陕西	2GW	《陕西省新型储能发展实施方案（2024—2025 年）》	2024 年 4 月 3 日
宁夏	5GW	《宁夏“十四五”新型储能发展实施方案》	2023 年 2 月 23 日
甘肃	6GW	《甘肃省“十四五”能源发展规划》	2021 年 12 月 31 日
广西	3.5GW	《广西新型储能发展规划（2023—2030 年）》	2023 年 4 月 25 日
广东	2GW	《广东省能源发展“十四五”规划》	2022 年 3 月 17 日
贵州	1GW	《贵州省碳达峰实施方案》	2022 年 11 月 24 日
云南	2GW	《云南省新型储能发展实施方案（2024—2025 年）》	2024 年 5 月 25 日

续表

省（区、市）	2025年装机目标	政策	发布时间
江西	1GW	《江西省新型储能发展规划（2024—2030年）》	2024年2月22日
湖北	2GW	《湖北省能源发展“十四五”规划》	2022年4月20日
河南	5GW	《河南省人民政府办公厅关于加快新型储能发展的实施意见》	2023年6月28日
湖南	3GW	《湖南省新型电力系统发展规划纲要》	2023年12月25日
四川	2GW	《关于加快推动四川省新型储能示范项目建设的实施意见》	2023年7月20日
浙江	3GW	《浙江省“十四五”新型储能发展规划》	2022年5月25日
安徽	3GW	《安徽省新型储能发展规划（2022—2025年）》	2022年8月17日
福建	0.6GW	《福建省推进绿色经济发展行动计划（2022—2025年）》	2022年8月17日
山东	5GW	《山东省新型储能工程发展行动方案》	2022年12月29日
江苏	2.6GW	《江苏省“十四五”新型储能发展实施方案》	2022年8月1日

资料来源：国家能源集团技术经济研究院。

2. 储能政策分类

技术研发方面，以建设新型电力系统需求为导向，国家能源局实施首台（套）、试点示范等政策，聚焦高安全、大容量、低成本、不同时长的储能技术研发及应用。《国家能源局关于公示第三批能源领域首台（套）重大技术装备（项目）的通知》中，兆瓦时级固态锂离子电池储能系统等多项新型储能技术装备入选。《新型储能试点示范项目名单》将山东肥城300MW/1800MWh压缩空气储能示范项目等56个项目列为试点示范项目。工业和信息化部批复组建国家地方共建新型储能创新中心，推动关键技术研发和产学研协同创新。地方层面，多地通过“揭榜挂帅”方式攻克关键技术难题，并对新获批的技术创新中心、重点实验室等平台给予资金支持，按实际研发费用的 5% ~ 30% 提供补贴，鼓励企业加大研发投入。

在产业方面，2023 年，国家能源局发布《新型电力系统发展蓝皮书》，提出“三步走”发展路径，明确不同阶段对储能技术的需求。《工业和信息化部等六部门关于推动能源电子产业发展的指导意见》发布，推动储能电池全产业链协同发展，加强新型储能电池技术攻关和规模化应用。中国全年发布 63 项区域产业规划和 74 项地方补贴政策，支持储能企业发展。广东、浙江、江苏等地通过放电补贴、容量补贴和投资补贴等方式，促进产业集群化发展。

在应用方面，新能源配储成为储能发展的核心驱动力，全国超 24 个省份发布配储政策，大部分配储比例为 8% ~ 30%，配储时长为 1 ~ 2 小时。2023 年，多地提高新能源配储比例和时长要求，分布式光伏配储加速推广。集中共享式储能模式受到鼓励，山东、河南等地提出场站内储能可转为独立储能。各地通过容量指标奖励、优先消纳和辅助服务费用减免等措施，推动新能源配储项目落地。

在电力市场方面，2023 年，电力市场改革加速，逐步建立反映灵活资源价值的价格机制。《电力现货市场基本规则（试行）》《关于进一步加快电力现货市场建设工作的通知》明确区域现货市场建设时间表，鼓励储能参与市场运营，并探索“新能源 + 储能”联合模式和容量补偿机制。辅助服务市场优化，全年发布 40 项相关政策，6 个区域能源监管局更新细则，旨在解决费用问题。中长期市场方面，新疆、广东、河北南部等地发布储能参与交易细则，明确准入、退出及计量结算规则。

在储能电价机制方面，2023 年，储能电价机制建立取得了新进展。《国家发展改革委关于第三监管周期省级电网输配电价及有关事项的通知》设立系统运行费用，推动辅助服务费用向用户传导。《国家发展改革委关于抽水蓄能电站容量电价及有关事项的通知》和《国家能源局关于建立煤电容量电价机制的通知》核定抽蓄电站和调峰火电站容量价格，为建立新型储能容量电价机制提供参考。在分时电价方面，15个地区更新政策，优化时段划分、拉大峰谷价差，18个地区峰谷价差超0.7元/千瓦时，进一步拓宽用户侧储能收益渠道。

在规范管理方面，2023年，国家加强对新型储能的规范管理，明确其在电力系统中的责任与要求。《国家能源局关于开展电力系统调节性电源建设运营综合监管工作的通知》推进储能在规划、调度、市场化交易等环节的综合监管。《发电机组进入及退出商业运营办法》将独立储能与常规发电机组类同管理。《国家能源局综合司关于加强发电侧电网侧电化学储能电站安全运行风险监测的通知》强化储能电站的安全运行风险监测与预警，落实安全监管责任。

2024年2月，国家发展改革委、国家能源局发布《国家发展改革委 国家能源局关于加强电网调峰储能和智能化调度能力建设的指导意见》，首次将储能与电网调峰、智能化调度并列，作为提升电力系统调节能力、推动新能源高比例发展的关键支撑。2024年政府工作报告明确提出加快建设新型能源体系、发展新型储能，为新型储能发展指明方向。

3. 新能源配储政策实施中存在的问题

全国已有24个省份公布配储政策，大部分省份配储比例为8% ~ 30%，配储时长以1 ~ 2小时为主。配储政策对应的源网侧储能是现阶段中国储能装机需求的主要来源。各省份配储政策保证了源网侧的储能装机需求。源网侧储能主要通过电力辅助服务市场实现价值，包括调峰、调频、备用容量等，起到维护电力系统安全稳定运行的作用。

政策执行偏差导致“强制配储”。2021年7月发布的《国家发展改革委 国家能源局关于鼓励可再生能源发电企业自建或购买调峰能力增加并网规模的通知》中，鼓励发电企业通过自建或购买调峰能力的方式，增加可再生能源发电装机并网规模。该政策的出发点是促进可再生能源消纳，主基调是“鼓励”“自愿”。但各地在执行过程中层层加码，将配建储能作为新能源项目建设的前置条件，演变为“强制配储”。然而，由于当前新能源储能尚无相对成熟的商业模式，一方面，配储成本由企业自身承担，降低了企业参与积极性；另一方面，形成以拿指标为目的的配储，建设质量差，利用率低，造成极大的资源浪费。

储能经济性不足与电网调度困难是面临的主要挑战。中国工程院院士刘吉臻在2023全球能源转型高层论坛上提出，在大规模新能源消纳的过程中，储能所起的作用有限。从经济性方面看，一个地区的储能要拥有盈利能力，通常需要满足可以两充两放以及峰谷电价差大于0.7元/千瓦时等条件。但实际上，很多地方不具备这些条件。强制配储不仅无法盈利，还会成为成本负担。同时，大规模的分布式储能也对电网调度形成了巨大的挑战。不能稳定支撑电网、单体规模小导致贡献度偏低、安全性不可靠等问题导致电网对配储的实际利用率很低。2022年11月，中国电力企业联合会发布的《新能源配储能运行情况调研报告》指出，新能源配储能利用率低，新能源配储能等效利用系数仅为6.1%。

在此背景下，各地方配储政策需要因时因地制宜，或将逐步转向精细化。例如，2023年8月，《新疆电力市场独立储能参与中长期交易实施细则（暂行）》发布，新疆正式建立独立储能市场化机制。根据国家电网新疆电力公司调度数据，2024年一季度已并网新型储能平均利用系数超80%，远超上述6.1%的新能源配储等效利用系数。精细化配储既可以有效减少过度配储、配而不用的问题，也在一定程度上避免了配储不足导致的弃风弃光的情况，因地制宜、因时制宜地解决构建新型电力系统过程中的新能源消纳、电网波动等问题，促进新能源与储能行业健康、有序发展。

三、前景展望

（一）全球

2024 年，据估全球新增新型储能装机规模可达到 69GW/163GWh。到 2033 年，全球年度新增新型储能装机规模将达到 117GW/396GWh，2023—2033 年的年均增长率为 10% ~ 15%（见图 3-28）。

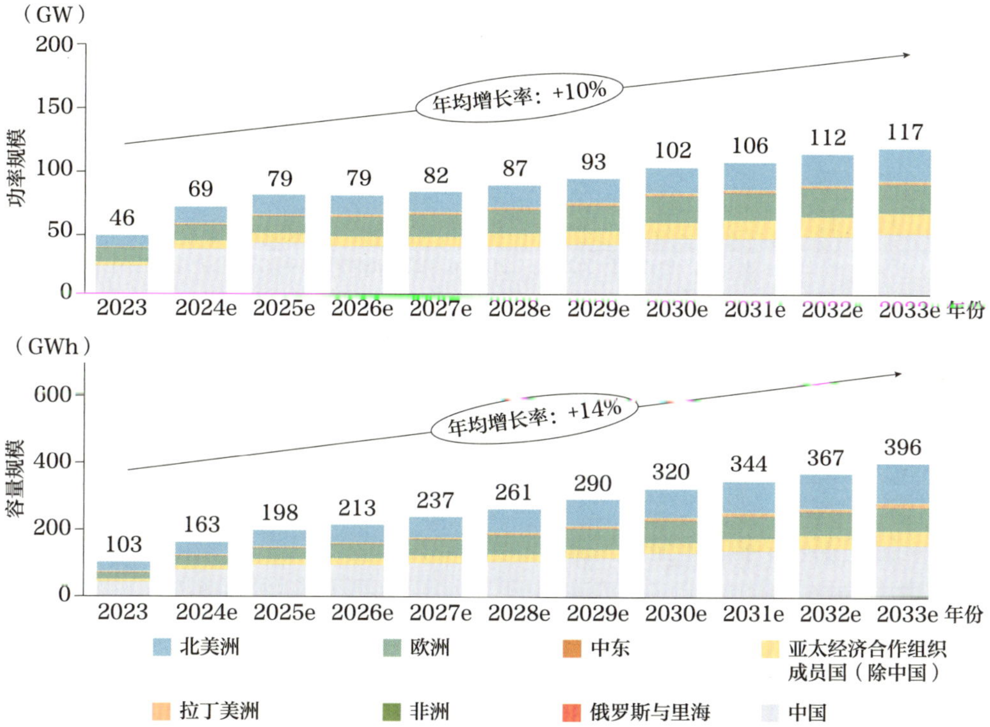

图 3-28 全球主要地区新型储能年度新增装机规模展望

注：有些地区数据太小，在图中不显示。

资料来源：伍德麦肯兹。

2024—2033 年，预计中国将以 422GW 的装机规模引领全球，而中东、俄罗斯的年均增长率极高，中东（2017%）的增长尤为显著，源于能源基础设施起步以及能源格局的改变。北美洲和欧洲尽管年均增长率较低（分别为 11% 和 8%），但新增规模较大，展示出持续稳定的能源转型。

1. 美国

近年来，美国政府密集出台储能激励政策，包括投资支持、补贴及税收优惠等多方面措施，为储能技术的研发、应用及市场拓展提供了强有力的保障。预计 2024 年美国新型储能新增装机规模将突破 13GW/36GWh，维持高增长态势。预计 2033 年美国新型储能新增装机规模将达到 25GW/111GWh。美国新型储能市场预测如图 3-29 所示。

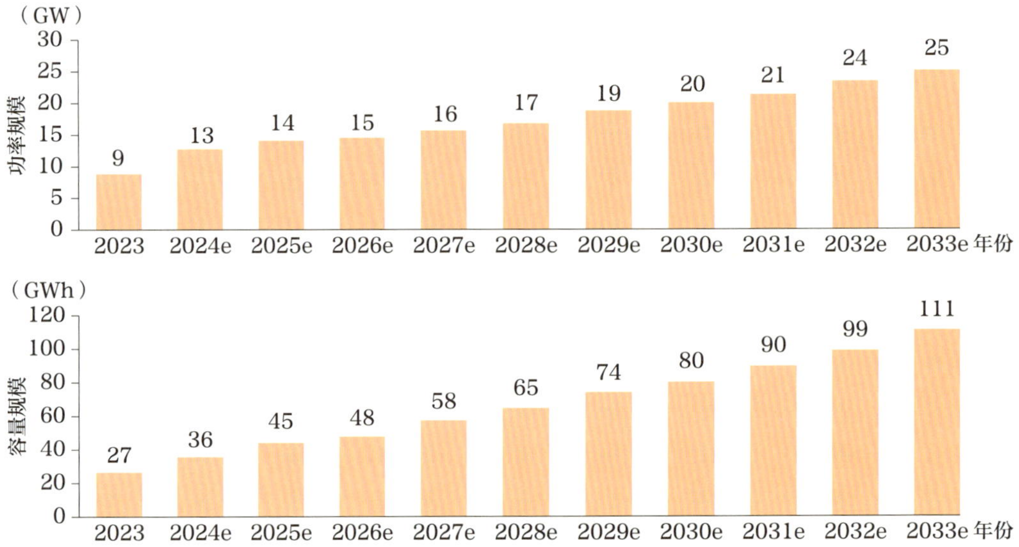

图 3-29 美国新型储能年度新增装机规模展望

资料来源：伍德麦肯兹。

随着美国各州对可再生能源依赖程度的不断加深，储能技术作为平衡电网供需、提升能源利用效率的关键环节，愈加受到重视。加利福尼亚州、内华达州、纽约州等地相继制定储能装机规划。其中，加利福尼亚州作为新能源市场发展迅速的地区，是美国表前储能发展最快、规模最大的市场，其储能装机目标远高于其他州，预计到 2030 年和 2045 年将分别实现 15GW 和

54.2GW 的储能新增装机规模。

2. 欧洲

预计到 2024 年底，欧洲大规模储能系统市场（以下简称大储市场）有望加速增长，将代替户用储能成为储能市场的主要增量。受居民电价持续下行影响，2024 年欧洲户用储能装机积极性有所减弱，增长趋势放缓。然而，英国和意大利的大储市场有望强势发力，可能成为推动需求增长的关键。2024 年欧洲新增新型储能装机规模预计达到 25GWh，同比增长 32%。其中，电网级储能将首次超越户用储能，成为欧洲储能市场的主要增量来源。而到 2033 年，预计欧洲新型储能装机规模将达到 203GW/533GWh，其中，电网级储能将超过半数份额。欧洲新型储能年度新增装机规模展望见图 3-30。

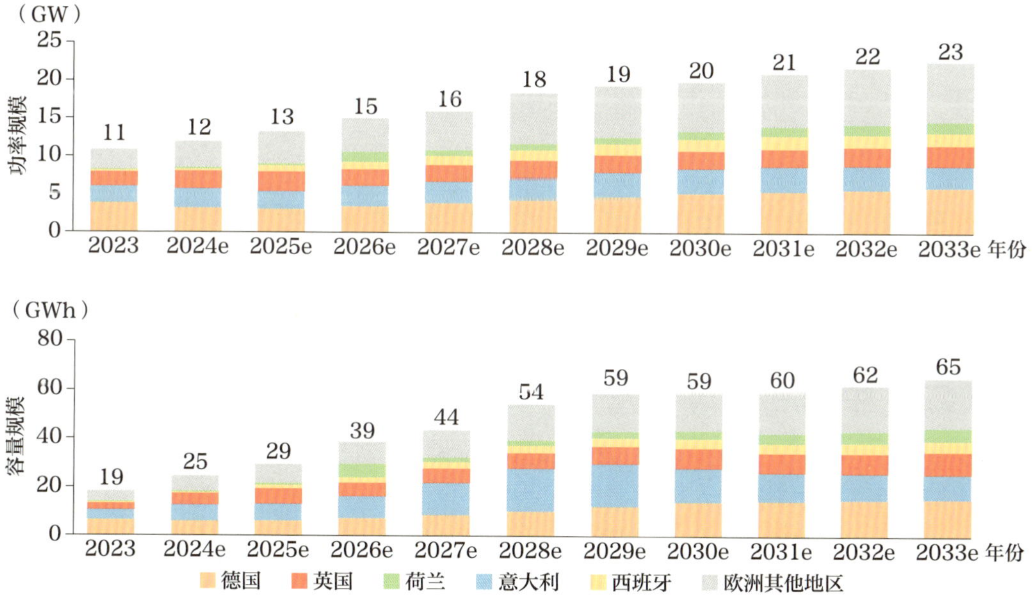

图 3-30　欧洲新型储能年度新增装机规模展望

资料来源：伍德麦肯兹。

英国作为欧洲大储市场的领军者，预计 2024 年新型储能装机将迎来快速增长。英国是岛屿国家，电力供应相对独立，通过跨国电网进行电力调配的难度较大、成本较高，保障电力供应和提升电网稳定性成为其发展大储市场的重要动力。2024 年，英国在最新发布的《2030 年清洁电力行动计划：清洁电力新时代》中，大幅上调 2030 年储能装机目标至 24.6GW/43.6GWh，较 2023 年版本分别提高了 55% 和 79%，为欧洲大储市场注入了强劲的需求增长动力。根据欧洲光伏产业协会的预测，2024 年英国新增储能装机规模预计将达到 4.5GWh，同比增长 67%，其中大储市场占比高达 82%。此外，预计 2024—2033 年，英国新增新型储能装机规模将达到 17.5GW。

意大利近几年来户用储能市场表现亮眼，但大储市场因政策缺乏而发展滞后。2023 年 12 月，欧盟批准了意大利高达 177 亿欧元的储能计划，旨在支持集中式储能系统建设，以促进可再生能源的消纳。该投资计划将持续至 2033 年 12 月，预计将帮助意大利建设超过 9GW/71GWh 的储能设施。据此推算，未来 10 年意大利平均每年新增新型储能装机规模约为 7.1GWh，体量相当于 2023 年欧洲大储市场新增装机规模的近两倍。根据欧洲光伏产业协会的预测，2024 年意大利新增新型储能装机规模预计达到 7.7GWh，同比增长 185%，其中大储市场占比高达 67%。此外，预计 2024—2033 年，意大利新增新型储能装机规模将达到 16.7GW。

（二）中国

2024 年，中国新型储能累计装机规模达到 78.3GW/184.2GWh，同比增长 126.5%/147.5%，稳居全球最大储能市场的地位。随着储能时长的延长，中国储能市场容量规模的增长速度将超过功率规模的增长速度。预计到 2033 年，中国累计新型储能装机规模将达到 454GW/1266GWh，相较 2023 年增长 14 倍。2023—2033 年，中国平均每年将新增约 42GW/120GWh 的储能装机规模。

预计到 2033 年，从储能类型来看，电网级储能依然占据市场主导地位，其在储能总装机中的平均占比将进一步提升至87%左右，这主要得益于中国风电和太阳能发电装机规模的快速增长。工商业储能的年装机量预计将在未来几年内增长一倍以上，到2033年累计装机占总储能装机的比例约为13%（见图3-31）。这一增长主要受到较大的分时电价差异和储能系统成本下降的推动。此外，户用储能的市场占比仍然微乎其微。

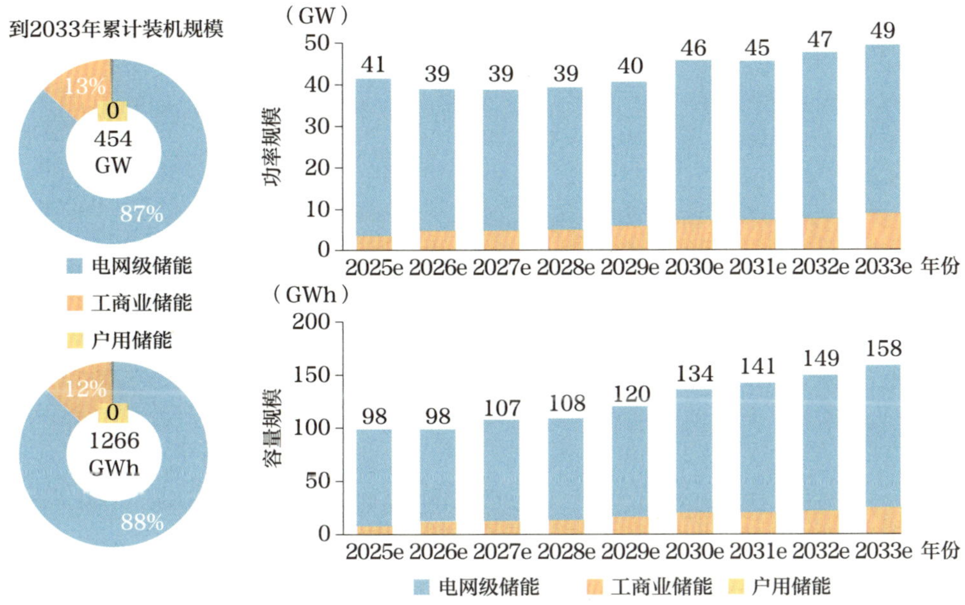

图3-31　2025—2033年中国新型储能年度新增装机规模展望

注：图中数据为四舍五入数据，户用储能的占比接近0。
资料来源：伍德麦肯兹。

技术与市场趋势方面，锂离子电池储能在市场中占据主导地位，但为了支持高比例的可再生能源渗透，长时储能技术也在发展。当前政策要求可再生能源项目必须配套5%～20%的储能容量，这推动了未来储能装机的快速增长。同时，独立储能项目由于其具有多元化的收入来源（如项目租赁、参与辅助服务市场和电力交易），也在快速崛起。

地方政府正在实施多种支持政策，例如，将可再生能源配套储能项目转化为独立储能项目。这种趋势可能降低可再生能源配套储能项目的吸引力，而独立储能项目的市场份额有望进一步上升。需要注意的是，供应链的过剩在短期内推动了市场增长，但缺乏稳定的收入来源仍是供应商面临的主要挑战。此外，产品质量、售后服务等因素也可能对储能项目的盈利能力造成影响。

总体来看，中国储能市场在政策支持、技术进步和市场需求的推动下，将继续保持快速增长势头，但供应链和盈利模式的优化仍是需要重点关注的问题。

第四章
全球氢能产业发展现状与前景展望

2023年，全球氢能产业加速发展，氢能政策更加明确，推动国际氢基能源贸易与制氢产业发展，同时全球输氢管道建设取得进展，加氢站建设稳中有进，氢基燃料船舶进入应用阶段，但海外氢能源车销量有所回落。其中，欧盟完善绿氢标准体系并推出上游制氢装备补贴与投资，加速推动上游绿氢供应链建设。美国将重卡、工业领域作为氢能发展重心，并继续开发氢能前沿技术。日本、韩国推进应用示范项目并积极布局国际氢能供应链以及国际合作与技术输出。中东各国相继提出氢能发展战略目标，在氢氨出口国际合作方面走在前列。中国氢能在国家能源战略中的地位得到进一步提升，专项政策体系逐渐形成，出台国家层面首个氢能全产业链标准体系建设指南。地方层面开始探索优化绿氢生产和使用、明确加氢站建设和运营等创新性政策。

从产业链来看，制氢方面，万吨级绿氢项目不断涌现，推动绿氢产业规模化发展。制氢一体化成为主流，绿氨、绿甲醇成为新趋势。制氢电解槽年需求规模达到吉瓦级。基础设施建设速度及燃料电池汽车年销量增速均有所放缓。储运方面，高压气态储氢研发继续聚焦“高压化”“大容量”；管道输氢、有机液体储氢、固态储氢实现多项首次示范突破。应用方面，氢能多元交通应用向“轻型”与“大功率”方向发展；船舶需求支撑绿色甲醇快速发展；风光制氢推动绿氨合成工艺及技术不断迭代；绿氢制绿色航空煤油进入规划示范阶段；氢能发电技术逐渐成熟，多个氢能发电示范项目投运。不论是央国企还是民营企业，布局氢能产业链的力度不断加大。

展望氢能产业未来，四大发展趋势值得重点关注。一是国际合作机会增多。绿色氢氨醇燃料需求增长以及欧美等对上游制氢项目补贴的发放将加速绿氢项目建设。二是碳市场扩容或将推动绿氢的生产及应用。氢基能源项目有望获得较高收益从而带动更多项目落地。三是我国技术在可靠性及整体系统解决方案上与海外仍存在差距。产品安全性以及长时间运行下的可靠性与寿命等要求将提升。四是国内部分区域场景或会率先实现绿氢经济可行性。

一、全球氢能产业发展现状

（一）全球发展现状

1. 氢能政策更加明确，促进国际氢基能源贸易与制氢产业发展

全球氢能领域国家政策范围不断扩大。2023 年至 2024 年 6 月，共有 15 个国家首次提出了国家级的氢能战略，日本、德国更新了其氢能战略并上调了绿氢或清洁氢的产能及利用目标。同时，以德国、日本为首的发达国家基于未来氢能需求预测与自身能源禀赋情况，明确制定了氢能进口的目标。南美、中东、非洲等地区的国家也开始将氢能出口定为其氢能发展的重点方向。

适用于氢能各领域的标准体系逐渐形成，国际氢基能源贸易渠道逐步畅通（见表 4–1）。一方面，欧盟在其新能源顶层法规《可再生能源指令Ⅱ》中新增了绿氢评价标准、氢基能源评价标准。另一方面，国际绿氢组织也在其《绿氢标准 2.0》（GHS 2.0）中新增了绿色甲醇及绿氨的相关标准。这两份标准是国际上第一次对绿氢、氢基能源制定的系统化的权威标准，为后续各国的绿氢认证及氢基能源贸易打下了标准基础。

表 4–1　2023 年至 2024 年 6 月氢及氢基能源碳排放标准概况

国家和地区	发布机构	出处	氢及氢基能源划分及碳排放标准	范围
欧盟	欧盟委员会	《可再生能源指令Ⅱ》	可再生氢（非生物来源）： ≤ 3.4 $kgCO_2/kgH_2$； 绿色氢基合成燃料： ≤ 28.2 gCO_2/MJ	从原料到运输
美国	美国能源部	《国家清洁氢能战略和路线图》	清洁氢：≤ 4 $kgCO_2/kgH_2$	从原料到运输
瑞士	国际绿氢组织	《绿氢标准 2.0》	绿氢：≤ 1 $kgCO_2/kgH_2$； 绿氨：≤ 0.3 $kgCO_2/kgNH_3$； 绿色甲醇：≤ 0.3 $kgCO_2/kgCH_3OH$； 合成甲烷：≤ 0.85 $kgCO_2/kgCH_4$	从原料到生产

续表

国家和地区	发布机构	出处	氢及氢基能源划分及碳排放标准	范围
日本	日本经济产业省	《氢能基本战略》（修订版）	低碳氢：≤ 3.4 $kgCO_2/kgH_2$；低碳氨：≤ 0.84 $kgCO_2/kgNH_3$	从原料到生产
印度	印度新能源和可再生能源部	国家绿色氢能任务	绿氢：≤ 2 $kgCO_2/kgH_2$	从原料到生产

注：原料到生产涵盖从原料生产到氢气生产的过程，原料到运输涵盖从原料生产到氢气运输到终端客户的过程；各环节中，不同标准纳入的碳排放考核因素存在差异。

资料来源：国家能源集团技术经济研究院。

全球氢能补贴向上游供应链倾斜，加速制氢业发展。2023 年至 2024 年 6 月，全球多个国家提出了有关清洁氢或绿氢生产的补贴方案，补贴额度、门槛等逐渐明确。其中，美国《通胀削减法案》中清洁氢生产税收抵免方案提出根据制氢生命周期排放量分级给予补贴；韩国计划推出与美国类似的“清洁氢认证 + 税收抵免”补贴方案。此外，欧盟以及澳大利亚、西班牙等国家和地区分别提出数十亿元的制氢项目补贴。

2. 电解水制氢产能进入快速增长期

从项目规模看，全球电解水制氢规模不断扩大。2023 年，全球新建成电解水制氢产能约为 7.3 万吨 / 年，同比增长 204%；截至 2023 年 12 月底，全球电解水制氢累计产能约为 16.7 万吨 / 年。2023 年，全球制氢电解槽新增装机约为 653MW，同比增长 176%。

从项目类型来看，全球电解水制氢项目开始向大型化发展。2023 年全球新增项目中，千吨级以上氢气产能数量占比显著增多，由 2022 年的 12% 提升至 29%。其中规模最大的是中国石化新疆库车绿氢示范项目，氢气产能约为 2 万吨 / 年，电解槽装机 260MW。

从项目建设地区来看，全球电解槽新增装机主要集中在亚洲。2023 年，欧美地区头部企业等待政府财政补贴，项目开工较少，亚洲地区以中国石化新疆库车绿氢示范项目、三峡集团纳日松光伏制氢产业示范项目等大型项目为支撑，在全球新增装机中的占比达到 62%。

从项目建设单位来看，全球电解水制氢项目建设的主要推动者为各国各领域龙头企业以及地方政府。其中，各国能源、化工及交通领域的龙头企业是直接推动方，主要基于自身传统业务的绿色转型展开。例如，中国石化新疆库车绿氢示范项目，制取绿氢用于中国石化旗下的塔河炼化，替代传统天然气制氢；国际航运龙头马士基推动的丹麦奥本罗（Aabenraa）港口绿氢制甲醇项目，为马士基旗下的甲醇燃料船舶提供零碳甲醇燃料。各国的财政支持也是电解水制氢项目推进的重要因素，最典型的如瑞典钢铁龙头企业奥沃科（Ovako）建成的绿氢替代传统燃料冶金项目，绿氢产能约为 3000 吨 / 年，瑞典能源署为其提供了 30% 以上的建设资金。

3. 全球输氢管道建设取得进展，加氢站建设稳中有进

输氢管道项目规划规模明显提升。截至 2023 年底，全球输氢管道的建设规模接近 4700 千米。美国已经建设输氢管道 2720 千米，欧洲输氢管道有 1500 千米以上。截至 2024 年 6 月底，中国已规划的输氢管道（包括已建）总长度超过 1800 千米，到 2030 年，氢气长输管道总里程将达到 3000 千米。德国天然气网络运营商协会（FNB）宣布，到 2032 年在德国建设长度超过 1.1 万千米的氢气管网，达到 15GWth(以热量衡量的热值）的氢气输送能力。

输氢管道项目建设不断取得新进展。2023 年 2 月，国家电投成功将“绿氢”混入天然气，这是国内首个面向真实居民用户的掺氢天然气入户应用示范。2023 年 4 月，中国石油利用现有天然气管道长距离输送氢气，掺氢比例达到 24%，在 100 天的测试运行中整体运行安全稳定。2023 年 6 月，英国天然气分配公司 SGN 用 100% 氢气对管道进行极限测试。

加氢站建设稳中有进。根据中国氢能联盟的统计，截至 2023 年底，全球在营加氢站 930 座，同比增长 12.2%，主要集中在以中国、韩国、日本为主的东亚地区，共有在营加氢站 650 座。欧洲、北美洲加氢站数量分别为 188 座和 65 座（见图 4-1）。

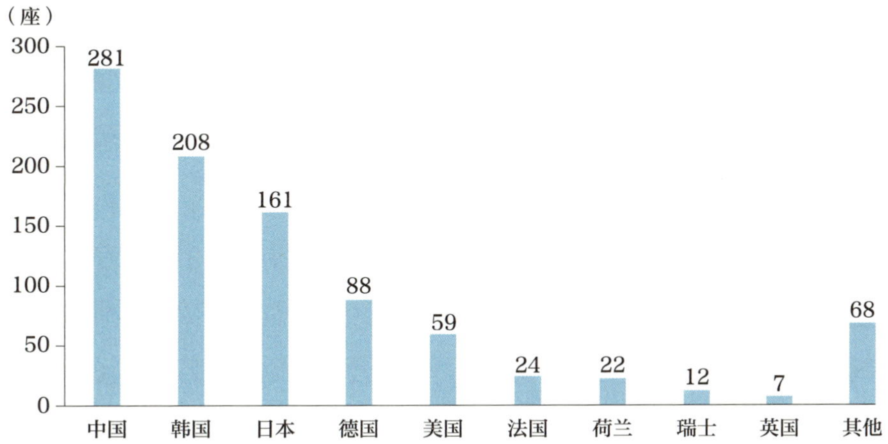

图 4-1　2023 年世界各国在营加氢站情况

资料来源：中国氢能联盟、国家能源集团技术经济研究院。

4. 海外氢燃料电池汽车销量回落，氢基燃料船舶进入应用阶段

海外氢燃料电池汽车销量开始放缓。2023 年，中国、日本、韩国、美国、欧洲等主要市场氢燃料电池汽车销量约为 1.46 万辆，同比下降约 21.1%；除中国之外的海外氢燃料电池汽车销量约为 8820 辆，同比下降约 41.9%。2023 年，中国是全球氢燃料电池汽车销量最高的市场，占全球销量的 39.7%。同时，中国是全球主要市场中唯一实现销量大幅增长的市场，同比增长约 72.4%。韩国和美国分别是销量第二大和第三大的市场，占比分别为 31.7% 与 20.5%。其中，韩国氢燃料电池汽车销量同比下降约 49.9%；美国销量同比增长约 10.5%。

甲醇成为国际航运领域主流替代燃料之一。根据国际海工领域机构克拉克森的统计，2023 年，全球甲醇燃料船舶订单量为 130 艘，同比增长 202.3%。从 2023 年订单占比来看，在全部燃料船型的新增订单中，甲醇燃料船舶约占 13%（按船舶吨位）；在替代燃料船型的新增订单中，甲醇燃料船舶约占 28%（按船舶吨位），仅次于液化天然气燃料船（占 56%）。

氨燃料船舶进入订造开工阶段。中国、日本、韩国多家船舶企业均在布局氨燃料船舶技术，氨燃料供应、氨内燃机等方面的技术基本成熟。2023

年，比利时海事集团向中船集团旗下北海造船订造了8艘使用氨燃料的21万吨散货船，这是全球大型氨燃料船舶领域首个订单，其中多艘船已进入开工阶段，并计划于2025年起陆续交付。此外，日本、新加坡等国船东也开始订造大型氨燃料海运船舶。

（二）主要国家和地区发展现状

1. 欧盟

欧盟提出多领域绿氢应用目标，对绿氢市场需求形成有力支撑。一是提出公路交通氢能基础设施建设的详细规划。2023年7月，欧盟理事会批准发布《替代燃料基础设施部署条例》，要求欧盟成员国到2030年底，在规划的跨欧洲运输网络（TEN-T）的核心路线沿线每200千米建立一座1000千克/天的公共加氢站。二是在全球首次提出航空领域强制性氢能替代目标。2023年10月，欧盟理事会通过《ReFuelEU航空法规》（*ReFuelEU Aviation*），提出到2030年实现所有航空燃料中有1.2%来自绿氢的合成燃料。三是在全球首次提出工业领域绿氢替代目标。2023年11月，欧盟理事会通过《可再生能源指令Ⅱ》，提出到2030年工业用氢中的42%应来自非生物来源的可再生燃料，到2035年该比例将提升至60%。

欧盟完善绿氢标准体系，为绿氢推广认证、补贴发放、碳市场参与等提供政策基础。2023年11月发布的《可再生能源指令Ⅱ》提出了详细的规则来定义欧盟非生物来源的可再生氢（主要指电解水制取的绿氢）的构成，规定了3种可以被计入可再生能源的氢气：一是直接由可再生能源发电所产生的氢气；二是在可再生能源比例超过90%的地区采用电网供电所生产的氢气；三是在低二氧化碳排放限制的地区签订可再生能源电力购买协议后采用电网供电所生产的氢气。同时，修订案也提出使用非生物来源的可再生氢时减碳量的评价方法，以实现与碳市场的对接。尤其在海上运输、航空等难以电气化的领域，使用非生物来源的可再生氢的减碳量将按照一定的倍数计算。

此外，欧盟密集推出上游制氢装备补贴与投资政策，加速推动上游绿氢供应链建设（见表 4-2）。一是推进绿氢生产创新补贴机制——“欧洲氢能银行计划”。2023 年 3 月，欧盟委员会发布“欧洲氢能银行计划”，专项预算约合人民币 58 亿元，以拍卖的形式，围绕“选定试点项目”进行最高 4.5 欧元 / 千克的制氢补贴，最高年限为 10 年。2023 年 11 月启动了首批价值 22 亿欧元的氢拍卖。二是各成员国政府同步推出绿氢及电解槽补贴政策。法国推出 40 亿欧元的《国家氢能战略》更新版草案，以“差额补贴”形式补贴绿氢与灰氢之间的差价，且差额补贴年限长达 15 年。意大利基础设施和交通部拨款 3 亿欧元，用于在全国 6 个地区购买氢能列车和建设绿氢生产、存储和列车加氢设施。

表 4-2 欧洲发布的氢能补贴政策概览

国家和地区	补贴金额	补贴政策	补贴内容
欧盟	8 亿欧元	“欧洲氢能银行计划”	最高 4.5 欧元 / 千克的制氢补贴
	36 亿欧元	《欧洲绿色协议》	投资 41 个低碳技术项目，用于绿氢、甲醇和氨等的生产
法国	40 亿欧元	《国家氢能战略》更新版草案	以“差额补贴”形式补贴绿氢与灰氢之间的差价
	7 亿欧元	“绿色产业法案”	推进 150MW 电解槽装机
意大利	9.5 亿欧元	国家援助政策	对电解槽生产、绿氢生产、加氢站建设、氢能列车购买等进行补贴
德国	9.5 亿欧元	欧洲共同利益重要项目（IPCEI）	投资 Sunfire 电解槽生产项目
	一期 10 亿欧元	绿氢进口竞拍计划	通过平台向全球采购绿氢生产的氨、醇等，供应德国市场
西班牙	1.5 亿欧元	H2 Pioneers 计划	支持 12 个绿氢项目的建设，涉及甲醇、氨等

资料来源：国家能源集团技术经济研究院。

2. 美国

美国推出多项氢能鼓励政策。2023 年 6 月，美国能源部发布国家级氢能战略《国家清洁氢能战略和路线图》，指出到 2030 年美国清洁氢产量将从政策发布时的近零增至 1000 万吨 / 年，且清洁氢的应用将侧重于化工、重卡等其他脱碳替代方案有限的领域。2023 年 10 月，美国能源部宣布投资 70 亿美元，以项目投资的形式，在全美建设 7 个“清洁氢能中心”（见表 4-3），投资项目主要包括可再生能源制绿氢、天然气制蓝氢及核电制氢等。同时，美国根据 2022 年发布的《通胀削减法案》要求制定氢能生产减税政策，到 2023 年底已通过了按照制氢碳排放量来分级发放减免额度的条款，有关碳排放量评估的标准方法等仍未定案。

表 4-3　美国 7 个“清洁氢能中心”规划情况

中心名称	地点	投资金额（亿美元）	合作方
中大西洋氢能中心	宾夕法尼亚州、特拉华州、新泽西州	7.5	液化空气、Bloom Energy 等 15 家
中西部氢能中心	伊利诺伊州、印第安纳州、密歇根州	10	英国石油公司、液化空气、普拉格能源等 71 家
加利福尼亚氢能中心	加利福尼亚州	12	亚马逊、博世、液化空气、空气产品公司、蒂森克虏伯新纪元、普拉格能源、考克利尔竟立等 203 家
墨西哥湾沿岸氢能中心	得克萨斯州	12	埃克森美孚、雪佛龙、沃旭能源、液化空气、三菱电力等 7 家
阿巴拉契亚氢能中心	西弗吉尼亚州、俄亥俄州、宾夕法尼亚州	9.25	西弗吉尼亚州政府、EQT 等 5 家
太平洋西北氢能中心	华盛顿州、俄勒冈州、蒙大拿州	10	亚马逊、液化空气、三菱电力等 17 家
中部氢能中心	明尼苏达州、北达科他州、南达科他州	9.25	美国马拉松石油公司、北达科他大学等 4 家

资料来源：国家能源集团技术经济研究院。

美国将重卡、工业等难以电动化脱碳的领域作为氢能发展重心。美国是全球氢燃料电池汽车保有量最多的国家之一，但主要集中在燃料电池乘用车、叉车等轻型动力领域。这些领域通过电力也能达到高比例脱碳效果。2023 年 6 月，美国发布《国家清洁氢能战略和路线图》，提出清洁氢将优先用于有限工业部门（如化工、钢铁和炼油）、重卡和清洁电网的长期储能等场景。尤其在氢能重卡领域，美国正逐步增加投入。2024 年 3 月，美国宣布拨款 9000 万美元支持建设从加利福尼亚州到得克萨斯州的氢能走廊，尤其是中型和重型车辆的加氢站设施。此外，美国也开始布局工业领域。2024 年 4 月，美国能源部宣布拨款近 17 亿美元，支持 6 项清洁氢生产或应用工业项目，资金中有一半以上将用于氢基直接还原铁技术。

此外，美国继续保持对氢能新型前沿技术的投入和开发。一方面，美国能源部负责统筹美国氢能技术的发展方向及资助支持，涵盖低成本清洁氢制取、地质氢开发、车载液氢研发、燃料电池船舶研发等多种前沿技术方向。2023 年至 2024 年 6 月，美国能源部相继提出了 5900 万美元的氢能前沿技术研究与示范补助、2000 万美元的地质氢项目研究资助、1050 万美元推进中型和重型车辆氢内燃机开发资金、930 万美元的废物原料制氢技术项目资助等多项氢能技术补贴。另一方面，美国企业在氢能创新技术的产业化方面实现了较大突破，如 2023 年美国推出首款商业化无铱质子交换膜（PEM）电解槽，完成首次液氢卡车商业运行，实现“低温压缩储氢”技术的储氢容量首次提升至重卡需求级别。

3. 日本、韩国

日本、韩国聚焦能源领域，重点推进开展氢能多元应用示范项目。日本、韩国基于自身资源禀赋特点，将氢能视为未来能源转型的主要方案之一，积极布局氢能在生产、交通等多领域的实际应用示范。一方面持续挖掘氢燃料电池技术的应用场景。截至 2023 年底，韩国燃料电池累计发电装机达到 1GW，居全球首位；2024 年 4 月，日本经济产业省宣布计划投资 264.6

亿美元开发氢动力客机。另一方面大力探索氢氨利用技术，推动氢氨在发电、船舶等领域的应用。2023 年韩国宣布建设国际首套商用氨裂解制氢装置。2024 年日本政府为日本最大发电公司 JERA 拨款约 1.87 亿美元用于氨煤共燃示范项目，计划到 2029 年实现在 1GW 机组中至少掺用 50% 的氨进行发电。

日本、韩国积极推进海外制氢项目建设及国际氢能供应链布局。日本、韩国两国将进口氢能视为将来能源缺口的重要补充，并在 2023 年展开了从政府端到企业端的密集国际合作，以打通国际贸易渠道。一方面与潜在的氢能出口国进行高层对话沟通。2023 年日本、韩国两国领导人访美期间，提出共建氢氨脱碳燃料供应链。另一方面则积极布局海外制氢项目建设。2023 年日本、韩国各大企业或财团在澳大利亚、东南亚等地签订了一系列绿氢项目开发协议，如韩国三星集团在澳大利亚西部布局的 20 万吨绿氢项目、日本伊藤忠商事株式会社在南非布局的 90 万吨绿氨项目（见表 4-4）。

表 4-4　2023 年至 2024 年 6 月日本、韩国两国布局的海外氢能项目

项目地点	项目规模或采购规模	规划投运时间或采购开始时间	主导企业
荷兰	绿氢 8 万吨 / 年	2029 年	日本三菱、荷兰可再生能源公司 Eneco
印度	绿氨 40 万吨 / 年	2028 年	日本 IHI 株式会社、印度可再生能源公司 ACME
南非	绿氨 90 万吨 / 年	2029 年	日本伊藤忠商事株式会社
澳大利亚	绿氢 10 万吨 / 年	—	韩国三星化学、澳大利亚无限绿能公司（IGE）
阿曼	绿氨 120 万吨 / 年	2030 年	韩国浦项制铁、韩国三星工程、韩国电力公司等
澳大利亚	绿氢 350 万吨 / 年	—	韩国电力公司、西部绿色能源中心等
澳大利亚	绿氢 20 万吨 / 年	2027 年	韩国三星集团等
澳大利亚	绿氢 2 万 ~4 万吨 / 年	2027 年	韩国浦项制铁、法国公用事业公司 Engie

资料来源：国家能源集团技术经济研究院。

此外，日本、韩国企业积极推进国际合作与技术输出。日本、韩国在氢能技术尤其是燃料电池技术方面仍处于国际领先地位，以日本丰田、日本三菱和韩国现代、韩国斗山等企业为代表。这些企业多为综合领域跨国企业，具有较多的国际合作参与渠道及较强的品牌影响力，得以参与各国及企业团体的氢能项目计划，且以技术提供方的定位为主。如日本丰田，作为技术提供方，2023 年分别在中国、澳大利亚等国建设燃料电池生产工厂。日本丰田也是中国最大燃料电池企业亿华通的深度合作企业。日本、韩国企业通过自研或技术引进的方式拓展技术领域，以保持技术优势与输出。

4. 中东

中东各国相继提出氢能发展战略目标。中东地区一直在全球传统化石燃料领域占据主导地位，在全球能源转型的背景下，该地区正处于革命性的转变中。各国开始陆续提出低碳氢的目标，如沙特阿拉伯计划成为全球最大氢能生产国和出口国；阿拉伯联合酋长国的目标是到 2031 年低碳氢产能达到 140 万吨；而阿曼的目标是到 2030 年实现 100 万吨绿氢生产，到 2050 年达到 800 万吨。

中东各国积极规划项目，推进吉瓦级绿氢项目建设（见表 4-5）。截至 2023 年 10 月底，中东地区有超过 40 个低碳氢项目。除政策推动和财政补贴发展绿氢外，2023 年各国政府通过政企合作积极推动绿氢项目发展，如约旦能矿部与 4 家企业签署合作协议推进该国绿氢项目发展，沙特阿拉伯政府通过沙特阿拉伯公共投资基金投资新未来城（NEOM）绿氢项目等。中东地区能源企业也积极布局建设新的绿氢项目发展，如沙特阿拉伯能源公司 ACWA Power 在沙特阿拉伯西北部开展绿氢设施建设、阿曼氢能公司发布规划将开展生产能力达 15GW 的绿氢项目等。

此外，中东地区开展氢氨能源出口业务。在能源转型过渡上，绿色氢、氨能源成了中东地区国家的重要选择，政府和企业纷纷开展氨基能源出口和国际合作。出口方面，中东地区的氨基能源出口范围进一步扩大。2023 年沙特阿拉伯分别向日本、中国、欧洲输送首批低碳氨。在国际合作方面，沙特阿拉伯 ACWA Power 公司与印度尼西亚等国能源企业签署 15 万吨绿氨项目开发协议、与美国空气产品公司签署绿氨购买协议等。

表 4-5 2023 年至 2024 年 6 月中东地区吉瓦级绿氢项目情况

国家	项目名称	项目规模（GW）	产品	相关企业
沙特阿拉伯	新未来城（NEOM）绿氢项目	2.2	绿氢	空气产品公司
	韩国电力公司投资项目	2.5	绿氨	韩国电力公司
阿曼	阿曼绿氢项目（GEO）	11	绿氢	阿曼绿色能源（GEO）联合体
	H2 Oman 项目	2.1	绿氢	沙特国际电力和水务公司
	Hyport®杜库姆项目	1	绿氨	阿曼氢能公司
	Sur 氢谷项目	1.3	绿氨、绿色甲醇	科威特能源技术公司
	韩国浦项绿氨项目	2.5	绿氨	韩国浦项制铁
	杜库姆地区项目	1.2	绿氢	阿曼绿色能源（GEO）联合体
	BP 替代能源投资项目	1.7	绿氢	英国石油公司

资料来源：国家能源集团技术经济研究院。

（三）重点企业发展现状

1. 普拉格能源（Plug Power）

普拉格能源是美国专注于中轻型燃料电池及燃料电池叉车技术开发的企业。普拉格能源于 1997 年成立，1999 年在纳斯达克上市。普拉格能源通过股权许诺等方式与亚马逊、沃尔玛等客户形成了捆绑关系，成功销售了 3 万多辆燃料电池叉车，成长为国际最大的燃料电池企业之一。2023 年至 2024 年 6 月，普拉格能源在产品及市场布局上进行了大幅拓展。

在下游应用端，扩展燃料电池产品布局。2023 年，普拉格能源推出兆瓦级离网氢燃料电池充电站技术，在电网不可用或成本过高的地方为电动汽车车队供电。2024 年 5 月，普拉格能源推出首款中型燃料电池电动卡车，联合物流客户进行公路运营试点。

在上游生产端，加强氢能供应服务保障。自 2020 年开始，普拉格能源通过收购初创企业获得了质子交换膜电解槽技术，开始布局制氢领域。到 2023 年相关布局开始陆续落地。一是为下游客户提供制氢加氢解决方案，2023 年 12 月，普拉格能源为亚马逊安装的首个兆瓦级电解槽完成调试，开始为亚马逊采购的燃料电池叉车供氢。二是建设自主氢能供应中心，2024 年 1 月，普拉格能源宣布启用其位于美国佐治亚州的 40MW 绿氢及液氢生产工厂。

在市场布局上，加快全球市场拓展。2023 年至 2024 年 6 月，普拉格能源开始向欧洲、亚洲等市场开拓，尤其在制氢电解槽、氢能储运和加注领域，获得丹麦、瑞典、挪威等国百兆瓦级电解槽采购订单或协议，与欧洲加氢站设计和制造商 HRS 合作建设了 5 座以上加氢站，分布在法国、英国、荷兰、西班牙等国家。

2. 蒂森克虏伯

蒂森克虏伯是德国钢铁巨头，其子公司蒂森克虏伯新纪元是国际氯碱电解槽、碱性电解槽制造龙头企业之一。2023 年至 2024 年 6 月，蒂森克虏伯及其旗下蒂森克虏伯新纪元稳步推进绿氢业务发展。

一方面，布局国际绿氢项目市场。2023 年 7 月，蒂森克虏伯新纪元在法兰克福证券交易所上市。2023 年至 2024 年 6 月，蒂森克虏伯新纪元获得来自西班牙、巴西等全球多地的电解槽项目采购意向或订单。实际在推进交付的项目有在沙特阿拉伯建设的 2.2 GW 新未来城（NEOM）项目、巴西 Unigel 公司的 60 MW 项目以及瑞典 H2 Green Steel 公司的 700 MW 项目。截至 2024 年 9 月底，已交付沙特阿拉伯新未来城（NEOM）绿氢项目约一半的碱性电解槽订单。

另一方面，联合德国政府实施首个氢冶金项目。根据蒂森克虏伯2022年提出的“tkH2Steel”钢铁生产气候战略，其计划于杜伊斯堡的蒂森克虏伯钢铁基地建造一座年产250万吨钢铁的氢冶金基地。2023年6月，德国政府计划为蒂森克虏伯项目提供21亿美元资金。2024年3月，蒂森克虏伯启动氢气供应招标项目，拟采用可再生氢或低碳排放的化石能源制氢。

3. 壳牌

壳牌（荷兰皇家壳牌石油公司）在氢能领域的布局已有20余年。早期主要集中在氢能技术研发方面，在欧美布局有10余座适用于燃料电池乘用车的加氢站。2023年至2024年6月，壳牌的氢能布局有所转变。

一是开始推动大型绿氢项目落地。2023年10月，壳牌作出建设“荷兰氢能一号”（Holland Hydrogen I）项目的最终投资决定，该项目将建在荷兰鹿特丹港，电解槽装机200 MW，日产60 ~ 80吨氢气，于2025年投入运营。项目建成后预计将成为欧洲最大的绿氢项目，也是壳牌建设的首个万吨级绿氢项目。

二是加氢站设施布局转向商用车市场。2024年2月，壳牌在美国加利福尼亚州关闭了7座乘用车加氢站，继续运营剩余的3座商用车加氢站。同时，壳牌开始探索布局制氢加氢一体站等新模式，2024年5月，壳牌首座现场光伏制氢加氢站在阿曼开建。

三是注重新型氢能技术开发应用。制氢环节，2024年3月，壳牌与美国Bloom Energy合作开发固体氧化物制氢系统，用于其炼油厂脱碳；5月，其投资的美国初创公司Power to Hydrogen公布其首套工业规模的阴离子交换膜电解槽系统。储运环节，2023年2月，壳牌委托西班牙卡尔维拉氢能公司（Calvera Hydrogen SA）开发国际首个51.7 MPa氢气长管拖车，氢气储存能力超过1吨；2024年5月，壳牌与韩国现代签订了液氢运输船技术联合开发协议，以2030年实现商用化为目标。

二、中国氢能产业政策现状

（一）国家政策

据统计，2023 年至 2024 年 6 月，国家各部委共发布氢能相关政策 89 项，其中发布政策较多的 3 个部委为国家发展改革委、国家能源局、工业和信息化部。多部委联合发布涉氢政策成为主流，数量达到 32 项（见图 4-2）。

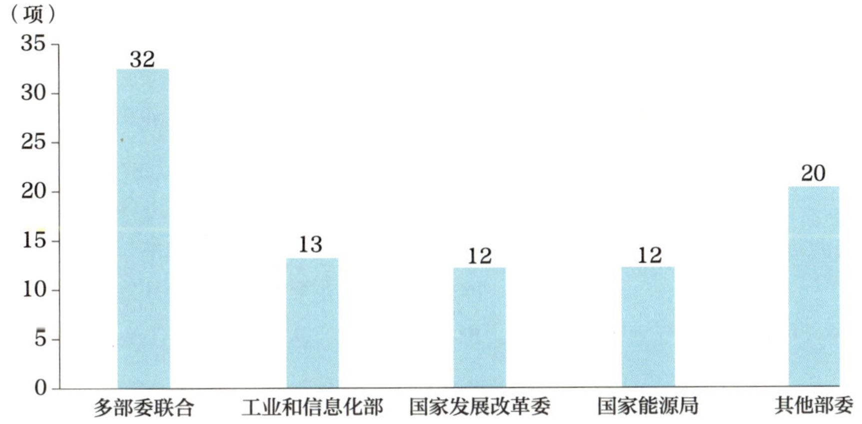

图 4-2　2023 年至 2024 年 6 月国家部委氢能相关政策发布数量

注：工业和信息化部、国家发展改革委、国家能源局等部委联合发布的政策被统计在多部委联合政策中。
资料来源：国家能源集团技术经济研究院。

值得一提的是，在 2024 年政府工作报告中，氢能一词被重点提及，这也是中央在全国年度经济发展规划方面首次明确提出要加快氢能产业的发展，意味着氢能在国家能源战略中的地位得到进一步提升。

1. 国家发展改革委

2023 年至 2024 年 6 月，国家发展改革委单独或联合其他部委共发布 29 项涉及氢能的政策，其中，与其他部委联合发布的政策共 17 项。代表性政策如表 4-6 所示。

表 4-6 国家发展改革委发布的氢能相关代表性政策

发布时间	政策名称	主要内容
2023 年 7 月	《氢能产业标准体系建设指南（2023 版）》	到 2025 年，支撑氢能制、储、输、用全链条发展的标准体系基本建立，制修订 30 项以上氢能国家标准和行业标准
2024 年 2 月	《工业和信息化部等七部门关于加快推动制造业绿色化发展的指导意见》	围绕石化化工、钢铁、交通、储能、发电等领域用氢需求，构建氢能制、储、输、用等全产业链技术装备体系，提高氢能技术经济性和产业链完备性
2024 年 5 月	《水泥行业节能降碳专项行动计划》	加大氢能、电能煅烧水泥熟料和水泥熟料新型循环悬浮煅烧等技术攻关力度。到 2030 年底，生产过程绿电、绿氢消费占比明显提升，合成氨行业绿色低碳发展取得显著成效
2024 年 5 月	《炼油行业节能降碳专项行动计划》	开展用氢精细化管理，提高氢气利用效率和配置水平。实施清洁低碳能源替代。积极推进炼油工艺流程再造与新能源耦合体系建设，稳步提高绿氢使用比例
2024 年 5 月	《钢铁行业节能降碳专项行动计划》	支持有条件的钢铁企业建设工业绿色微电网，加快风能、太阳能、生物质能、地热能、高效热泵、新型储能、氢能、工业余能等一体化开发利用
2024 年 6 月	《关于建立碳足迹管理体系的实施方案》	优先聚焦电力、煤炭、天然气、燃油、钢铁、电解铝、水泥、化肥、氢、石灰、玻璃、乙烯、合成氨、电石、甲醇、锂电池、新能源汽车、光伏和电子电器等重点产品，制定发布核算规则标准

资料来源：国家发展改革委、国家能源集团技术经济研究院。

2023 年 7 月，国家标准委、国家发展改革委等六部委联合印发《氢能产业标准体系建设指南（2023 版）》，这是国家层面首个氢能全产业链标准体系建设指南。该文件明确了近 3 年国内国际氢能标准化工作重点任务，部署了核心标准研制行动和国际标准化提升行动等“两大行动”，提出了组织实施的有关措施。

此外，国家发展改革委发布的氢能相关政策重点鼓励高碳排放行业绿色高质量发展。水泥、炼油、钢铁等行业的节能降碳政策文件中均鼓励提升氢能利用比例。同时，国家发展改革委发布政策，引导建立氢基能源的碳核算标准。如《关于建立碳足迹管理体系的实施方案》明确提出，优先聚焦氢、合成氨、甲醇等重点产品，制定发布核算规则标准。

2. 国家能源局

国家能源局单独或联合其他部委共发布 25 项涉及氢能的政策，其中，与其他部委联合发布的政策共 13 项。代表性政策如表 4-7 所示。

表 4-7 国家能源局发布的氢能相关代表性政策

发布时间	政策名称	主要内容
2023 年 1 月	《新型电力系统发展蓝皮书（征求意见稿）》	通过电转氢、电制燃料等方式与氢能等二次能源融合利用，助力构建多种能源与电能互联互通的能源体系等
2023 年 9 月	《国家能源局关于组织开展可再生能源发展试点示范的通知》	探索推进具有海上能源资源供给转换枢纽特征的海上能源岛建设，建设包括但不限于海上风电、海上光伏、海洋能、制氢（氨、甲醇）、储能等多种能源资源转换利用一体化设施
2024 年 2 月	《2024 年能源行业标准计划立项指南》	明确 2024 年能源行业标准计划立项重点专业方向包括电力、核电、煤炭、油气、新能源和可再生能源、新型储能及氢能
2024 年 2 月	《国家发展改革委 国家能源局关于加强电网调峰储能和智能化调度能力建设的指导意见》	提出解决新能源大规模并网带来的日以上时间尺度的系统调节需求，探索推动储电、储热、储冷、储氢等多类型新型储能技术协调发展和优化配置，满足能源系统多场景应用需求
2024 年 3 月	《2024 年能源工作指导意见》	编制加快推动氢能产业高质量发展的相关政策，有序推进氢能技术创新与产业发展，稳步开展氢能试点示范，重点发展可再生能源制氢，拓展氢能应用场景
2024 年 6 月	《国家能源局综合司关于公开征求 2024 年能源领域拟立项行业标准制修订计划及外文版翻译计划项目意见的通知》	国家能源局将新制定 20 项和修订 1 项氢能相关标准，涵盖测试方法、氢储能电站、氢发电、可再生能源制氢、储氢管道等各领域的技术规范、测试规范和工程规范等

资料来源：国家能源局、国家能源集团技术经济研究院。

国家能源局发布的涉氢政策有两个特点。一是重视氢能的标准建立，将氢能作为能源行业标准计划立项重点方向，同时拟新制定 20 项氢能相关标准。二是鼓励开展试点示范促进氢能与可再生能源融合发展，构建多种能源资源转换利用的体系。例如，提出通过电转氢等技术促进氢能与电力系统的融合利用；探索海上能源岛等新型能源设施的建设，以实现多能源互补和综合利用。

3. 工业和信息化部

工业和信息化部单独或联合其他部委共发布 35 项涉及氢能的政策，与其他部委联合发布的政策共 22 项。代表性政策如表 4-8 所示。

表 4-8　工业和信息化部发布的氢能相关代表性政策

发布时间	政策名称	主要内容
2023 年 1 月	《工业和信息化部等六部门关于推动能源电子产业发展的指导意见》	提出在氢储能、燃料电池领域，要加快高效制氢技术攻关，推进储氢材料、储氢容器和车载储氢系统等研发。支持制氢、储氢、燃料电池等系统集成技术开发及应用
2023 年 8 月	《工业和信息化部等七部门关于印发汽车行业稳增长工作方案（2023—2024 年）的通知》	深入推进燃料电池汽车示范，稳步提升燃料电池汽车应用规模；鼓励地方加快氢能基础设施建设，推动中远途、中重型燃料电池商用车示范应用
2023 年 10 月	《绿色航空制造业发展纲要（2023—2035 年）》	提出到 2025 年，氢能源飞机关键技术完成可行性验证，绿色航空基础设施不断夯实，形成一批标准规范和技术公共服务平台
2023 年 12 月	《关于调整减免车辆购置税新能源汽车产品技术要求的公告》	明确享受减免车辆购置税新能源汽车产品技术要求，其中对燃料电池汽车技术要求主要包括燃料电池系统的额定功率不小于 50kW，续驶里程不低于 300 千米等
2023 年 12 月	《船舶制造业绿色发展行动纲要（2024—2030 年）》	提到要积极稳妥扩大燃料电池、动力电池在船舶的应用范围，到 2025 年液化天然气、甲醇等绿色动力船舶国际市场份额超过 50%

续表

发布时间	政策名称	主要内容
2024年2月	《国家重点低碳技术征集推广实施方案》	氢能开发利用技术是重点方向之一，包括基于可再生能源的低成本（离网、可中断负荷）大规模制氢技术，分布式可再生能源制氢技术，工业副产氢高效提纯技术，经济安全高效的氢能储运技术，氢燃料电池开发及燃料电池分布式发电技术，等
2024年3月	《通用航空装备创新应用实施方案（2024—2030年）》	加快关键核心技术突破。以电动化为主攻方向，兼顾混合动力、氢动力、可持续燃料动力等技术路线，加快航空电推进技术突破和升级，开展高效储能、能量控制与管理、减排降噪等关键技术攻关

资料来源：工业和信息化部、国家能源集团技术经济研究院。

工业和信息化部发布的涉氢政策有两大重点支持方向。一是支持氢能在交通领域的推广应用，且涉及海、陆、空3个领域，如提出推动燃料电池商用车示范应用、积极稳妥扩大燃料电池在船舶的应用范围、到2025年氢能源飞机关键技术完成可行性验证等。二是支持氢能核心技术攻关，如鼓励加快高效制氢技术的研究与开发，尤其是基于可再生能源的低成本大规模制氢技术，同时鼓励对储氢装备、燃料电池、核心材料等进行研发和应用。

4. 其他

国务院、科技部等共颁布20项涉及氢能产业发展的政策。代表性政策如表4-9所示。这些政策重点围绕对氢能产业的补贴展开，包括：财政部出台政策将燃料电池汽车示范应用纳入节能减排补助资金重点支持范围，并下发补助资金；科技部发布政策围绕3个氢能技术方向，拟安排国拨经费3.4亿元；国务院关税税则委员会发布政策降低对燃料电池用气体扩散层的进口关税，间接补贴氢能产业。此外，国务院推动大规模设备更新和消费品以旧换新，发布政策引导加快高耗能高排放老旧船舶报废更新，逐步扩大绿色甲醇动力等新能源船舶应用范围。

表 4-9 国务院及其部委发布的氢能相关代表性政策

发布时间	发布单位	政策名称	主要内容
2023 年 4 月	财政部	《关于修改〈节能减排补助资金管理暂行办法〉的通知》	将新能源汽车推广应用补助资金清算、充电基础设施奖补清算、燃料电池汽车示范应用等内容纳入第三条第一款节能减排补助资金重点支持范围
2023 年 6 月	科技部	《科技部关于发布国家重点研发计划“氢能技术”等 7 个重点专项 2023 年度项目申报指南的通知》	围绕氢能绿色制取与规模转存体系、氢能安全存储与快速输配体系及氢能便捷改质与高效动力系统3个技术方向，拟启动19项任务，安排国拨经费 3.4 亿元
2023 年 12 月	国务院关税税则委员会	《国务院关税税则委员会关于 2024 年关税调整方案的公告》	2024 年 1 月 1 日起，为加快推进先进制造业创新发展，降低氯化锂、低砷萤石、燃料电池用气体扩散层等国内短缺的资源、关键设备和零部件的进口关税
2024 年 3 月	国务院	《推动大规模设备更新和消费品以旧换新行动方案》	加强电动、氢能等绿色航空装备产业化能力建设。加快高耗能高排放老旧船舶报废更新，大力支持新能源动力船舶发展，完善新能源动力船舶配套基础设施和标准规范，逐步扩大电动、液化天然气动力、生物柴油动力、绿色甲醇动力等新能源船舶应用范围
2024 年 4 月	财政部	《财政部关于提前下达 2024 年节能减排补助资金预算的通知》	第一年度燃料电池汽车示范应用奖励共 114219 万元，共覆盖 10 个省级行政区的 23 个市区。财政部指出：第一年度燃料电池汽车示范应用奖励资金不得用于支持燃料电池汽车整车生产投资项目和加氢基础设施建设
2024 年 5 月	人力资源和社会保障部	《关于对拟发布生物工程技术人员等职业信息进行公示的公告》	本次拟新增的职业中共有氢能相关职业 1 项——氢基直接还原炼铁工
2024 年 5 月	国务院	《2024—2025 年节能降碳行动方案》	推进石化化工工艺流程再造。加快推广新一代离子膜电解槽等先进工艺。大力推进可再生能源替代，鼓励可再生能源制氢技术研发应用，支持建设绿氢炼化工程，逐步降低行业煤制氢用量

资料来源：国家能源集团技术经济研究院。

（二）地方政策

据统计，2023 年至 2024 年 6 月，地方政府发布的各项政策中涉及氢能的有 202 项、氢能专项政策有 140 项。

从涉及氢能的政策发布数量来看，广东和内蒙古最多，其后是四川、浙江、山东和上海（见图 4-3）。

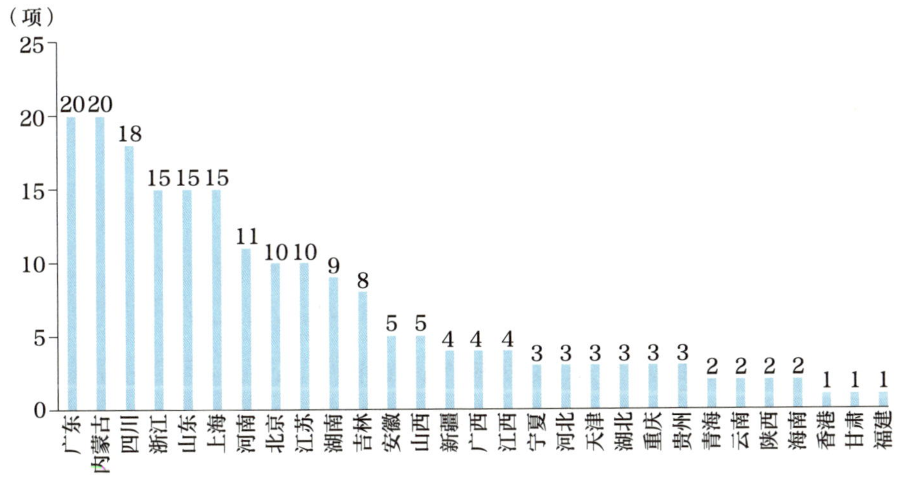

图 4-3　2023 年至 2024 年 6 月地方政府发布的涉及氢能的政策数量情况

资料来源：国家能源集团技术经济研究院。

从氢能专项政策发布的类型来说，行动方案数量最多，然后是发展规划和管理办法（见图 4-4），体现出各地政府针对氢能产业的政策调控更加精细化和系统化，通过增加行动方案和管理办法来落实具体工作和提高行业管理水平，引导和支持氢能产业链关键环节的发展，如技术研发、规模化生产以及市场应用等，而非单纯依赖传统的项目补贴形式。在行动方案和管理办法中的诸多政策措施中，如电价优惠、税收减免、研发资金支持等多元化的激励机制，实质上构成了对氢能产业特别是绿氢项目的间接补贴。

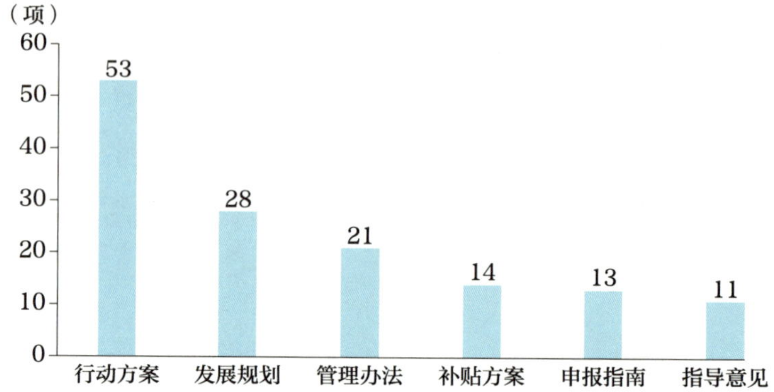

图 4-4　2023 年至 2024 年 6 月地方政府氢能专项政策发布类型情况

资料来源：国家能源集团技术经济研究院。

与此同时，地方政府开始探索让氢气的获取和使用更便捷的创新性政策，体现在以下方面。

一是优化绿氢生产和使用的限制政策。长期以来，我国将氢列为危险化学品范畴，制氢项目面临一系列的生产限制条件。2023 年 6 月印发的《河北省氢能产业安全管理办法（试行）》明确提出，化工企业的氢能生产，应取得危险化学品安全生产许可，绿氢生产不需取得危险化学品安全生产许可。这是国内首个对可再生能源制氢在危险化学品许可方面进行“松绑”的政策。该文件中也提到了允许在化工园区外建设电解水制氢（太阳能、风能等可再生能源）等绿氢生产项目和制氢加氢一体站。据不完全统计，2023 年至 2024 年 6 月，我国已有 15 个地区（包括省、区及县）发布类似政策。

二是明确加氢站等的管理流程及办法。首先，允许加氢制氢项目租赁土地建设运营。例如张家口明确规定允许加氢站以租赁土地办理审批手续，有效降低了加氢站企业初期投入成本，简化了企业土地管理和维护流程。其次，明确加氢站的主管部门。例如浙江嘉兴的氢能相关政策明确提出市住房和城乡建设局为全市加氢站建设运营的行业主管部门。

三是开展多途径氢能产业补贴示范。一方面，对绿氢销售量给予直接补贴。例如内蒙古鄂尔多斯、新疆克拉玛依等提出对当地氢气产能大于 5000

吨/年的风光制氢一体化项目主体，按实际售氢量进行1500～4000元/吨的退坡补贴；广东深圳等则采取对电解水制氢加氢一体站进行电费减免等补贴措施。另一方面，对氢燃料电池汽车通行免收高速费用。2024年，山东、四川、内蒙古鄂尔多斯等地均发布氢燃料电池汽车高速免费通行政策，将大幅降低氢能车辆的运营成本，缓解氢燃料电池汽车推广的商业化难题。

三、中国氢能产业规模现状

（一）氢气生产供应规模

1. 绿氢项目规模

2023年至2024年6月，中国公布的已建成的风光可再生能源电解水制氢项目（以下简称绿氢项目）总数量达到34个，新增绿氢产能约5.9万吨/年。截至2024年6月底，中国公布的已建成绿氢项目的总数量达到71项，绿氢总产能约达9.9万吨/年（见图4-5）。

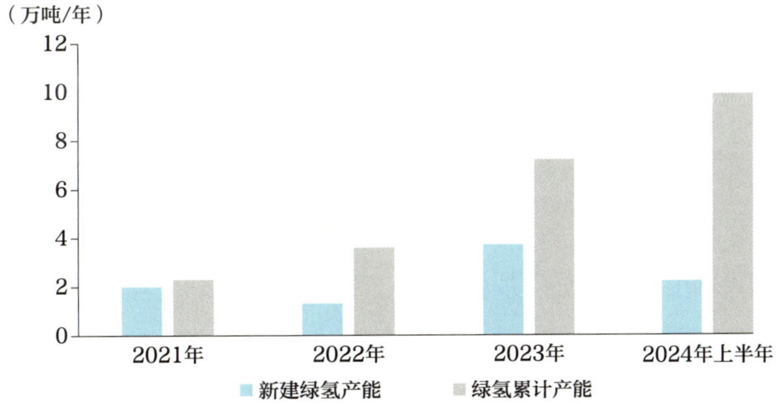

图4-5 截至2024年6月底中国绿氢项目总体产能情况

资料来源：国家能源集团技术经济研究院。

截至 2024 年 6 月底，正在建设和规划建设的绿氢项目总数量约 340 项，其中披露出产能数据的项目超过 180 项，涉及产能规模超过 550 万吨 / 年。根据项目启动情况以及各规划项目披露的进度计划来看，到 2025 年底，国内仍将有不低于 10 个万吨级绿氢项目建成，推动我国绿氢产业规模化发展。

建成的绿氢项目以千吨级产能为主。截至 2024 年 6 月底，中国公布的已建成的绿氢项目中，按数量统计，76% 产能低于 1000 吨 / 年，16% 为 1000 ~ 5000（不含）吨 / 年，8% 为 5000 吨 / 年及以上（见图 4-6）。

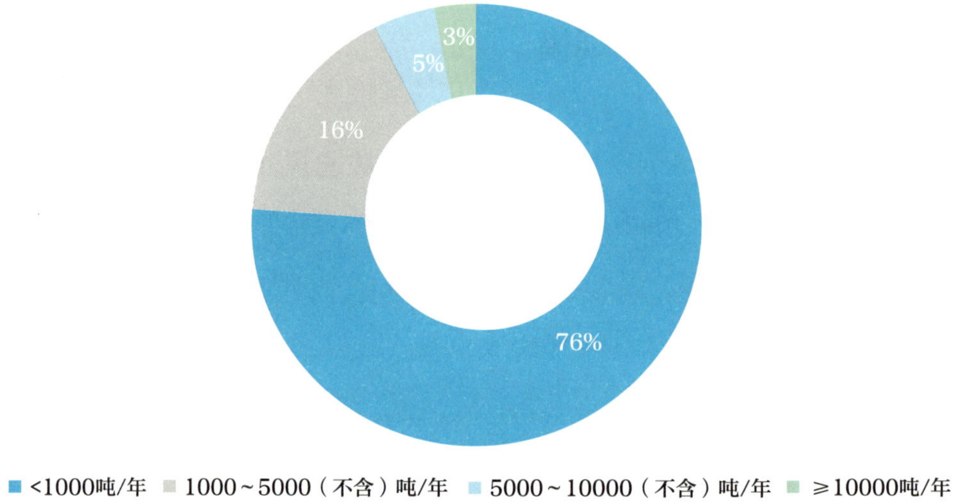

图 4-6　截至 2024 年 6 月底中国绿氢项目开展规模情况

注：各项目绿氢产能规模以各企业披露数据为准，暂未按照风光可利用小时数进行统一校准。

资料来源：国家能源集团技术经济研究院。

万吨级产能的绿氢项目加快建设。2023 年至 2024 年 6 月，国内有 2 个万吨级产能的绿氢项目建成，分别为中国石化新疆库车绿氢示范项目和三峡集团纳日松光伏制氢产业示范项目。其中，中国石化新疆库车绿氢示范项目是国际首个建成且投运的万吨级绿氢项目。截至 2024 年 6 月底，国内纳入规划的万吨级绿氢项目已超过 100 个，且已有 10 余个项目陆续动工。

截至2024年6月底，中国公布的已建成绿氢项目分布在23个省份，主要集中在西部、北部地区。项目数量排名前十的省份中，内蒙古与新疆等风光资源丰富，风电或光伏年利用小时数可达2000小时以上，其开展的项目以千吨以上绿氢产能的大中型商业项目为主，山东、浙江、河南等省份研发资源及应用场景相对丰富，所开展项目以千吨以下绿氢产能的小中型技术项目为主（见图4-7）。

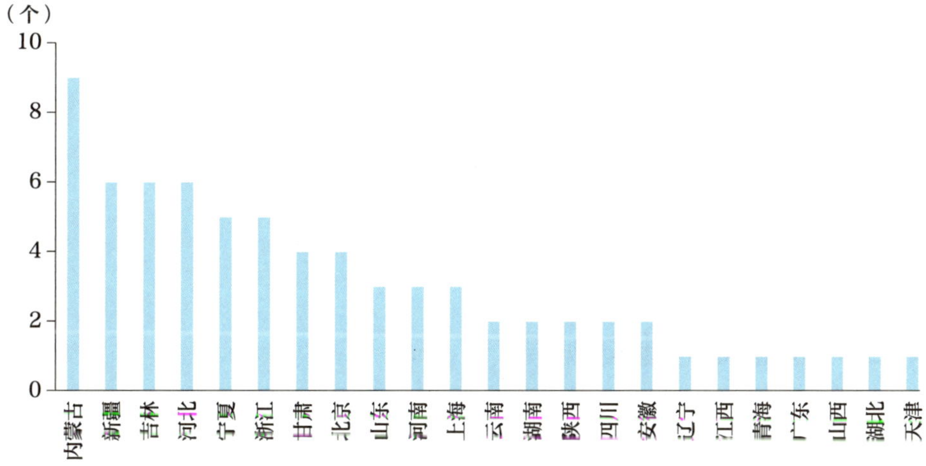

图4-7 截至2024年6月底国内部分省份已建成的绿氢项目数量情况

资料来源：国家能源集团技术经济研究院。

2. 电解槽需求规模

中国制氢电解槽年需求规模达到吉瓦级。根据招标、项目采购等资料统计，2023年国内制氢电解槽需求量1420MW，2024年上半年制氢电解槽需求量为300 MW（见图4-8）。项目需求主要来自大型绿氢项目，如大唐集团多伦15万千瓦风光制氢一体化示范项目、鄂尔多斯圣圆能源风光制氢加氢一体化项目50MW光伏及14000Nm^3/h制氢项目（二期）等。

多个较大规模的绿氢项目工程总承包招标，如中煤鄂尔多斯能源化工有限公司10万吨液态阳光项目。根据过往国内绿氢项目的工期进展经验来看，下半年仍有较多制氢电解槽订单集中发布，2024年国内制氢电解槽需求或可达到 1 ~ 2GW。

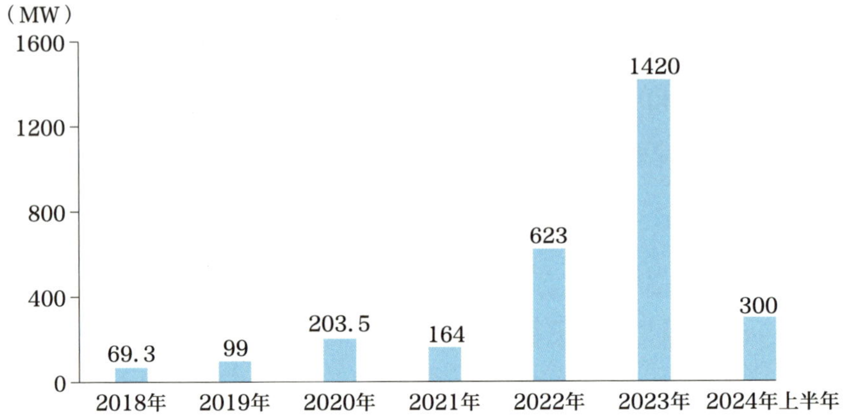

图 4-8　2018 年至 2024 年 6 月中国电解槽需求规模情况

注：对于公开招标的项目，以招标公告发布的时间节点为准。

资料来源：国家能源集团技术经济研究院。

（二）基础设施建设规模

2023 年至 2024 年 6 月，国内新建成加氢站数量为 96 座。截至 2024 年 6 月底，国内建成的加氢站达 447 座。近年来加氢站建设情况如图 4-9 所示。

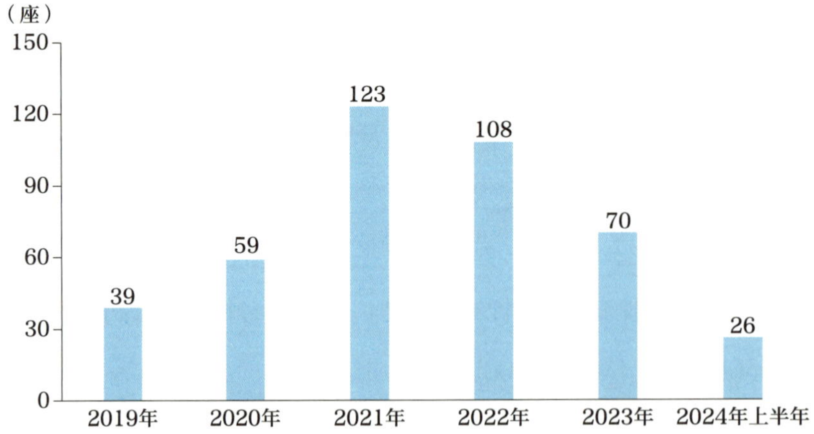

图 4-9　2019 年至 2024 年 6 月中国加氢站新建数量

资料来源：国家能源集团技术经济研究院。

加氢站的建设速度总体有所放缓，与国内氢能交通的发展阶段有关。2021 年前后，以打通示范场景为目标的中国石化为代表的企业，在高速公路、工业园区等典型场景超前布局了数百座加氢站，供氢网络雏形逐渐形成。相比之下，到 2024 年 6 月，燃料电池汽车年销量仍处于千辆水平，部分地区高纯氢供应价格高企，制约加氢站的发展。下一步，国内加氢站的建设或将更加注重与上下游的协调，侧重具有商业化潜力的场景。

（三）燃料电池汽车销售规模

根据中国汽车工业协会数据，2023 年至 2024 年 6 月，中国燃料电池汽车销量约为 8151 辆（见图 4–10）。截至 2024 年 6 月底，中国燃料电池汽车保有量达到约 2.07 万辆，相较 2023 年初增长约 65%。

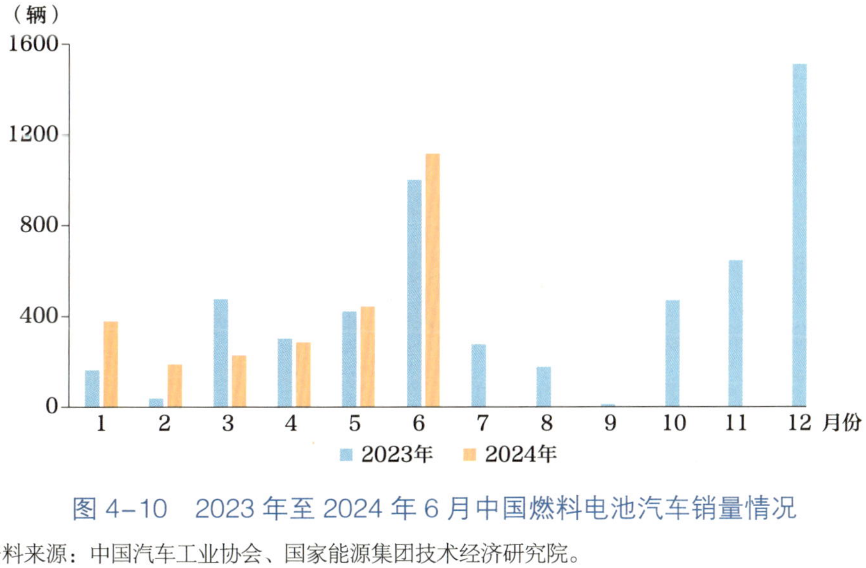

图 4–10　2023 年至 2024 年 6 月中国燃料电池汽车销量情况

资料来源：中国汽车工业协会、国家能源集团技术经济研究院。

燃料电池汽车年销量增长率有所下降。2022 年和 2023 年中国燃料电池汽车年销量增长率分别约为 112.2% 和 63.5%（见图 4–11）。2024 年上半年，中国燃料电池汽车销量同比仅增长约 9.7%。

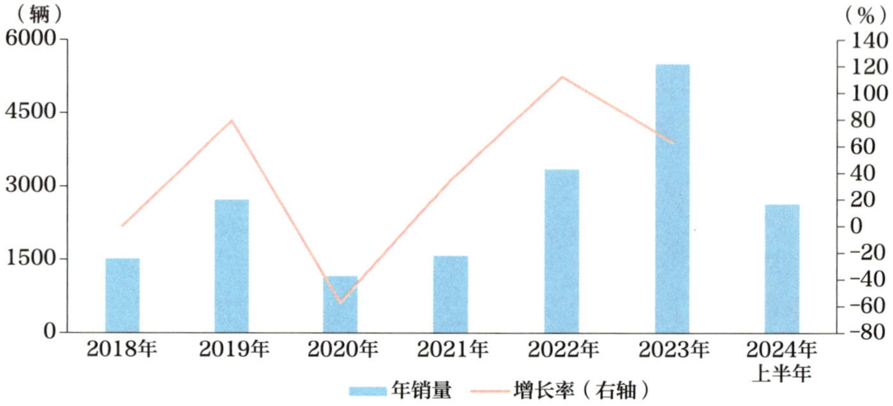

图 4-11　2018 年至 2024 年 6 月中国燃料电池汽车销量及增长情况

资料来源：中国汽车工业协会、国家能源集团技术经济研究院。

四、中国氢能产业技术发展现状

（一）氢气制备环节

1. 技术进展

2023 年至 2024 年 6 月，氢气制备环节关键技术动态共 34 项（含汇总项），具体情况见表 4-10。技术进展主要集中在碱性（ALK）电解槽及其他新型电解槽、海水制氢等电解水制氢技术方面，同时涉及天然气制氢等技术路线的创新突破。

表 4-10　2023 年至 2024 年 6 月国内氢气制备环节关键技术动态

技术路线 / 类别	产品	相关企业
碱性（ALK）电解槽	$1000Nm^3/h$ 碱性电解槽	隆基氢能、华商厦庚（厦门）、陕西华秦新能源
	$1200Nm^3/h$ 碱性电解槽	中国石油、中集氢能
	$1300Nm^3/h$ 碱性电解槽	山东汉德自动化
	$1500Nm^3/h$ 碱性电解槽	中国能建、中国中车、华光环能、奥扬绿能、华易氢元

续表

技术路线 / 类别	产品	相关企业
碱性（ALK）电解槽	2000Nm^3/h 碱性电解槽	双良集团、奥扬绿能、派瑞氢能
	3000Nm^3/h 碱性电解槽	派瑞氢能、隆基氢能
	1000Nm^3/h 常压方形槽	山东蓝昆氢能源
	3000Nm^3/h 常压方形槽	三一氢能
	4000Nm^3/h 碱性电解槽阵列	爱德曼
质子交换膜（PEM）电解槽	200Nm^3/h PEM 电解槽	氢辉能源
	250Nm^3/h PEM 电解槽	氢晨科技、重塑能源
	100Nm^3/h PEM 电解槽	亿华通
	300Nm^3/h PEM 电解槽	阳光氢能
	400Nm^3/h PEM 电解槽	国氢科技
阴离子交换膜（AEM）电解槽	5Nm^3/h AEM 电解槽	稳石氢能
	10Nm^3/h AEM 电解槽	中电绿波
	20Nm^3/h AEM 电解槽	亿纬氢能
	22 MPa 1Nm^3/h AEM 高压电解槽	无锡德林海
固体氧化物电解槽（SOEC）	首套 200kW SOEC 制氢验证装置	上海应用物理研究所
	10 kW SOEC 制氢系统样机	思伟特
	首款平管型 SOEC 系统	氢邦科技
海水制氢	全球首个海上风电海水无淡化原位直接电解制氢中试装置	东方电气与谢和平院士团队
	油气田废水无纯化直接电解制氢装置	东方电气与谢和平院士团队
	1Nm^3/h 电解海水制氢装置	中国科学院大连化物所
	海水制氢联产淡水新技术	中国科学院大连化物所
	轻度盐碱水原位电解样机	国家电投
核心零部件	PEM 制氢膜电极	枡水科技、重塑能源
	碱性制氢膜电极	重塑能源
	PEM	氢辉能源
	AEM	清能股份、亿纬氢能、嘉膜科技

续表

技术路线 / 类别	产品	相关企业
天然气制氢	首台 $5m^3/h$ 小微型天然气制氢反应器	中国海油
	首台零碳排放液态金属天然气制氢设备	四川大学
醇制氢	全球首个生物质乙醇重整制氢设备	国投生物科技
	甲醇制氢撬	阳氢集团、中集氢能

资料来源：国家能源集团技术经济研究院。

碱性电解槽向大型化、多元化发展。2023 年至 2024 年 6 月，有关碱性电解槽的关键技术动态共 9 项（含汇总项），涉及 19 家企业。其间，碱性电解槽的单槽规格不断突破，超过 10 家企业发布 1000 ~ 2000 Nm^3/h 的碱性电解槽，国内首台（套）3000 Nm^3/h 的碱性电解槽也下线并交付。同时，在碱性电解槽的结构设计上，除主流的圆形结构路线之外，方形结构也开始受到更多关注。国内至少已有两家企业下线了方形碱性电解槽，其中部分产品开始进入项目应用。

新型电解水制氢技术加速实现产业化。2023 年至 2024 年 6 月，有关质子交换膜电解槽、阴离子交换膜电解槽、固体氧化物电解槽的关键技术动态共 12 项（含汇总项），涉及 10 余家企业。质子交换膜电解槽方面，开始与燃料电池产业融合，从而推动供应链发展，至少已有 4 家头部燃料电池企业推出了质子交换膜电解槽及其零部件产品。阴离子交换膜电解槽方面，开始逐步进入产业化阶段，国内多项首台（套）产品接连推出，产品规格由 5 Nm^3/h 突破至 20 Nm^3/h，同时至少有 3 家企业推出了国产化的阴离子交换膜电解槽。固体氧化物电解槽方面，研发示范加速，有 2 项首台（套）产品或示范项目突破。

海水制氢技术在多个技术方向上取得突破。2023 年，谢和平院士团队与东方电气合作推出了全球首个海上风电海水无淡化原位直接电解制氢中试装置。2024 年，国内海水制氢技术在路径、适用场景上实现了进一步拓展，东方电气全国首个实现了油气田废水无纯化直接电解制氢，中国科学院大连化物所煤化工废水制氢联产淡水中试装置开车成功，国家电投首台（套）轻度盐碱水原位电解样机通过审查。中国海水制氢技术在海水、废水、盐碱水等场景均实现了首台（套）装备示范的突破。

核心零部件技术加快迭代。2023 年至 2024 年 6 月，中国至少有 4 项制氢装备核心零部件方面的动态，涉及制氢电极、隔膜等多种产品。同时，部分国产化的新型合金电极材料、复合隔膜开始在国内电解槽厂家内部试用，部分产品进入制氢项目应用阶段。结合厂家披露的研发进展来看，现阶段国产新型电极或隔膜仍面临性能与寿命相互制约的难点，大多数性能高的材料同时可能面临性能快速衰减的难题。

2. 企业动态及发展趋势

参与企业快速增多。截至 2024 年 6 月底，国内已有 50 余家厂商推出了制氢电解槽，尤其在碱性电解槽方面，已有数十家企业推出 1000 Nm^3/h 及以上碱性电解槽。同时，新参与者仍在不断增多。一是燃料电池企业，凭借质子交换膜电解槽与燃料电池在技术、产线方面的相似性以及积累的基础，在质子交换膜电解槽方面进行延伸布局，如燃料电池龙头企业亿华通、重塑能源等。二是央国企，部分企业有绿氢项目应用需求，部分企业具备工业装备研发、生产的基础，对碱性电解槽、质子交换膜电解槽的布局逐渐增多，如中国能建、中国石油、中国中车等。

装备产能初具规模。受全球电解槽市场持续扩张的预期驱动，中国电解槽厂家积极扩产。到 2023 年 12 月，中国电解槽产能达到约 18 吉瓦 / 年，其中碱性电解槽产能达到约 16 吉瓦 / 年，质子交换膜电解槽产能达到约 2 吉瓦 / 年。碱性电解槽产能主要分布在华东、华北地区，受发达的制造业水平与完善的供应链体系影响，如江苏、安徽等省份 2023 年均有吉瓦级电解槽制造项目建成。质子交换膜电解槽产能主要分布在华南地区，受科研院所、海外技术资源聚集等因素影响，如 2023 年中国石化、康明斯在广东省合资落地的质子交换膜电解槽生产项目。

市场集中度较高。近3年来国内获得订单量前三企业的合计市场占有率保持在70%以上。2023年中国电解槽订单量前三厂商分别为阳光电源、派瑞氢能和隆基氢能，总市场份额约为70%。2024年上半年，中国电解槽订单量前三厂商分别为明阳氢能、中车株洲所和氢器时代（上海电气旗下），3家企业总市场份额约为71%。长期来看，中国制氢电解槽未来竞争格局仍有较大不确定性，主要原因是市场需求仍然较小，且参与企业和技术模式等持续发展变化。

（二）氢气储运加环节

1. 技术进展

2023年至2024年6月，储运加环节关键技术动态共23项（含汇总项），具体情况见表4-11。技术路线朝着多元化方向发展。

表4-11 2023年至2024年6月国内氢气储运加环节关键技术动态

技术路线/类别	产品	相关企业
高压气态储氢	70MPa、IV型储氢瓶质量储氢密度突破6.1wt%	长城汽车、未势能源
	70 MPa氢用瓶阀	长城汽车、未势能源
	90 MPa加氢站隔膜压缩机	东德实业
	45 MPa液驱隔膜式压缩机	羿弓氢能
	35/70 MPa加氢站和加氢机	中天科技
	250 MPa超高压隔膜压缩机	丰电金凯威
管道输氢	国内首条掺氢输送长距离高压管道	西部天然气公司
	首次开展并完成高压力纯氢管道试验	国家管网集团
	首次开展掺氢天然气管道燃爆试验	国家管网集团
	24%掺氢天然气管道试验	中国石油
	城镇燃气掺氢管道试验	中国石油、浙能集团、深圳燃气集团、乌海凯洁燃气

续表

技术路线 / 类别	产品	相关企业
低温液态储氢	首套 1.5 吨 / 天民用工业氢液化装置	中科富海
	5 吨 / 天氢液化系统冷箱	中科富海、航天氢能
	车载液氢系统	未势能源、航天 101 所
	国产首套正仲氢转化换热器	航天氢能
	1 吨 / 天氢液化装备	中科清能
	5 吨 / 天氢液化装备	中国科学院理化技术研究所
	首个 90 MPa 级轻量化液氢汽化器	浙能集团、航天氢能
	首套 120 立方米超低温储罐	中国石油
	液氢罐车	中集集团
	高压液氢柱塞泵	东德实业
固态储氢	镁基固态储运氢车	氢枫能源
有机液体储氢	全球首套常温常压有机液体储氢加注系统	中国化学、武汉氢阳能源

资料来源：国家能源集团技术经济研究院。

高压气态储氢研发继续向高压化、大容量发展。2023 年至 2024 年 6 月，有关高压气态储氢的技术动态有 6 项（含汇总项），涉及车载储氢瓶、加氢站设备等。车载储氢瓶方面，中国 70MPa、Ⅳ型储氢瓶产品技术逐渐成熟，未势能源等多家企业的 70 MPa、Ⅳ型储氢瓶质量储氢密度突破 6.1wt% 水平，部分达到 6.8wt%。加氢站设备方面，多家企业推出 90MPa 及以上级别的压缩机、储氢罐等新型装备，以满足 70MPa 高压气态储氢场景应用需求。

管道输氢在多个场景领域实现首次示范突破。2023 年至 2024 年 6 月，有关管道输氢的技术动态有 5 项（含汇总项），涉及高压纯氢长输管道、掺氢天然气长输管道、城镇燃气掺氢管道等多个领域。高压纯氢长输管道、掺氢天然气长输管道方面，国内首条掺氢输送长距离高压管道包头—临河输气管道工程已实质性开工，国家管网集团、中国石油在各自输氢管道试验平台上，分别实现了高压力纯氢管道试验、24% 掺氢天然气管道试验等多项突破性进展。城镇燃气掺氢管道方面，浙江、深圳、内蒙古等地区成功实施了燃气掺氢示范验证项目，如浙能集团开展的全国首个城燃－氢能制储掺输分用一体化示范项目的掺氢比例最高达到 30%。

低温液态储氢国产化进程加快。2023 年至 2024 年 6 月，有关低温液态储氢的技术动态有 10 项（含汇总项），涉及氢液化、液氢储存运输、车载液氢系统等多个环节。氢液化环节，中科富海、航天氢能等陆续推出 1.5 吨 / 天、5 吨 / 天氢液化系统。液氢储存运输环节，中国石油、中集集团等相继推出了固定式低温储罐、液氢罐车等装备。车载液氢系统环节，航天 101 所、未势能源等多家企业的车载液氢系统进入中试阶段，同时液氢重卡开始路试。国产液氢技术链条正逐渐打通。

固态储氢迎来产业化节点。2023 年至 2024 年 6 月，固态储氢在氢能输运、氢储能、轻型交通等部分领域实现了较多突破性的应用。氢能输运领域，中国首台以镁合金材料为储氢介质的镁基固态储运氢车下线，固态储氢在大容量氢储运方面首次实现了应用。氢储能领域，南方电网等主持的固态储氢项目首次实现并网发电，固态储氢体积密度高、占地小的场景优势得以验证。轻型交通领域，北京、山西、云南多地实现固态储氢氢能单车批量投放，固态储氢在轻型交通领域已进入批量应用阶段。

有机液体储氢实现多项首次示范突破。2023 年至 2024 年 6 月，中国有机液氢在加氢站、建筑供热等场景出现了首批应用项目。加氢站场景，佛山、上海等地建成投运了国内首批基于有机液氢储运的加氢站；应用环节，北京基于有机液氢制氢的纯氢供热示范项目投运。从示范情况来看，部分有机液体储氢介质属于“非危化品”，在运输、建筑等应用场景具有一定优势。

2. 企业动态及发展趋势

高压气态储氢市场集中度较高。从应用领域来看，主要集中在车载储氢瓶领域。2023 年国内车载高压储氢瓶市场需求约达 5 万只，其中 35MPa 储氢瓶占比达到98%以上，70MPa储氢瓶仅有部分示范案例。从市场格局来看，2023年国内车载高压储氢瓶出货量前三的企业——中材科技（苏州）、奥扬绿能、国富氢能合计市场份额约67%。其中，除国富氢能是氢能领域企业外，另两家均为传统的高压容器企业。

Ⅳ型储氢瓶的研发和产能投入不断加大。国内已经实现35MPa的Ⅲ型瓶的规模化应用以及70MPa的Ⅲ型瓶的示范应用。受限于技术储备不足、标准不完善等，Ⅳ型车载储氢瓶尚未得到大规模推广应用。近年来，国内已有近20家企业对Ⅳ型储氢瓶展开实质性布局，包括国富氢能、科泰克、天海工业、中材科技（苏州）等传统储氢瓶企业以及中集安瑞科、奥扬科技等新入企业。

逐渐开启储氢瓶核心零部件的国产替代。储氢瓶有两大国产化率较低的核心零部件，一是缠绕层的高强度碳纤维，二是配套的储氢瓶阀门。碳纤维方面，国内如中国石化、中复神鹰等已建成批量化生产线并推出国产替代产品，关键技术指标与海外产品差距较小，部分储氢瓶厂家开始试用。储氢瓶阀门方面，国内传统阀门企业也已推出全系列的国产替代产品，但市场验证机会相对较少。

输氢管道产业链逐渐形成。目前输氢管材在金属材料方面，主要以首钢集团、宝鸡石油钢管等央国企为主，已在包头—临河输气管道工程等项目中进行应用。非金属管材路径方面，主要以传统塑料管材企业、高校研究机构等为主，国内尚无规模化应用案例。

（三）氢气交通动力应用环节

1. 技术进展

2023年至2024年6月，氢气交通动力应用环节关键技术动态共35项（含汇总项），具体情况见表4-12。技术进展主要集中在燃料电池以及汽车、发电、多元交通等应用领域。

表 4-12　2023 年至 2024 年 6 月国内氢气交通动力应用环节关键技术动态

环节	技术路线 / 类别	产品	相关单位
发动机	质子交换膜燃料电池（PEMFC）	<200kW 电堆	国创氢能、新源动力、陕西旭氢时代、亿纬锂能、安池集团、中原内配集团
		>200kW 电堆	洺源科技、清极能源、氢璞创能、重塑能源
		燃料电池系统	亿华通、华丰燃料电池、风氢扬、东风汽车、航天三菱
		高温质子交换膜燃料电池	海得利兹
		-52℃冷启动金属板电堆	新研氢能
	固体氧化物燃料电池（SOFC）	全球首款 120kW 金属支撑 SOFC	潍柴集团
		25kW SOFC 热电联供系统	华清能源
		千瓦级 SOFC 热电联供系统	中国石油石化院
	氢 / 氨内燃机	氨氢融合直喷零碳内燃机	一汽解放
		氢内燃机	吉利汽车、五菱柳机
应用	汽车	自动驾驶氢燃料电池重卡	飞驰科技、国汽智联
		醇电混动重卡	吉利控股集团
		国内首款氢内燃混动乘用车	广汽集团
		氢内燃机载货车	玉柴机器集团、东风柳汽、一汽解放
		醇氢增程动力客车	吉利控股集团
		氢燃料电池乘用车	广汽集团、海马汽车
		液氢重卡	一汽解放
		首台氨燃料电池公交车	福州大学

续表

环节	技术路线 / 类别	产品	相关单位
应用	发电	首台国产高能效重型掺氢燃气轮机	通用电气
		首台国产掺氢燃烧大 F 重型燃气轮机	上海电气
		30MW 级纯氢燃气轮机	明阳科技
		固态氢能并网发电	南方电网
		1~2MW 燃料电池发电系统	豫氢动力、鲲华科技、氢蓝时代、重塑能源、宝石电气
		100kW 燃料电池备用电源	骥翀氢能
	轨道交通	氢能源市域列车	中国中车
		“宁东号”氢动力机车	中国中车
		氢能地铁施工车	中铁武汉电气化局
	轻型动力	全球首款氢电混合动力运输机器人	天津港集团
		两轮车	台铃集团、协氢新能源、河南氢源、国氢科技、鹏飞集团
		水冷式氢能两轮车	捷氢科技、台铃集团
	工程机械	首款 45 吨氢燃料电池正面吊	广东广晟氢能
	飞机	首款四座氢内燃机飞机	杨凤田院士团队
		氢动力无人机	国家电网黑龙江电科院
	船舶	首艘商用氢能船舶	国氢科技
		首艘氢燃料电池动力示范船“三峡氢舟 1 号”	三峡集团

注：首台（套）包括国内或全球，未标注的为国内首台（套）。

资料来源：国家能源集团技术经济研究院。

燃料电池产品向大功率、高可靠性发展。2023 年至 2024 年 6 月，质子交换膜燃料电池相关的关键技术动态共 5 项（含汇总项），涉及 17 家企业。

相关创新突破主要集中在大功率或高可靠性的电堆 / 系统开发方面。一是大功率电堆 / 系统产品，面向燃料电池重卡、列车等场景应用需求，国内至少 4 家企业推出了 200 kW 功率以上的燃料电池电堆或系统，甚至推出 300 kW 燃料电池系统，达到国际领先水平。二是高可靠性电堆 / 系统产品，如亿华通 2023 年推出 180 kW 燃料电池系统。相较于日本丰田等海外龙头企业，可靠性仍是国内企业实现赶超的重点方向。

氢燃料电池汽车技术实现多元化模式创新。2023 年至 2024 年 6 月，氢燃料电池汽车相关的关键技术动态共 8 项（含汇总项）。相关创新突破主要集中在动力模块、储氢系统、新型燃料电池等方面。动力模块方面，一汽解放、广汽集团等实现了氢内燃机装车应用，推出了国内首台（套）氢内燃机重卡或乘用车；储氢系统方面，国内推出了液氢重卡等产品；新型燃料电池方面，国内推出了首台氨燃料电池公交车、甲醇燃料电池公交车。

氢能发电技术逐渐成熟。2023 年至 2024 年 6 月，氢能发电相关的关键技术动态共 6 项（含汇总项）。其中，5 家企业推出了 1 ~ 2MW 级别的燃料电池发电系统。应用场景更加丰富：一是副产氢发电应用场景开启商业化进程，2023 年中国首个商业化兆瓦级氯碱副产氢发电项目建成，另有中国石油炼厂副产氢发电等多个示范项目建成；二是储能调峰场景出现了多项首次示范，如中国首个氢电耦合直流微网示范工程在宁波慈溪投运，首个固态储氢并网发电项目在云南投运等。

多元交通应用领域逐渐拓展。2023 年至 2024 年 6 月，氢能多元交通应用（道路机动车之外）相关的关键技术动态共 11 项（含汇总项），主要向轻型与大功率两个方向延伸。轻型动力方面，燃料电池单车、叉车等市场逐渐扩大，其中燃料电池单车投放数量超过 1000 辆，叉车在物流、油田等场景实现首次交付。大功率动力方面，2023 年中国列车、船舶领域推出多款首次示范型产品，如首艘氢燃料电池动力示范船“三峡氢舟 1 号”、中国最大功率氢动力机车“宁东号”等，功率最高达 2MW 以上。

2. 企业动态及发展趋势

国内燃料电池电堆产能已达到较大规模。根据国内各燃料电池企业披露的产能信息统计，截至 2024 年 6 月底，国内已建成燃料电池系统产线的企业有 60 多家，建成产线超过 90 条，燃料电池系统总产能约达 35 万套 / 年。其中，有 6 家企业的产能超过 10000 套 / 年。

城市群外地区的燃料电池产能逐渐增多。现阶段，中国燃料电池电堆 / 系统产能主要集中在华东、华南、华北地区。尤其是五大燃料电池汽车示范城市群内，如广东、上海、山东三地的产能占全国产能的近 50%。城市群外地区燃料电池电堆 / 系统产能也开始逐渐增多。尤其是西北地区省份，开始布局引进氢能产业链，如 2023 年陕西首条氢燃料电池系统装配线投运，新疆则有多个氢燃料电池系统生产项目签约或开工。

燃料电池系统市场竞争加剧，市场集中度有所下降。2023 年，中国实现燃料电池系统出货的企业新增超过 10 家（不含子公司）。从市场份额来看，相较于上年度，2023 年出货前三位的企业合计市场占有率降到 37%；出货前十位的企业合计市场占有率由上年度的 81% 降至 74%。燃料电池系统企业出货量从高到低排序为：亿华通、捷氢科技、重塑能源、国鸿氢能、国氢科技、博世、德燃（浙江）动力、未势能源、鲲华科技。

（四）氢气工业原料应用环节

1. 技术进展

2023 年至 2024 年 6 月，绿氢制甲醇、合成氨（绿氨）、绿色航空煤油等工业领域的原料应用受到市场关注，国内相关项目规划超过 160 项，首批示范项目相继开工或建成。

绿氢制甲醇技术路径及标准逐渐明晰。2023 年至 2024 年 6 月，国内围绕绿氢耦合煤制甲醇、绿氢耦合生物质制甲醇、二氧化碳加氢制甲醇等 3 种绿氢制甲醇技术，规划布局示范项目近 50 项，验证及示范逐步推进（代表性项目情况见表4-13）。同时，国际上对于绿色甲醇燃料的相关认定标准也逐渐完善，欧盟率先提出了国际第一份适用于绿色甲醇燃料的认定标准，提出了绿氢生产、碳原料来源、全生命周期碳排放等多种判定依据。

表4-13 2023年至2024年6月国内代表性绿氢制甲醇项目

序号	技术路线	项目地点	项目名称	相关企业	投运年份	进展	年产能（万吨）
1	二氧化碳加氢（注：绿氢）	甘肃	液态太阳燃料合成示范项目	中国科学院大连化物所	2020	建成	0.1
2	二氧化碳加氢（注：副产氢）	河南	河南安阳绿色低碳甲醇项目	吉利控股集团	2023	建成	11
3	二氧化碳加氢（注：副产氢）	江苏	江苏斯尔邦二氧化碳制绿色甲醇项目	鸿盛集团	2023	建成	10
4	绿氢耦合生物质	吉林	中能建松原氢能产业园（绿色氢氨醇一体化）项目一期	中国能建	2024e	在建	2
5	绿氢耦合生物质	内蒙古	绿氢制50万吨绿色甲醇项目	金风科技	2026e	在建	50
6	绿氢耦合生物质	吉林	洮南市风电耦合生物质绿色甲醇一体化示范项目一期	上海电气	—	在建	25
7	绿氢耦合生物质	吉林	中国天楹风光储氢氨醇一体化项目一期	中国天楹	—	在建	15
8	二氧化碳加氢（注：绿氢）	内蒙古	中船集贤风储氢氨醇一体化项目	中船集团	2025e	在建	20
9	绿氢耦合煤制	内蒙古	多伦15万千瓦风光制氢一体化示范项目	大唐集团	2024e	在建	-

注：由于相关项目较多，此表仅包含了技术路线、消纳市场明确的项目。

资料来源：国家能源集团技术经济研究院。

绿氨合成工艺及技术不断探索迭代。2023年至2024年6月，国内规划布局绿氨示范项目近100项，首批绿氨示范项目陆续开工并建成。项目多基于传统的氨合成工艺建设，在原料端使用绿氢替代传统的煤制氢等非可再生氢。同时，国内针对绿氨场景提出了低温低压催化、宽负荷范围波动等技术方案，前者利用低温低压催化剂技术降低能耗；后者更新合成氨系统设计，令合成氨系统可在30% ~ 100%负荷条件下运行，理论上更加适应风光制氢的波动性。代表性项目情况见表4-14。

表4-14　2023年至2024年6月国内已建成及在建的绿氢制合成氨项目

序号	项目地点	项目名称	相关企业	项目进展	氨产能（万吨/年）
1	内蒙古	纳日松光伏制氢产业示范项目	鄂尔多斯市瀚峡新能源	建成	—
2	河南	年产360万标准立方米的电解水制氢装置	河南心连心化学工业集团	建成	—
3	内蒙古	赤峰市能源物联网零碳氢氨一体化示范项目（一期）	远景能源、赤峰市国有资本运营（集团）有限公司	首期建成	32
4	吉林	大安风光制绿氢合成氨一体化示范项目	国家电投	在建	18
5	内蒙古	国际氢能冶金化工产业示范项目	水木明拓	在建	50
6	内蒙古	鄂托克旗风光制氢一体化合成绿氨项目	深圳能源集团	在建	15
7	内蒙古	明阳多伦工业园区100MW风电制氢一体化示范项目	多伦县浩阳风力发电	在建	2
8	内蒙古	腾格里60万千瓦风光制氢一体化示范项目	内蒙古阿拉善能源	在建	10
9	吉林	中能建松原氢能产业园（绿色氢氨醇一体化）项目	中国能建	在建	22
10	甘肃	中能建兰州新区绿电制氢氨项目	中国能建	在建	0.9

续表

序号	项目地点	项目名称	相关企业	项目进展	氨产能（万吨 / 年）
11	甘肃	甘肃酒泉风光氢储及氢能综合利用一体化示范工程（一期）	中国能建	在建	2
12	甘肃	张掖绿氢合成氨一体化示范项目	中国能建	在建	1.6

资料来源：国家能源集团技术经济研究院。

绿氢制绿色航空煤油技术展开规划示范。2023 年至 2024 年 6 月，国内已有绿色航空煤油项目逐渐增多，但在使用绿氢方面仍以规划项目为主。据统计，国内新疆、黑龙江、吉林、内蒙古、河北等地已有大型项目签约规划，建设单位以央国企为主，累计规划项目 8 项。这些项目所采用的技术相对多元，部分为中试孵化技术，如国家电投开展的齐齐哈尔万吨级绿色航煤示范项目，将采用清华大学魏飞技术团队开发的二氧化碳加氢制芳烃类绿色航空煤油技术。代表性项目情况见表 4-15。

表 4-15　2023 年至 2024 年 6 月国内规划的绿氢制绿色航空煤油项目

序号	项目地点	项目名称	相关企业	项目进展	规划产能（万吨 / 年）
1	黑龙江	齐齐哈尔万吨级绿色航煤示范项目	国家电投	在建	40
2	新疆	国家电投塔城 120 万千瓦风电制氢合成绿色航空煤油项目	国家电投	规划	—
3	黑龙江	双鸭山绿色甲醇与绿色航油一体化项目	中国能建	规划	—
4	吉林	白城市可再生绿色能源一体化项目	中国能建	规划	30

续表

序号	项目地点	项目名称	相关企业	项目进展	规划产能（万吨 / 年）
5	吉林	绿色甲醇与绿色航煤一体化项目	中国能建	规划	10
6	内蒙古	通辽科左后旗绿色甲醇及绿色航煤产业园项目	中国能建	规划	10
7	内蒙古	30 万吨绿色甲醇制 10 万吨绿色航煤项目	内蒙古久泰集团、霍尼韦尔环球油品公司	规划	10
8	内蒙古	内蒙古扎鲁特旗风电制 35 万吨绿色航空煤油项目	山西国际能源集团	规划	35

资料来源：国家能源集团技术经济研究院。

2. 市场动态及发展趋势

国内绿氢工业应用项目规划规模庞大。截至 2024 年 6 月底，国内已披露的建成、在建、规划中的绿氢制甲醇项目合计产能约达 1800 万吨 / 年，约为国内甲醇产能的五分之一；已披露的建成、在建、规划中的绿氢制合成氨项目合计产能约达 1350 万吨 / 年，约为国内合成氨产能六分之一。绿氢制绿色航空煤油项目规划产能合计约达 135 万吨 / 年。

不同领域项目在产地、商业模式上存有差异。国内绿氢制甲醇、合成氨、绿色航空煤油项目主要布局在三北地区，以新疆、内蒙古、吉林等省份为代表。这些地区风光年利用小时数高，对降低绿氢综合成本具有重要作用。部分项目的分布则进一步受到碳原料来源、市场等因素影响。其中，二氧化碳加氢项目分布在内蒙古、江苏、河南等省份的化工基地，靠近二氧化碳资源地。绿氢耦合生物质制甲醇项目、绿氨等项目在东北等地区分布较多，主要因为该地区生物质资源丰富、靠近船舶绿色燃料消纳市场。

五、中国氢能企业发展现状

（一）大型国企

1. 中国石化：重点转向绿氢项目建设及相关示范项目实践

2023 年，中国石化的氢能产业仍在持续布局，重心由此前的加氢站逐渐转移到绿氢项目建设及其他相关示范项目的实践。

绿氢项目示范方面，建成首个万吨级项目，同时持续探索多类示范。2023 年 6 月，新疆库车绿氢示范项目顺利产氢，该项目制氢规模达到每年 2 万吨，是我国首个万吨级光伏绿氢示范项目。同时，中国石化还进行了小型绿氢项目示范，验证其技术可行性。2024 年 3 月，由中国石化（大连）石油化工研究院自主研发、中原油田承建的国内百千瓦级固体氧化物电解水制氢项目开工。

储运方面，规划建设我国首条跨省区、大规模、长距离的纯氢输送管道。2024 年 4 月，中国石化规划建设的内蒙古乌兰察布至京津冀地区氢气输送管道示范工程开始环评招标。该输氢管道示范工程途经内蒙古自治区、山西省、河北省、北京市和天津市等 5 个省级行政区，管道全长约 1145 千米，管道近期设计输量为 10 万吨 / 年，远期规划输量为 50 万吨 / 年。

加氢方面，已建成目前全国最大的加氢站网络。截至 2023 年底，已建成加氢站 128 座，占全国加氢站数量的 30%。其中加氢站类型也不断拓展，2023 年 2 月，我国首个甲醇制氢加氢一体站——大连盛港油气氢电服“五位一体”综合加能站投用。2023 年 12 月，我国首座商业化分布式氨制氢加氢一体站——广西南宁振兴加能站建成并成功试投用。

推进建设氢能装备制造基地。2023 年 4 月，与康明斯合资建立的康明斯恩泽（广东）氢能源科技有限公司质子交换膜电解水制氢设备生产基地投运，一期产能可达 500MW，二期产能可扩展至 1GW。2024 年 4 月，氢能装备制造基地在武汉正式揭牌，形成氢气压缩机、加氢机、顺序控制盘、站控系统等一批氢能装备产品线。2024 年 4 月，中国石化与东方电气合作开展氢能全产业链项目获批，项目主要建设氢能产业园总部、制氢基地、氢能科普中心及展示中心，预计竣工时间为 2025 年 5 月，氢燃料电池产线峰值产能为 1000 台 / 年，满产后总产值约为 8 亿元 / 年。

通过战略投资的方式挖掘战略机会。2023 年 10 月和 2024 年 7 月，中国石化资本分别领投储氢装备企业浙江蓝能和质子交换膜企业科润新材料。

2. 国家电投：重点布局制氢领域

国家电投由此前通过子公司布局推进燃料电池等产品的应用，逐步转为近两年来重点布局制氢领域。

制氢产品研发方面，探索多类制氢技术。2023 年 8 月，国氢科技 $250Nm^3/h$ 质子交换膜电解水制氢电解槽项目顺利通过成果鉴定，该电解槽零部件技术自主化率达到 80% 以上。2024 年 6 月，国家电投统筹研发的首台适应西部场景的盐碱水原位电解样机成功通过专家审查。

绿氢项目示范方面，通过“新能源 +”模式耦合绿氢、绿氨、绿甲醇、绿色航空煤油等应用，推动绿电转化产业规模化发展。2023 年 7 月，大安风光制绿氢合成氨一体化示范项目全面开工，该项目建成投运后，年产绿氢 3.2 万吨，年产绿氨 18 万吨。2023 年 12 月，国家电投齐齐哈尔百万吨级氢基绿色能源基地暨万吨级绿色航煤示范项目启动，该项目配套 16.4 万吨 / 年制氢系统，可实现年产 40 万吨绿色航空煤油和 40 万吨绿色甲醇。2024 年 3 月，国家电投通辽风光制氢融合甲醇一体化示范项目开始可行性研究报告编制并进行招标，该项目设计制氢能力 2.62 万吨 / 年。2024 年 4 月，国家电投青海省海西州德令哈市光氢储燃一体化示范项目招标，该项目规划制氢 $26000Nm^3/h$、储氢 $576000Nm^3$ 以及 1 套 38MW 纯氢燃机联合循环发电调峰机组。

继续深挖燃料电池及相关应用产品开发。2023 年 8 月，国氢科技发布了发电燃料电池和空冷燃料电池产品。同月，国家电投中央研究院牵头申报的国家重点研发计划国际合作项目甲醇重整氢燃料电池关键技术及系统正式获批。2024 年 2 月，国家电投中国重燃与辽宁材料实验室共建的氢燃机关键材料技术创新中心正式揭牌，双方将聚焦氢燃机前瞻性研发，加快氢燃机新技术体系创立和技术迭代。

3. 中国石油：持续在供氢端发力

中国石油持续发力供氢端，从制氢装备研发和氢气生产运输两个方向布局氢能产业。

制氢装备研发方面，自主研发碱性电解水制氢系统并投入运行。2023 年 8 月，具有自主知识产权的千方级碱性电解水制氢智能系统在独山子石化公司成功投入运行。2023 年 9 月，中国石油首套 1200 标方碱性水电解制氢系统在吐哈油田鄯善工业园区顺利投运，标志着中国石油首个自主研发制造的绿电制绿氢装备正式运用于生产实际。

氢气生产运输方面，已有多个氢气供应项目建成或在建。2023 年 7 月，中国石油华北石化分公司自产氢气顺利抵京，实现了中国石油自主生产氢气在北京地区的商业化运营。2023 年 8 月，中国石油首个可再生能源制氢示范项目开工。一期建设包含 3 套 1000Nm^3/h 碱性电解槽和 2 套质子交换膜电解槽的制氢站，年产绿氢 2100 吨。

此外，中国石油还积极布局氢能储运环节。在储运装备研发方面，2023 年 8 月，中国石油工程建设有限公司研发制造的国内首套 120 立方米多层绝热超低温储罐通过验收。在输氢管道建设方面，2024 年 2 月，中国石油工程建设有限公司华北分公司成功中标内蒙古西部天然气固阳—白云鄂博输气管道工程勘察设计项目，该项目具备掺氢输送功能，线路长约 125 千米，设计压力为 6.3MPa。

4. 中国能建：积极投资建设绿氢项目

中国能建持续规划投资建设绿氢项目，公司预计 2025 年末投资建设

5 万～10 万吨绿电制氢项目。

签约多个万吨级的绿色氢氨醇项目。2023 年 9 月，总投资 296 亿元的中能建松原氢能产业园（绿色氢氨醇一体化）项目正式开工建设。同时，规划建设多个绿色航空煤油项目。2023 年 11 月，中国能建签订白城市可再生绿色能源一体化项目，投资建设年产 30 万吨绿色航空煤油的生产基地，总投资约为 260 亿元。2024 年 5 月，双鸭山生物制绿色甲醇及绿色航煤一体化项目获备案，项目计划一期建设年产 10 万吨绿色航油项目，总投资约 100 亿元。

此外，绿氢项目版图已经扩展至海外。2023 年 10 月，中国能建与埃及苏伊士运河经济特区（SCZone）签署了一项价值 67.5 亿美元的协议，将在苏伊士运河经济特区工业区开发一个绿氨和绿氢项目，目标是每年生产 120 万吨绿氨和 21 万吨绿氢。

5. 东方电气：拓展氢能多元化应用场景

东方电气已掌握燃料电池关键核心技术，形成了氢能全产业链整体解决方案。东方氢能与东方锅炉是其运营氢能业务的两大主体。

东方氢能定位于燃料电池供应商和服务商。2023 年 7 月，东方氢能成功中标雅安交建集团 10 辆氢燃料电池物流整车和 1 套 500kg/12h 撬装加氢设备采购项目，实现东方氢能“车—站（加氢站）协同模式”在氢燃料电池冷藏物流领域的首次突破。2023 年 10 月，由东方氢能承建的丽江市束河古镇燃料电池热电联供科研项目成功并网发电，这是东方氢能首次在云南地区实现氢燃料电池发电应用。2023 年 11 月，东方氢能与一汽解放、攀枝花钒钛高新区管委会、航天推进技术研究院、四川省特种设备检验研究院签署合作协议，携手建设国内首个液氢应用示范区项目。

东方锅炉定位于核心装备研制及综合解决方案提供商。2023 年 8 月，东方锅炉发布国内单槽规模最大的质子交换膜电解水制氢系统、国内功率最高的 270kW 燃料电池系统、国内首套兆瓦级“制氢—储氢—发电—供热—

制冷”五联供系统等 3 款备受用户关注的产品。2023 年 11 月，东方锅炉携手岷德时代，共同建设国内首个容量功率最大的绿电制氢储氢发电商业应用项目。该项目将在都江堰建设 10 兆瓦等级的工业园区氢储能供电站，一期将先行建设每小时 3000 标方绿电电解水制氢系统、24000 标方气态储氢系统和 4 兆瓦氢燃料电池发电系统，其中氢能发电功率是目前国内最大且是首个超过兆瓦级的工程应用项目。

6. 中国船舶：全面掌握氢能应用技术

中国船舶旗下多个研究所对氢能全产业链条技术进行研发。

中国船舶第七一八研究所旗下派瑞氢能，研发出多个全球首台（套）电解水制氢装备，是集制氢、加氢于一体的氢能系统方案提供商和装备供应商，产品出口至 30 多个国家。2023 年 8 月，与澳大利亚陆续签订 3 个项目，出口瑞典 0.5MW 集装箱式制氢加氢一体站。2023 年 10 月，与马来西亚砂拉越州能源局及马来西亚国家石油公司下设氢能子公司签订关于绿氢设备的组装和供应合作意向书。

中国船舶第七一二研究所长期聚焦于燃料电池领域的应用。2023 年 8 月，膜电极生产线顺利完成改造升级和新产品生产下线。2023 年 10 月，参与研发建造的国内首艘氢燃料电池动力示范船“三峡氢舟 1 号”完成首航，标志着氢燃料电池技术在内河船舶应用实现零的突破。同月，中国船舶第七一二研究所获得中国船级社（CCS）颁发的船用固体氧化物燃料电池发电系统原理认可证书，是国内首次对船用固体氧化物燃料电池发电系统原理认可。

（二）民营企业

1. 隆基绿能：碱性电解槽行业之首

隆基绿能控股子公司隆基氢能 2023 年营业额突破亿元，成为国内碱性电解槽中标规模最大的厂商，截至 2023 年底已建成 2.5GW 产能，位居行业首位。

隆基氢能发布多款产品。2023 年 2 月，发布 ALK Hi1 系列新品，产品制氢直流电耗降至 4.0kW・h/Nm^3。2023 年 9 月，发布 4 款电解槽，其中，3000 Nm^3/h 碱性电解槽为当时国内首台单体最大碱性电解槽。2023 年 11 月，发布“绿电 + 绿氢”系统解决方案，提供包括安全可靠、低 LCOH 的绿电绿氢项目设计、全生命周期经济性测算、系统稳态仿真验证、系统暂态仿真验证、高效可靠的全链条产品供应等全生命周期服务。

隆基氢能实现海外订单突破。2023 年 7 月，与印度客户签署电解水制氢设备采购合同，这是隆基氢能首次签约海外客户。2024 年 1 月，成功中标乌兹别克斯坦塔什干绿氢项目中的电解槽项目。

此外，2024 年 6 月，隆基氢能完成 A 轮融资。高达 10 亿元的融资额以及超 100 亿元的投后估值，使得隆基氢能成为氢能行业“最强 A 轮”。

2. 阳光氢能：国内项目中标及签约市场占有率居全国第二位

阳光氢能在 2023 年的国内项目中标及签约市场占有率居全国第二位。阳光氢能专注于电解水制氢技术的研发和生产。自主研发、生产脉冲宽度调制（PWM）制氢电源、碱性电解槽、质子交换膜电解槽、分离纯化系统及智慧氢能管理系统。2023 年 11 月，阳光氢能智能制造中心开工，中心产能将增至 3GW。2024 年 2 月，300Nm^3/h 质子交换膜电解槽在日本国际智慧能源周全球首发，同时发布柔性制氢系统解决方案。

阳光氢能在 2023 年不断获得新的项目订单。中标鄂尔多斯深能北方光伏制氢项目 9 套电解槽；在全国最大合成氨项目——大安风光制绿氢合成氨一体化示范项目中，中标 12 套碱性电解槽、12 套脉冲宽度调制制氢电源；在长江电力绿电绿氢示范项目中，阳光氢能的质子交换膜电解水制氢技术为国内首艘 500kW 氢燃料电池动力船艇提供制氢加氢服务。同时，在国内率先实现碱性与质子交换膜制氢系统联合运行，在湖北大冶市矿区绿电绿氢制储加用一体化氢能矿场综合建设项目中，提供 5 套 1000 标方碱性电解水制氢设备和2套200标方质子交换膜电解水制氢设备。

此外，2023年12月，阳光氢能完成了A轮6.6亿元的融资。在阳光氢能增资扩股后，作为母公司的阳光电源的持股比例由初期的100%降至74.29%。

3. 亿华通：延长制氢产业链

2023年度亿华通实现营业收入约8.01亿元，同比增长8.48%；归属于上市公司股东的净利润-2.26亿元，同比减少35.58%。

亿华通致力于燃料电池发动机的研发与产业化。2023年5月，与日本丰田合资成立的华丰燃料电池有限公司，发布了额定功率为150kW的氢燃料电池系统——TL Power 150。2024年2月，由亿华通牵头申报的国家重点研发计划单套兆瓦级质子交换膜燃料电池热电联供系统设计与集成获得科技部正式批复。

2023年，亿华通订单数量领先。终端上牌数据显示，亿华通累计销售氢燃料电池汽车1631辆，排名第一，占比21%。装机容量方面，2023年全国装机容量753.5MW，同比增长49%；其中亿华通累计装机容量158995.6kW，排名第一，占比21.1%。

此外，亿华通开始在上游制氢领域发力，设立制氢子公司，研发电解槽与燃料电池系统。2023年6月，亿华通自主研发的质子交换膜电解槽正式下线，系统效率达80%，系统电耗低于4.4kW·h/Nm^3，且系统体积只有碱性电解水制氢系统的四分之一。

4. 美锦能源：氢能产业与煤焦化产业协同发展

美锦能源是全国最大的独立商品焦煤和炼焦煤生产商之一，正由传统能源向氢能源转型升级，氢能产业与煤焦化产业协同发展。

公司氢能板块各项业务稳步推进。制氢方面，美锦能源副产品焦炉煤气中富含氢气55%左右，是目前低成本大规模制氢的重要途径之一。在储运加方面，截至 2023 年底，公司在山西省内已建成并投入运营的加氢站合计 8 座，是山西省加氢站数量最多的氢能企业。在氢燃料电池汽车方面，根据中国汽车工业协会的数据，2023 年全国累计氢燃料电池汽车上险销量为 5791 台，美锦能源共计销售氢燃料电池汽车 1150 台。

此外，2023 年美锦能源旗下各大氢能产业园稳步推进。广东省佛山市重点项目——美锦能源佛山氢能科技园正式开园，北京市三个一百重点项目——美锦氢能总部基地项目一期封顶，贵州省重大工程——贵州美锦六枝煤焦氢综合利用示范项目一期焦炉点火烘炉，青岛西海岸新区的青岛美锦氢能科技园项目竣工并投入运营。

5. 中集集团：重点布局氢能储运加装备

中集氢能是中集集团旗下专门承接国内外氢能业务的发展平台。2023 年，中集氢能业务收入同比增长 59.0%，达到 7 亿元。

中集氢能重点布局氢能储运加装备。2023 年 7 月，中标内蒙古首个中压球罐储氢 EPC 项目，并于 10 月中旬成功交付 6 个球罐工程。2023 年 7 月，自主研制的加氢站用 90MPa/1000kg 液驱压缩机与 45MPa 隔膜压缩机成功下线。2023 年 9 月，国内首台 30MPa 缠绕气瓶管束式集装箱成功下线，并形成批量销售。同月，自行研发生产的国内首台低温无水氨运输车成功下线并实现批量交付，开创了“绿氨—绿氢”储运新模式。2023 年 11 月，新品撬装甲醇蒸气重整制氢装置在 SNEC 第六届（2023）国际氢能与燃料电池技术和装备及应用（上海）大会暨展览会上发布。2023 年 12 月，国内首台民用液氢罐车成功下线。

同时，中集氢能还参与多个氢能储运加装备的相关标准研制。2023 年 3 月，主导制定的三型瓶氢气管束集装箱团体标准发布实施。2023 年 5 月，参加起草编写的国家标准《车用压缩氢气纤维全缠绕气瓶定期检验与评定》《车用压缩氢气塑料内胆碳纤维全缠绕气瓶》正式发布。

6. 厚普清洁能源：积极开拓氢能业务

厚普清洁能源主要生产天然气加注设备，是清洁能源加注装备整体解决方案提供商。由于氢气加注设备与天然气加注设备原理类似，厚普清洁能源自 2013 年起开始布局氢能相关领域业务，是最早进入氢能领域的上市公司之一。

加氢设备是厚普清洁能源进入氢能领域的落脚点。2023 年年报中，厚普清洁能源表示已率先实现加氢撬等核心部件的国产自主可控，打破了加氢枪、氢气流量计、高压氢气拉断阀等核心零部件产品的国外垄断，极大程度地降低了加氢站综合成本。

厚普清洁能源逐渐向制氢和储氢领域延伸。在制氢领域，公司正在推进碱水制氢技术研发项目，探索质子交换膜制氢产品化，已具备高电密、大标方电解水制氢装备开发能力。2023 年 4 月，厚普清洁能源发布募资计划，拟募资不超过 2.2 亿元，用于氢能核心零部件和集成车间建设项目、碱性电解水制氢技术开发项目和补充流动资金。在储氢领域，公司布局固态储氢技术，已承接多个国家及省部级科研示范项目。2024 年 4 月，公司钒基固态储氢已有项目落地，已具备固态储氢产品设计和集成能力。

7. 佛燃能源：持续开展氢能装备技术攻关

佛燃能源深耕城市天然气业务，近年来延伸产业链条，持续开展固体氧化物燃料电池、氢能装备制造研发等科技技术攻关。

燃料电池方面，公司已组建固体氢化物燃料电池专业研发团队，并与国内知名固体氢化物燃料电池电堆头部企业及境外知名设计公司展开合作，联合开发的固体氢化物燃料电池系统样机进入关键阶段。此外，公司联合国内固体氢化物燃料电池电堆头部企业、清华大学等单位申报的国家级项目已获批，将在“十四五”期间承担合计 1 MW 的固体氢化物燃料电池热电联供系统研发及示范应用。

除燃料电池外，佛燃能源还重点攻关压缩机技术的研发创新。2023 年，公司完成压缩机交付101台。同时，自主开发的90MPa隔膜压缩机已通过第三方连续500型式试验，可解决70MPa加氢站的氢气增压问题，已在高压管网明城液化天然气站开展持续实际应用场景运行测试。

六、中国氢能产业发展趋势

经过对2023年至2024年上半年国内外氢能产业政策、市场、技术动态及进展的梳理，我们认为中国氢能产业有四大发展趋势值得重点关注。

一是国际氢能合作机会增多。2023年起，海外对航运、航空、工业等领域氢能替代应用的规划增多，其中不乏强制性法规，带动了对绿色氢、氨、醇等燃料的需求增长。同时，随着欧盟、美国等对上游制氢项目补贴的发放，绿氢项目建设加速，对制氢电解槽等氢能产品的需求将逐步释放。

二是碳市场扩容或将推动绿氢的生产及应用。2023年生态环境部发布了有关石化、化工等重点行业企业碳排放核查报告工作要求等文件，碳市场积极扩容且中国核证自愿减排量（CCER）交易即将加快重启。经核算，绿氢项目以及绿氨等氢基能源项目有望获得较高收益，收益部分弥补与传统化石能源工艺之间的成本差距，从而带动更多项目落地。

三是氢能核心技术产品的可靠性将更受关注。2023年至2024年6月，燃料电池、制氢电解槽等的国产化率快速提升，核心技术指标达到国际一流水平。然而，在实际项目运行中，相较于海外技术在可靠性及整体系统解决方案上仍有差距。随着国内燃料电池、绿氢商业化项目规划的增多，市场对燃料电池、电解槽等产品的安全性以及长时间运行下的可靠性与寿命等将更加关注。

四是国内部分区域场景或会率先实现绿氢经济可行性。受限于技术方案、工程经验、商业模式探索的刚刚起步，现阶段国内外绿氢的经济性仍具有较大不确定性。2023 年至 2024 年 6 月，国内绿氢示范项目开展数量及类型均居于国际前列，展开了风光储氢一体化、制氢加氢一体站等多种模式探索，技术数据及工程经验不断积累，配套法规也在逐渐完善，部分场景或将逐渐实现。

专题讨论之一
海水制氢技术挑战与政策建议研究

一、发展海水制氢的必要性

海上风电已成为我国重要的战略发展路线。截至2023年底，海上风电累计装机容量达3729万千瓦。江苏、广东、福建、浙江、山东、辽宁等6省并网装机已超百万千瓦。但快速发展也带来一系列挑战，特别是电力消纳和经济性问题，发展海水制氢将成为解决这些难题的重要途径。

1. 海上风电快速发展，消纳难题日益凸显

截至2023年底，已有11个沿海地区开展海上风电规划研究，其中，广东、浙江等10地明确“十四五”海上风电发展目标，新增装机规模达5472万千瓦，约是“十三五”期间新增装机的6倍。随着海上风电装机规模的日益增大，加上其他电源项目的建设，海上风电也将面临限电和弃风的严峻形势。例如，2030年前，海南电网最多能消纳600万千瓦的海上风电，但实际已核准规模达750万千瓦。此外，海南2025年底将有200万千瓦的气电投产，2026年底将投产240万千瓦昌江核电二期，基础负荷电源增加，将加重海上风电弃风限电。海水制氢可以与海上风电、输氢管道、陆上化工等结合，构建海上能源储存、输送及离网消纳网络，实现海上风电稳定消纳。

2. 海上风电走向深远海，电力传输及消纳面临挑战

根据国家发展改革委能源研究所数据，我国深远海风能资源可开发量是近海的3～4倍，部分省份海上风电规划中已有五成以上属于深远海。深远海项目面临着分散度高、电量输送成本高的问题。另外，消纳集中在沿海地区，对沿海省份电网稳定造成压力。深远海部分电量可以通过海水制氢就地消纳，同时解决电力输送成本高的问题。

3. 东部沿海地区低成本氢能匮乏，海水制氢提供解决方案

目前，我国东部地区氢气供应主要依赖工业副产氢。但石化基地供应存在分布不均、产量波动等问题，东部地区尤其是广东，出现“有站无氢”的尴尬局面。此外，东部地区氢气价格高昂，上海、广东等地炼化基地氢气出厂价高达 35 元 / 千克，制约了氢能的大规模应用。发展海水制氢有望解决东部沿海地区氢能供不应求、氢气成本高的局面。

4. 淡水紧缺将制约电解水制氢发展，海水制氢提供新的路径

我国长期处于水资源短缺状态，2010—2023 年人均水资源占有量基本为 1700 ~ 2400 立方米，仅为世界平均水平的四分之一，处在轻度缺水和中度缺水之间。电解水制氢每制取 1 吨氢气需要 9 吨淡水，因此淡水资源短缺可能在未来严重制约电解水制氢发展。海洋是地球上最大的氢矿，通过海水资源直接制氢将为氢能产业的发展提供新的路径。

二、发展海水制氢的可行性

1. 现阶段海水制氢技术处于开发阶段

海水制氢有多种技术路线，主要分为两类（见表 Z-1）。一类是海水纯化后制氢，本质上是淡水制氢，是目前最为成熟的海水制氢技术，但存在淡化设备占地问题，同时伴有一定量的浓盐水排放问题，尚未大规模推广。另一类是直接海水制氢，一直处于实验室阶段，技术难度高，需要解决电解槽内阴阳极适应苛刻复杂的海水成分条件的问题。

表 Z-1　海水制氢主要技术路线

	海水纯化后制氢	直接海水制氢
原理	先进行海水纯化，后利用淡水进行电解制氢	将海水直接通入电解槽内进行电解制氢
原理图	海水 → 海水纯化系统 → 淡水 → 制氢电解槽 碱性电解槽、质子交换膜电解槽等	海水 → 过滤杂质 → 制氢电解槽 海水制氢电解槽
关键部件	海水纯化部分：主要使用反渗透系统，利用多层反渗透膜，加压过滤海水得到淡水。 电解部分：传统电解槽	专门的海水制氢电解槽，内部阴极主要采用防海水沉淀物的电极材料，同时配有去垢液等；阳极采用防止产生氯气的电极材料，同时配备牺牲剂等
应用情况	海水纯化部分：已在海上作业平台、船舶等领域应用，淡水产能从 1 吨 / 天到 10 万吨 / 天不等。 电解部分：碱性电解槽、质子交换膜电解槽已有较多应用	海水制氢电解槽 1kW 左右小型槽最佳连续运行时间为 2000 ~ 4000 小时；最大电解槽 500kW，暂无运行时间披露。多数实验室设计的系统需要在阳极侧加入牺牲剂，实际应用场景受限

资料来源：国家能源集团技术经济研究院。

2. 近期在海水制氢技术某些环节获得突破性成果

近期，国内外在海水制氢技术上获得重大突破，主要集中在直接海水制氢上（见表 Z-2）。其中，已通过中试验证的是谢和平院士团队开发的海水无淡化原位直接电解制氢技术（见图 Z-1）。该技术设计出只能透水、不能透海水中的离子等组分的海水净化膜（类似滤膜），利用碱性电解液浓度高于海水的特性，海水中的水分会通过海水净化膜自动渗透到电解液一侧。该套系统中试可连续运行 3200 小时以上，最大规格样机产氢量为 1.2Nm^3/h，约 6kW 级别。成本方面，以海上风电价格 0.2 ~ 0.3 元 / 千瓦时计算，制氢成本为 15.89 ~ 21.49 元 / 千克，略高于国内 10 ~ 18 元 / 千克的天然气制氢成本。

表 Z-2 近期直接海水制氢技术取得突破性成果

时间	技术开发者	技术突破点
2022 年 11 月	深圳大学谢和平院士团队	使用聚四氟乙烯薄膜将碱性电解槽的高浓度氢氧化钾电解液与海水隔开，利用两者之间的浓度差，实现由海水向氢氧化钾电解液的自动渗透补水，而海水中的离子、杂质等仍留在海水中。2023 年 6 月中试验证成功
2023 年 1 月	天津大学、澳大利亚阿德莱德大学	通过在常见的催化剂表面引入硬路易斯酸材料，构建局部碱性的反应微环境，在近中性的天然海水中实现了高效稳定的电解制氢
2023 年 2 月	澳大利亚皇家墨尔本理工大学	开发出微米大小的氮掺杂的磷化镍（$NiMo_3P$）多孔片组成的催化剂。正在开发电解槽原型，预计制氢成本 2 澳元 / 千克（约合人民币 10 元 / 千克）
2023 年 4 月	美国能源部 SLAC 国家加速器实验室、斯坦福大学等	通过设计双膜系统，控制海水中离子的移动方式，确保系统在运行时不会产生氯气等有毒副产物
2023 年 6 月	中国科学院宁波材料技术与工程研究所	为工业规模化放大的高性能阴极合成提供了新的合成方法
2023 年 7 月	印度理工学院马德拉斯分校	使用碳基支撑材料代替金属作为电极，几乎消除了电极在海水中腐蚀的可能性。处于原型阶段，计划先利用工业废水进行实验
2023 年 9 月	中国科学院大连化物所	实现直接海水制氢从基础研究、关键材料研究到系统设计集成全链条研发。$1Nm^3/h$ 直接海水制氢装置连续稳定运行超 2000 小时

资料来源：国家能源集团技术经济研究院。

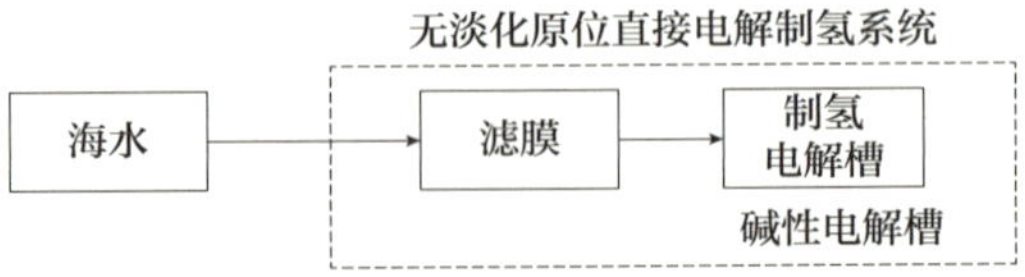

图 Z-1 海水无淡化原位直接电解制氢原理

资料来源：国家能源集团技术经济研究院。

3. 海水纯化后制氢及海水无淡化原位直接电解制氢有望在较短时间内进入工业规模化应用

从优劣势分析来看，海水纯化后制氢技术较为成熟，是现阶段海水制氢最可靠的选择之一（见表 Z-3）。海水无淡化原位直接电解制氢中试结果反映较佳。若工程化设计能进一步成熟，有望在较短时间内进入工业规模化应用。直接海水制氢系统简单、占地小，待核心材料进一步突破后有望成为将来主流技术之一。从实验室进展来看，其进入产业应用或仍需要 5 年左右，因此长期来看具有优势。

表 Z-3　典型海水制氢技术优劣势比较

技术	优势	劣势	现状	突破方向
海水纯化后制氢	利用现有技术，无额外技术要求	需额外海水纯化占地、排放浓盐水	工业规模化阶段	减少纯化占地、浓盐酸排放量、成本
直接海水制氢	可直接利用海水，系统简单，占地小	对核心材料要求高，部分系统需要额外添加剂	实验室阶段	开发新型核心材料
海水无淡化原位直接电解制氢	核心材料要求低，适用多种水源	系统复杂，低压制氢、体积较大	中试阶段	工程验证及结构优化

资料来源：国家能源集团技术经济研究院。

4. 政策相继出台助力海水制氢发展

国家层面，自 2022 年出台的《氢能产业发展中长期规划（2021—2035 年）》中提出要推进海水制氢技术研发后，2023 年发布的《关于组织开展可再生能源发展试点示范的通知》，给出海上能源岛示范的指引。地方层面，部分沿海省份（城市）相继出台更为细化的政策。上海是首个提出海水制氢目标的城市，到 2025 年，海上风电制氢年产量争取达到 1400 吨。此外，广东、福建、江苏、海南都在持续推动海上风光制氢的技术研发及示范。山东、大连、嘉兴、深圳等则根据自身海洋资源情况，探索合适的涵盖海水制氢的海上能源岛模式。这些政策将有力地促进我国海水制氢的高质量发展。

三、海水制氢场景应用分析

1. 海水纯化后制氢已在海上平台、沿海陆地等场景进行示范应用

海上平台场景方面，对空间节约的要求较高，多使用体积较小的质子交换膜电解槽。该场景在欧洲有较多布局。全球在运项目为法国 1MW Sealhyfe 海水纯化后制氢实验项目。英国首个海水纯化后制氢 Dolphyn Hydrogen 实验项目、西门子能源联合 35 家合作伙伴开展的 H_2 Mare 风电制氢项目、荷兰 1.25MW 海水纯化后制氢 PosHYdon 实验项目均在建设中，预计将于 2024 年底至 2027 年间陆续产出氢气。

沿海场景方面，空间相对充裕，对电解槽限制较少。典型的有国内大连市普兰店区海水制氢产业一体化示范项目，2023 年开工，集滩涂光伏、储能、海水纯化、电解制氢于一体，采用约 60MW 碱性电解槽。

部分项目开始探索污水处理耦合制氢方面的应用。例如 2024 年 6 月中国科学院大连化物所推出的煤化工废水制氢联产淡水中试装置，利用电解槽产生的氧气、废热辅助煤化工污水处理以及低温蒸馏淡化，得到纯净水，再进行制氢。该技术也可用于海水制氢。

国内外有实际进展的海水纯化后制氢项目情况见表 Z-4。

表 Z-4 国内外有实际进展的海水纯化后制氢项目

地点	项目	企业	场景	电解槽类型	项目规模	阶段
荷兰	PosHYdon 实验项目	英国海王星能源公司	海上废旧油气平台	质子交换膜电解槽	1.25MW	建设中
法国	Sealhyfe 实验项目	德国 Lhyfe	新建漂浮式平台	质子交换膜电解槽	1MW	运营
英国	Dolphyn Hydrogen 实验项目	英国 ERM	新建漂浮式平台	质子交换膜电解槽	10MW	建设中
德国	H_2 Mare 风电制氢项目	德国西门子能源	—	质子交换膜电解槽	5MW	建设中
比利时	HOPE 海水制氢项目	德国 Lhyfe	海上驳船改造	质子交换膜电解槽	10MW	规划
中国辽宁	普兰店区海水制氢产业一体化示范项目	大连洁净能源集团	沿海陆地	碱性电解槽	60MW	建设中
中国辽宁	煤化工废水制氢联产淡水中试装置	中国科学院大连化物所	沿海陆地	碱性电解槽	25kW	中试

资料来源：国家能源集团技术经济研究院。

2. 直接海水制氢已在海水、内陆盐碱水等条件下开展实验项目

海水方面，面向东部沿海应用，典型的有中国科学院大连化物所在 2023 年公布的 $1Nm^3/h$ 直接电解海水制氢装置，完成 2000 小时连续稳定运行；清华大学邝允团队、深圳能源集团 2023 年在妈湾电厂开建的国际最大的 500kW 海水制氢系统。

盐碱水方面，面向西部内陆应用，典型的有国家电投与天合元氢在 2024 年 6 月联合推出的轻度盐碱水原位电解样机，运行持续时间尚未披露。

我国有实际进展的直接海水制氢项目见表 Z-5。

表 Z-5　我国有实际进展的直接海水制氢项目

地点	项目	企业	场景	项目规模	运行持续时间
辽宁	$1Nm^3/h$ 直接电解海水制氢装置	中国科学院大连化物所	海水，实验室	5kW	2000 小时
深圳	500kW 海水制氢系统	清华大学邝允团队、深圳能源集团	海水，电厂	500kW	未披露
新疆	轻度盐碱水原位电解样机	国家电投、天合元氢	盐碱水，实验室	未披露	未披露

资料来源：国家能源集团技术经济研究院。

3. 海水无淡化原位直接电解制氢已在海水、气田采出水等条件下进行项目验证

海水无淡化原位直接电解制氢技术理论上对水源成分并不敏感。东方电气与谢和平院士团队联合在海水、气田两类场景进行了验证。2023 年在福建省兴化湾建设的“东福一号”漂浮式海水制氢平台，据披露所采用的 $1.2Nm^3/h$ 海水无淡化原位直接电解制氢系统成功连续运行 3200 小时；2024 年在内蒙古鄂尔多斯中国石油长庆油田进行气田采出水无纯化电解制氢实验，对 4 种成分污水进行了实验，合计 313 小时（见表 Z-6）。

表 Z-6　我国有实际进展的海水无淡化原位直接电解制氢项目

地点	项目	企业	场景	项目规模	运行持续时间
福建	“东福一号”漂浮式海水制氢平台	东方电气、谢和平院士团队	海水，海上漂浮平台	5kW	3200 小时
内蒙古	长庆油田气田采出水无纯化电解制氢实验	东方电气、谢和平院士团队	4 种气田采出水，内陆	未披露	合计 313 小时

资料来源：国家能源集团技术经济研究院。

四、当前发展海水制氢面临的挑战

1. 直接海水制氢技术成熟度等级较低

直接海水制氢技术已有至少50年的研究历史，但目前技术成熟度等级（TRL）（共分为1～9级，9级最为成熟）仍处于3级——实验验证阶段。主要存在海水成分复杂带来的技术难点，如阳极氯离子（Cl^-）氧化副反应、阴极碱土金属离子沉积等。

2. 海水无淡化原位直接电解制氢技术将面临放大设计带来的不确定性

海水无淡化原位直接电解制氢技术未来进一步放大设计需要解决以下技术问题：一是海水渗入速度等是否仍与小型样机一致，保持碱性电解液浓度稳定；二是电解槽处于待机状态时不消耗水分，碱性电解液浓度是否会下降；三是海洋生物附着在净化膜表面造成沉积后影响如何。

3. 海水纯化后制氢需要额外的设备占地，同时伴有浓盐水排放的问题

设备占地方面，年产能3000吨的绿氢项目约需配备100吨/天的海水纯化系统。该级别纯化系统需集成在40尺集装箱内，占地约30平方米。此外，常用的反渗透技术每生产1吨纯水产生1～2吨的浓盐水。而海水纯化产生的浓盐水的排放标准相对复杂，涉及多个监管部门，且各地方标准不一，目前相关的国家标准正在制订中。

4. 海水制氢集成难度大

海水制氢实际上需要整合海上风电、海上光伏发电、海上制氢、海上天然气（如利用管道输送氢气）等能源系统，集成难度大，尤其是在保障系统的可靠性和稳定性方面。由于涉及面较广、难度较大，目前国内外实验项目均由包括大学、科研机构、各环节技术供应商、油气平台商、港口等在内的多个联合体共同开展。

5. 海水制氢规模化应用少且出现项目搁置情况

目前全球海水制氢工业规模化应用项目屈指可数。其中在运项目仅有一个，规划项目已有两个宣布取消。一个是全球最大的海水制氢项目——位于英国北海的 2GW Dogger Bank 海上风电制氢项目，在考虑长距离运输将大幅提高投资成本和后期运输成本以及项目投产后绿氢在终端市场的竞争力后，于 2024 年 2 月宣布取消。另一个是瑞典大瀑布电力公司（Vattenfall）开发的英国 8MW Hydrogen Turbine 1 项目，经过两年的技术评估后，于 2024 年 3 月被终止。

6. 政策资金扶持力度不足

我国政策偏向于对技术和场景应用的支持与鼓励。国外在政策资金扶持方面力度更大。H_2 Mare 风电制氢项目从德国政府获得 1 亿欧元（约合 1.17 亿美元）补贴。Dolphyn Hydrogen 实验项目获得英国政府超过 800 万英镑（约合 1013 万美元）的资助，并得到了威尔士和苏格兰政府的支持。英国政府还向 Hydrogen Turbine 1 项目提供了 930 万英镑（约合 1160 万美元）。规划建造的比利时 HOPE 海水制氢项目，获得欧盟 2000 万欧元（约合 2333 万美元）的资助，比利时政府又额外提供了 1300 万欧元（约合 1516 万美元）。

五、建议

1. 加快海水制氢技术创新

围绕关键核心技术攻关与重大装备自主化研制，谋求以科技创新推动海水制氢产业创新，进而带动海上清洁能源、氢能、海水纯化等产业发展。在直接海水制氢实验室技术方面，主要向研发新型抗沉积、防析氯电极，或沉积处理、防氧化添加剂等方向攻关。海水无淡化原位直接电解制氢技术重点聚焦新型净化膜材料设计以及高效率、可控的新型结构设计。对于海水纯化后制氢，着重技术可靠性、稳定性以及规模化升级。

2. 加强基础设施建设

加强海水纯化系统、海水电解槽、能源供应系统、氢气收集和储存设施、废物处理设施、运输管道、研发测试设施和环境监测系统等建设。制定统一的海水制氢基础设施建设标准和规范，以确保设施的安全性、可靠性和互操作性。

3. 加大政策扶持力度

制定海水制氢专项财税激励政策，通过财政补贴和税收优惠等方式，鼓励企业投入海水制氢的技术研发，加快海水制氢示范项目的布局；同时，对现阶段缺乏经济性的海水制氢进行一定的资源配置倾斜，进一步促进新质生产力发展。

4. 强化部门协同联动

建议国家和地方的自然资源主管部门、海洋管理机构、能源局等相关部门形成协同联动，针对沿海地区实施海水制氢涉及的海洋资源利用、环境保护、项目审批和监管等，制定明确的法律、法规、制度，以及完善的功能性产业政策，建立未来海上氢气生产、运输和储存的运行规则和标准，为海水制氢提供更加健康有利的发展环境。

5. 推进产业科技创新平台的建立

通过政府穿针引线，组织可再生能源、海水纯化、制氢、海底管道、船舶化工下游应用等领域的交流合作，集聚优势资源、强化协同攻关、避免资源浪费和重复建设，共同推动建立海水制氢产业科技创新平台，共享技术成果和建设经验，缩短技术从实验室到产业化应用的时间，降低企业从零到一的创新投入成本。

专题讨论之二

钙钛矿太阳能电池技术发展分析

钙钛矿太阳能电池（Perovskite Solar Cells）（以下简称钙钛矿电池）是目前光伏电池领域最被看好的下一代电池技术，目前处于实验室研发和量产初期阶段，新技术成果不断涌现，是下一步最有可能步入商业化的新型技术之一。其主要优点是光电转换效率高和制造成本低，商业前景十分可观。

一、钙钛矿太阳能电池的定义

钙钛矿电池是指使用"有机—无机杂化金属卤化物"作为光敏层的一类薄膜太阳能电池。钙钛矿（perovskite）是指以俄国地质学家列夫·佩罗夫斯基（Lev Perovski）名字命名的一类具有 ABX_3 结构的矿物化合物（如 $CaTiO_3$），经过几十年的发展，具备化学通式 ABX_3 的物质都可被称为钙钛矿。由于这类新型电池所使用的光敏材料与钙钛矿复合氧化物（$CaTiO_3$）具有相同的晶体结构，所以被称为钙钛矿太阳能电池。

钙钛矿电池属于第三代太阳能电池。从光伏电池发展历程来看，第一代是以硅材料为基本材料的太阳能电池，是目前最成熟的主流商业电池；第二代是薄膜电池，以铜铟镓硒（CIGS）、碲化镉（CdTe）电池为代表，但制备过程复杂，难度较高，转换效率低于晶硅电池，因此市场占有率较低；第三代太阳能电池主要指具有高转换效率的一些新概念电池，如钙钛矿电池、染料敏化电池、量子点电池以及有机太阳能电池等，也称作新概念太阳能电池。

二、性能特点

钙钛矿电池技术是指使用钙钛复合氧化物晶体结构的化合物作为吸光半

导体材料的一类太阳能电池技术，具有理想的禁带宽度、极高的吸光系数、很低的电子－空穴对结合能、均衡的载流子迁移率和较长的载流子寿命等化学和电学特征。

1. 转换效率提升快

钙钛矿电池的光电转换效率提升快、潜力大。2009 年，钙钛矿电池实验室转换效率为 3.8%，相较于其他类型光伏电池，钙钛矿电池发展迅速。2009 年，日本科学家宫坂力（Tsutomu Miyasaka）首次选用有机－无机杂化的钙钛矿材料碘化铅甲胺（$CH_3NH_3PbI_3$）和溴化铅甲胺（$CH_3NH_3PbBr_3$）作为新型光敏化剂，取代染料敏化太阳能电池中的染料，制备出全球第一个具有光电转换功能的钙钛矿电池器件，并分别获得了 3.8% 和 3.1% 的转换效率。短短 10 余年内，实验室小面积器件转换效率最高达 33.9%，效率提升速度惊人。单结钙钛矿电池理论转换效率可达 33%，两结钙钛矿电池理论转换效率可达 40% 以上，未来转换效率提升还有很大潜力。

2. 化学结构稳定、成本低

广义的钙钛矿是指具有 ABX_3 结构的化合物，A 位通常是有机或无机阳离子，B 位是金属阳离子，X 位则是卤族阴离子，共同构成有机无机杂化钙钛矿，且 A、B、X 离子分别可选择一种或多种配方体系。A 离子一般可选择甲胺（CH_3NH^{3+}，即 MA^+）、甲脒（NH_2-HC=NH^{2+}，即 FA^+）和铯离子（Cs^+）等一价阳离子。B 可选择亚铅离子（Pb^{2+}）、亚锡离子（Sn^{2+}）和亚锗离子（Ge^{2+}）等二价阳离子，X 可选择碘离子（I^-）、溴离子（Br^-）和氯离子（Cl^-）等卤族阴离子。ABX_3 钙钛矿一般为立方体或八面体结构。在钙钛矿晶体中，A 离子位于立方晶胞的中心，被 6 个 X 离子包围成八面体，配位数为 6。B 离子位于立方晶胞的角顶，被 12 个 X 离子包围成配位八面体，配位数为 12。且由于金属卤化物钙钛矿所需的碳、氮、氢、铅、碘是自然界常见元素，均非稀有金属等高价材料，因此钙钛矿电池原材料廉价易得。

由于钙钛矿材料来源丰富、原材料成本低，且钙钛矿材料配方可调，因此比例选择空间大，制备工艺相对简单。相比于硅基太阳能电池必须使用99.9999%高纯硅，钙钛矿材料纯度要求90%以上即可，可以通过溶液涂布工艺生产，生产工艺流程温度不超过150℃，而晶硅材料的铸锭和拉晶都需要1500℃以上高温，生产能耗差距显著。因此，钙钛矿电池相较晶硅电池生产成本显著降低。

3. 带隙可调整，适合用作叠层电池顶层

由于ABX_3是一种人工设计的材料，因此钙钛矿电池可以通过改变替换ABX_3结构中的部分离子配方，从而调控钙钛矿材料的带隙，使其更接近单结太阳能电池的理想值（33%）。带隙调节直接影响钙钛矿电池的性能，如光电转换效率、开路电压、填充因子等，钙钛矿电池的带隙通常为1.2 ~ 3eV。一般来说，对于较小的带隙材料（如$CH_3NH_3PbI_3$），可以通过引入杂质离子（如Cl^-、Br^-等）来调节带隙；对于较大的带隙材料（如$CsPbBr_3$），可以通过热处理来实现带隙调节。通常情况下，带隙较小的钙钛矿电池（如$CH_3NH_3PbI_3$）具有较高的光电转换效率，但开路电压较低；带隙较大的钙钛矿电池（如$CsPbBr_3$）则具有较高的开路电压，但光电转换效率较低。同时，带隙可调也使得钙钛矿电池适合作为叠层电池的顶层，与底层电池吸收不同波段的光谱。

叠层电池对太阳光光谱的响应范围更宽，对光能的吸收效率更高，因此具有更高的转换效率，两结和三结电池理论转换效率分别达到46%和50%。最常用的纯碘的钙钛矿材料（见图Z-2），带隙约为1.55eV，对应的吸收带边为800nm，可吸收整个可见光谱内的光子，且吸收系数高。而传统硅晶电池由于硅的带隙为1.12eV，因此单晶硅电池理论转换效率上限为29.4%，远低于钙钛矿电池理论值。

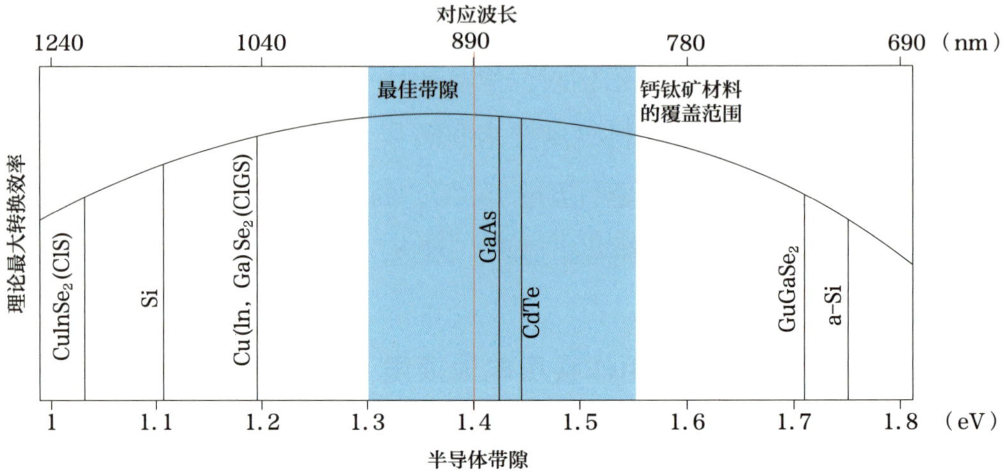

图 Z-2 钙钛矿材料带隙可调节范围示意

资料来源：索比光伏网，财信证券。

4. 尺寸小、寿命短是劣势

钙钛矿电池的劣势也不容忽视。首先是尺寸小。转换效率较高的钙钛矿电池的尺寸均为实验室级别，尚未达到商业化尺寸，随着电池尺寸的增加，目前很难产生薄且均匀的钙钛矿层，其光电转换效率会随之下降。其次是稳定性差导致寿命短。钙钛矿电池对潮湿环境敏感，暴露在潮湿空气中会很快分解，就连水蒸气也可能对它造成伤害，因此对防水封装的要求严苛，此外也易受氧气、光辐照、紫外线等影响。

三、主要技术路线和技术进展

目前，钙钛矿电池主要的技术路线包括钙钛矿单结电池、钙钛矿－晶硅叠层电池、钙钛矿－铜铟镓硒叠层电池和全钙钛矿叠层电池。

1. 钙钛矿单结电池

钙钛矿单结电池是所有钙钛矿电池产品形态的基础，技术难度相对更低，由导电基底、电子传输层、钙钛矿吸光层、空穴传输层和背电极 5 部分组成，其稳定性主要受前驱体溶液的稳定性、钙钛矿器件的其他功能层材料（传输层材料和电极材料）等影响。理论转换效率可达 33%，实验室最高认证效率目前为 26.1%，技术发展时间长，工艺及材料体系相对更成熟。但仍存在较多问题和挑战，如器件的迟滞效应、铅毒性、离子迁移现象、大面积薄膜的均匀性以及器件稳定性等。其中，器件稳定性是衡量太阳能电池能否长期运行的一个重要指标，也是目前产业化过程中最需要解决的问题。

2. 钙钛矿 - 晶硅叠层电池

钙钛矿 - 晶硅叠层电池是几种技术路线中发展最快、业内参与主体最多、较为成熟、转换效率最高的一类电池，具有制备工艺更简单、成本低的优势，理论极限转换效率有望达到 43% 以上。钙钛矿 - 晶硅叠层电池包括钙钛矿 - 异质结（HJT）电池、钙钛矿 -TOPCon 电池、钙钛矿 钝化发射极和背面（PERC）电池（由于 PERC 电池效率明显低于前两个，此类电池研发并不活跃）。目前，钙钛矿 - 晶硅叠层电池制造的主要难点是在异质结表面的绒面金字塔结构上沉积薄膜（通常在平整导电玻璃上）。近期，钙钛矿 - 晶硅叠层电池的最高认证效率纪录不断刷新，产业化进程加速。

钙钛矿叠层异质结：当前钙钛矿 - 异质结（HJT）电池在产业化中得到最多实践，能吸收高能量的紫外线和蓝绿可见光。而异质结电池可吸收钙钛矿材料无法吸收的红外光。异质结电池理论转换效率略高于 TOPCon 电池，且低温制造、具有透明导电氧化物（TCO）层，可与钙钛矿叠层完美适配，改造难度小，同时异质结电池本身为对称结构，可以兼容正式和反式钙钛矿电池。因此钙钛矿 - 异质结电池是目前两结太阳能电池领域中被产业界最为看好的。

钙钛矿叠层 TOPCon：TOPCon 正面的氮化硅与氧化铝不导电，且无 TCO 层，需要进行结构改造，加入中间复合叠层，工艺复杂程度较高。但 TOPCon 产业化成熟度高，技术成熟，产线投建及制造成本低，在性质上具备优秀的高温稳定性，能为顶层结构提供更多选择。从产业化角度来看，由于当下异质结电池投建及制造成本较高，TOPCon 现有产能很大，因此许多企业基于现有产能，更倾向于发展 TOPCon 叠层的钙钛矿电池。

3. 钙钛矿 – 铜铟镓硒叠层电池

铜铟镓硒是传统商业薄膜太阳能电池技术之一，由于其可调的带隙宽度，与钙钛矿电池带隙匹配，可以实现高转换效率的钙钛矿 - 铜铟镓硒叠层电池。面临的最重要的挑战之一是在粗糙的铜铟镓硒电池表面生长钙钛矿薄膜，或者通过增加表面后处理工艺、优化铜铟镓硒吸收层的沉积工艺来改善表面粗糙度。近期，有研究对钙钛矿吸收层联合使用体相掺杂及表面处理，使得表面缺陷浓度降低，实现完美的顶、底电池光电流的匹配。

4. 全钙钛矿叠层电池

全钙钛矿叠层电池是指钙钛矿堆叠钙钛矿的叠层电池，也可称为钙钛矿串联电池，其实验室最高转换效率仍然低于钙钛矿 - 晶硅叠层电池技术。当前材料稳定性差及吸光质量不佳阻碍全钙钛矿叠层电池发展。近期，一些研究通过添加剂优化电子传输层和空穴传输层，提高界面钝化能力和电荷传输能力。

四、生产环节和制备设备

钙钛矿电池生产流程简单，包括镀膜、涂布、激光、封装 4 个环节。根据协鑫光电 100MW 产线情况，具体生产流程为：输入 FTO 玻璃并用 PVD/CVD 设备镀阳极缓冲层→激光 P1 刻蚀→钙钛矿涂布结晶→ PVD 第二道设备镀阴极缓冲层→激光 P2 刻蚀→ PVD 再镀背电极→激光 P3 刻蚀→进行激光 P4 刻画→封装。从制备流程上看，仅需镀膜、涂布、激光、封装 4 类设备即可覆盖钙钛矿生产的所有环节（见图 Z-3）。

图 Z-3　钙钛矿电池生产流程及所需设备

资料来源：德沪涂膜、协鑫光电、财信证券。

五、研发和商业化进展

1. 研发进展

在电池的研发方面，根据美国国家可再生能源实验室发布的光伏电池效率纪录，钙钛矿电池转换效率不断提高。由隆基绿能研发的钙钛矿 - 晶硅叠层电池的效率于 2024 年 4 月创造了世界纪录，达到 34.6%①。由南京大学研发的全钙钛矿叠层电池于 2024 年 6 月最高效率达到 30.1%②。由中国科学技术大学研发的钙钛矿单结电池于 2024 年 4 月最高效率达到 26.7%③。

2020—2024 年，钙钛矿 - 晶硅叠层电池的研发最为活跃，9 次刷新纪录。钙钛矿单结电池刷新 7 次，全钙钛矿叠层电池刷新 6 次，钙钛矿 - 铜铟镓硒叠层电池和钙钛矿 - 有机电池研发 2022 年以后没有进展。

2. 国内商业化进展

组件商业化方面，大尺寸商用钙钛矿组件效率跨过 18% 门槛。经全球权威检测机构 TÜV 南德测试，极电光能 1.2 米 ×0.6 米商用尺寸钙钛矿组件全面积效率达到 18.2%，对应的最大功率达 131.07 瓦，孔径面积（AP 面积）效率高达 19.55%。经中国计量科学研究院认证，协鑫光电 1 米 ×2 米尺寸钙钛矿单结组件光电转换效率达到 18.04%，功率达到 360.7 瓦，279 毫米 ×370 毫米叠层组件转换效率达到 26.17%。经日本电气安全和环境技术实验室第三方认证，南京大学谭海仁教授课题组研制的大面积全钙钛矿光伏组件稳态光电转换效率达 24.5%，叠层组件面积达 20.25 平方厘米，为后续产业化发展打下技术基础。

国内多家企业积极开展钙钛矿电池产业化技术开发，如纤纳光电、极电

① 认证机构为欧洲太阳能测试联合研究中心（JRC-ESTI）。

② 认证机构为日本电气安全和环境技术实验室（JET）。

③ 认证机构为中国国家光伏产业计量测试中心。

光能、协鑫光电、仁烁光能等；同时，以三峡集团、华能集团等为代表的能源电力集团均已布局钙钛矿光伏产业。商业化成功的第一步就是扩大生产规模，建设吉瓦级钙钛矿生产线（见表 Z-7）。极电光能、协鑫光电、纤纳光电都公开表示正在建设全球首条吉瓦级钙钛矿生产线。

表 Z-7 3 家公司吉瓦级钙钛矿生产线建设情况

公司	开工时间	预计建成时间
极电光能	2023 年 4 月 2 日	2025 年
纤纳光电	2023 年下半年	2025 年下半年
协鑫光电	2023 年 12 月 27 日	2025 年左右

资料来源：3 家公司公开新闻报道。

与市场上的晶硅产品相比，只有实现大面积高效钙钛矿产品的量产才能具备竞争力。极电光能公布产品尺寸为 2.3 米 ×1.215 米，协鑫光电公布产品尺寸为 2.4 米 ×1.2 米，纤纳光电无相关报道。但是，3 家公司吉瓦级钙钛矿生产线的建设进度均不及预期，钙钛矿组件的商业化仍然道阻且长。

六、商业化难点

无论采用哪一种技术路线，在实验中钙钛矿电池研发都有长足进步，但是就商业化而言，钙钛矿电池目前主要面临稳定性较差和大面积制备不理想两个难点。

1. 稳定性较差

目前，钙钛矿电池已完成了 1 万小时的持续光照实验，按照全天平均日照时长 4 小时计算，钙钛矿电池理论寿命约为 6.8 年，考虑到实际日照时间以及日常损耗，目前，钙钛矿电池正常寿命应小于6.8年，相比于晶硅电池的理论寿命25 ～ 30年有很大差距。

钙钛矿电池的稳定性可从两个层面理解，一是材料本身的稳定性，钙钛矿材料是离子键结构，与晶硅材料的共价键相比，钙钛矿材料更易发生分解与离子迁移，带来材料的不稳定性。这种不稳定一般可以通过调整材料配方、优化电池结构设计来解决，比如掺杂其他离子使得晶格稳定，或设计特殊钝化层减少离子迁移。二是环境稳定性，钙钛矿电池对于环境中的水、氧等外界因素敏感，从而影响稳定性，这种不稳定一般可以通过封装技术解决，目前主流技术路线是利用防水胶进行双玻封装。

IEC61215是地面用光伏组件设计鉴定和定型测试标准，对于晶硅电池和无机薄膜太阳能电池而言，通过这项测试意味着电池拥有了20年寿命。目前一些企业的钙钛矿电池组件测试已通过IEC61215认证，说明已经拥有非常好的稳定性。但钙钛矿电池作为一项新技术，是否存在特殊的失效机制还需要更多研究。由于现有失效机制在室内测试条件下模拟实际环境仍有局限，未来需要2 ～ 3年把更多组件安装在不同气候环境条件下进行实证测试。

钙钛矿层寿命影响电池效率。钙钛矿－晶硅叠层电池的堆叠方式有两端结构和四端结构。两端叠层电池结构是在晶硅电池上直接生长钙钛矿薄膜，中间通过复合层或隧道结将两个子电池串联起来，仅需要一个透明电极，有利于减少寄生吸收，降低成本。机械堆叠的四端叠层电池的两个子电池独立制作，仅在光学上存在联系，电路相互独立，正负极总计有4个。从工艺难度来看，四端叠层电池更容易实现。但是四端叠层电池系统设计复杂，还需要增加线缆成本、人力成本等系统成本，两套系统的电流电压也会不同。对比之下，两端叠层电池将是未来研发方向。一般来讲，钙钛矿－晶硅叠层电池中，钙钛矿电池发挥的效率约为总效率的三分之二，晶硅电池只有约三分之一，如果10年或15年以后钙钛矿电池效率衰减严重，将严重影响叠层电池的功能，因此寿命、稳定性是钙钛矿电池商业化必须解决的关键点。

2. 大面积制备效果不理想

钙钛矿电池大面积应用导致效率衰减，即在实验室面积的基础上，扩大电池面积以后转换效率降低。目前高效率钙钛矿电池主要为实验室小尺寸，单晶硅电池 27.1% 的转换效率①是在 243.04 平方厘米的面积上实现的，钙钛矿电池若要在商业市场上争得一席之地，就需要往晶硅的市场表现上靠拢。钙钛矿电池实验室效率大多是在 1 平方厘米及以下的小面积上实现，随着面积增大，电池效率显著下降。

造成大面积电池效率损失严重的主要原因有两点。一是钙钛矿薄膜的大面积制备工艺不成熟，面积放大难度较大，易出现薄膜层不够均匀等问题，导致成膜质量不好。因此如何在大面积基板上制备均匀、无孔洞的钙钛矿薄膜是未来技术攻关的重点方向。二是大面积薄膜组件进行激光划线后易产生电阻损耗，并产生死区。

从工艺角度看，在钙钛矿电池的生产中，镀膜、激光刻蚀、封装是三大核心工艺环节。其中最核心的是钙钛矿薄膜的大面积制备。钙钛矿薄膜在大面积制备时，均匀度、致密度是技术挑战，这需要设备、工艺、材料配合。材料上，目前主流的钙钛矿材料体系是甲脒铅碘体系，叠层电池需要调节带隙，视需要添加铯、锡、溴、氯等元素。制备方法主要有干法和湿法两类。

（1）干法使用真空蒸镀设备，在高真空环境下，通过蒸发源加热，钙钛矿层需要的有机、无机材料升华沉积在基片表面，形成薄膜。由于真空腔体里的环境一致，因此沉积薄膜的均匀度以及各批次之间的一致性相对容易控制。这种工艺从面板行业借鉴而来，工艺可控性高，缺点是速度慢、工序烦琐，为了达到同样的生产效率，设备投资相对较大，需要增加设备成本。

（2）湿法是低成本的溶液法，将钙钛矿层所需的有机、无机材料配制成前驱体溶液，通过狭缝涂布技术成膜、结晶。溶液法操作简单、成膜速度

---

① 认证机构为德国弗劳恩霍夫太阳能系统研究所（Fraunhofer ISE），2023 年 11 月。

快，成膜和结晶的一致性高低决定了发电效能，最后还需要对有机溶剂进行回收和环保处理，增加后端辅助设备投资。涂布设备虽然相对于干法时蒸发设备更便宜，但涂布的工艺控制过程相对复杂，大尺寸上实现物理变化诱导的成核 / 结晶高度化学一致性比较难，还需要对预结晶和结晶的过程进一步研究。

先进的封装技术可以增加稳定性，延长电池寿命。 封装技术包括间隙封装、无间隙封装和多层封装 3 类。间隙封装采用覆盖层（如玻璃、聚合物板）并且边缘密封，以避免氧气和水分从侧面渗透，还可以在盖玻片下方放置干燥剂，以吸收可能渗透到封装装置中的水蒸气，进而减少钙钛矿水解的发生，但少量干燥剂的效果相对有限。无间隙封装使用封装胶，封装胶始终粘在光伏器件上，光伏器件与封装材料之间没有间隙，抑制钙钛矿组件上化学成分的挥发。单层封装的制造工艺简单，后期集成起来简单，因此从商业化角度来看是备受关注的，是目前可选择的降本渠道之一。多层封装是无间隙封装的衍生，结构基于堆叠多个无机或有机层，使每一层补充和增强整体结构的性能。有机层始终具有良好的加工性，并显示出良好的厚度均匀性。无机层具有良好的阻隔性能和良好的运行稳定性。最后，采用紫外线固化黏合剂（UVCA）和石蜡作为密封剂，玻璃作为盖子。由于封装剂与钙钛矿电池在无间隙封装中直接接触，因此应考虑拉伸应力以避免分层，防止水分和氧气从裂缝进入。

七、专利分析

1. 总体情况

钙钛矿电池专利技术从 2005 年开始出现规模化申请情况，但未获得较多研究关注。至 2014 年，能源转型推动了光伏行业发展，各界对于新型电池技术的关注越发明显，专利申请数量不断增长（见图 Z-4）。截至 2024 年 8 月底，已公开的钙钛矿电池专利数量达到 28662 项。

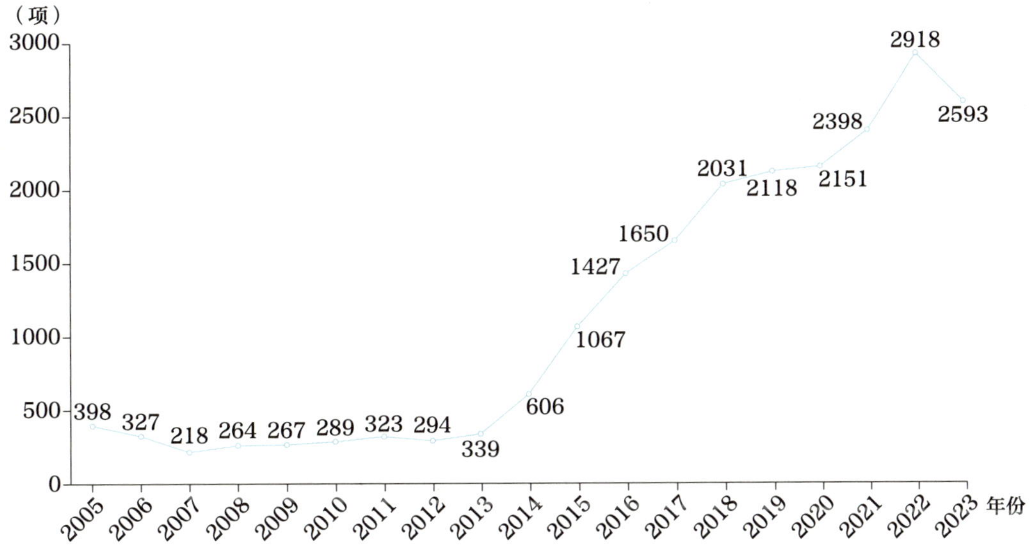

图 Z-4　2005—2023 年钙钛矿电池专利技术申请数量情况

资料来源：incoPat 专利数据库。

2. 主要申请人

钙钛矿电池专利技术研发主要由东芝、松下、日立、爱普生、中国华能集团清洁能源技术研究院、住友电工、三星电子、华中科技大学等开展（见图 Z-5）。申请专利超过 200 项的申请人中，以日本企业和中国研究机构为主，其中日本企业研究起步较早，中国华能集团清洁能源技术研究院、三星电子和华中科技大学 2018 年以后申请数量居多。

3. 申请人地域情况

从专利申请数量来看，研发实力最强的是中国，然后是日本、美国等（见图 Z-6）。

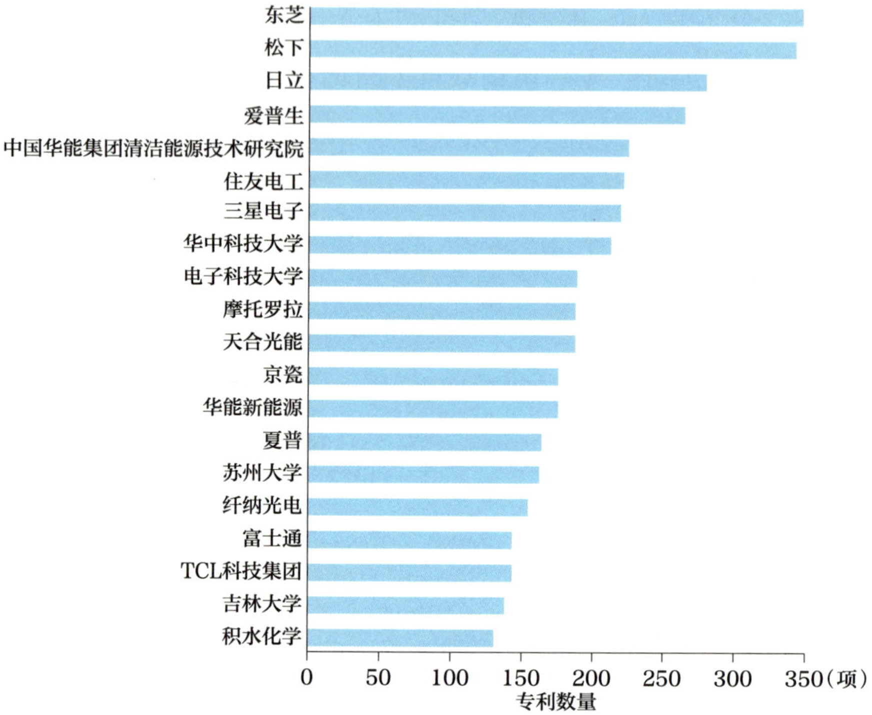

图 Z-5 钙钛矿电池专利申请人分析

资料来源：incoPat 专利数据库。

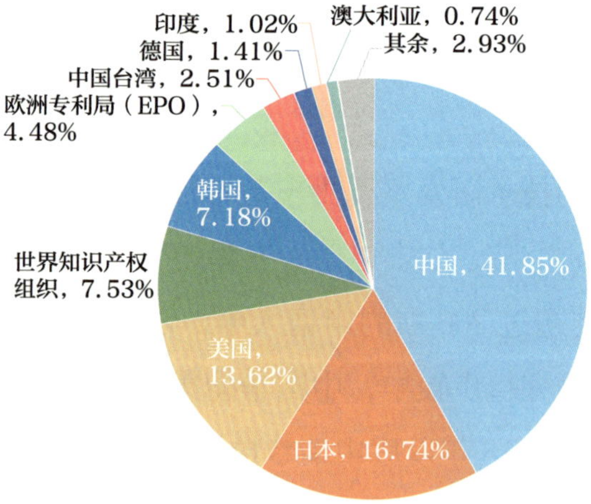

图 Z-6 钙钛矿电池专利申请人地域分布情况

资料来源：incoPat 专利数据库。

从发展历史来看，早期日本的研究较多。2014 年以后，中国研发开始发力，专利申请数量显著增加，同时美国、日本、韩国等都加大了研发力度（见图 Z-7）。

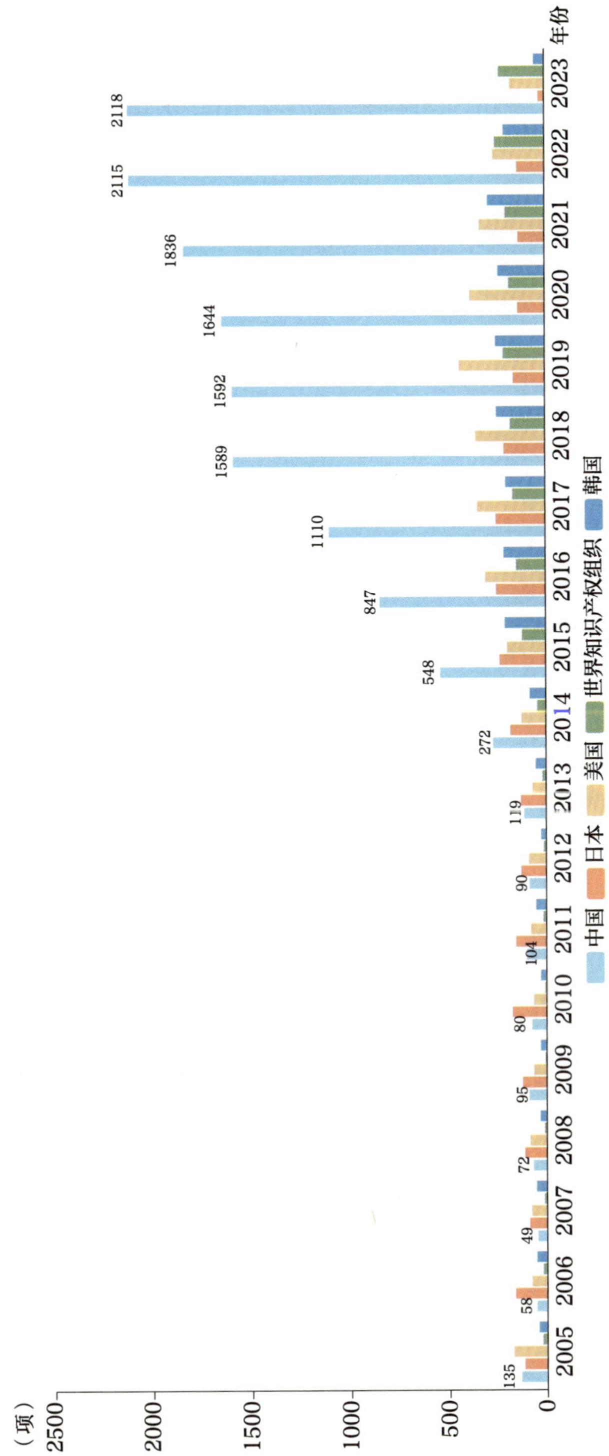

图 Z-7　2005—2023 年钙钛矿电池专利申请地域分析

资料来源：incoPat 专利数据库。

4. 技术领域

从聚类主题看，技术创新集中在发光器件、叠层太阳能电池、钙钛矿电池、钙钛矿材料卤化物、有机化合物等方面（见图 Z-8）。

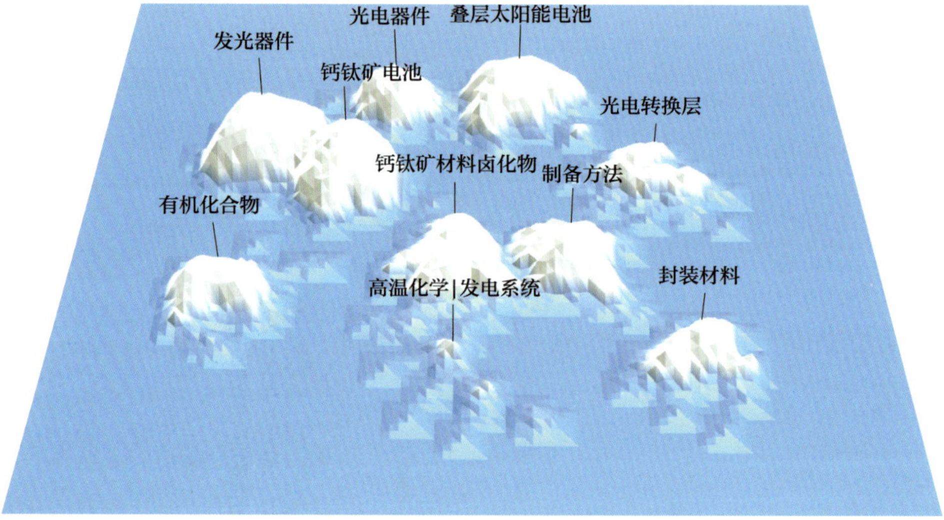

图 Z-8 钙钛矿电池专利聚类主题分析

资料来源：incoPat 专利数据库。

八、生产成本

钙钛矿电池尚未商业化，截至 2024 年底我国有 4 家钙钛矿产业化公司宣布过对生产成本进行估算。

纤纳光电：100MW 生产线组件成本约为 0.15 美元 / 瓦（约合人民币 1.057 元 / 瓦[①]）；扩大至吉瓦级产线后成本约为 0.1 美元 / 瓦（约合人民币 0.705 元 / 瓦）。

① 国家统计局，《中华人民共和国 2023 年国民经济和社会发展统计公报》。2023 年人民币平均汇率为 1 美元兑 7.0467 元人民币。

协鑫光电：吉瓦级产线组件成本可低于 0.1 美元 / 瓦。

极电光能：大规模量产后，每平方米晶硅组件比钙钛矿组件材料成本高出 0.29 ~ 0.33 元 / 瓦。

牛津光伏：钙钛矿 - 异质结（HJT）电池成本为 0.4 美元 / 瓦（约合人民币 2.818 元 / 瓦）。

2023 年下半年以来，晶硅电池组件价格持续走低，商业化的单晶 TOPCon 组件垂直一体化厂商最优内部生产成本约为 0.8 元 / 瓦，几乎没有再下降的空间，异质结组件成本高出 TOPCon 组件 20% 以上。钙钛矿电池目前处于产业化初期，理论效率远超晶硅电池，后续降本和提效空间还很大，单瓦成本下降至低于晶硅电池水平是十分值得期待的。

九、发展潜力

目前太阳能发电的主流技术——晶硅电池经过几十年的发展，在日臻成熟的同时也暴露出其短板，即单结单晶电池已经接近了效率天花板，而且晶硅电池柔性、可定制性不足，寻找晶硅的替代技术或补充技术路线成为业界关注的焦点问题之一。

钙钛矿电池技术发展前景广阔。短短 10 余年，实验室小面积器件转换效率最高达 29.5%，效率提升速度惊人，大面积的组件已经初步产业化，大量资本进入研发和产业化领域，将极大推动未来发展。钙钛矿产品应用场景较之晶硅产品也更为广泛，不仅可适用于大型电站，因其轻薄、柔性和可定制的特性，将来还可以广泛适用于光伏建筑一体化、消费电子产品、传感器、布料等多种场景。

钙钛矿电池迫切需要解决的问题是：提升大尺寸组件的转换效率，并同时保持稳定性。此外，由于尚无公认的测试标准，一些测试结果可能存在误差。没有可靠的数据支持，投资商不敢贸然投资，大规模商业化的脚步缓慢。一旦研发突破了技术关键问题，钙钛矿及其叠层电池将可能改变目前晶硅产品一统天下的局面。

作为一个全新的光伏技术，钙钛矿产品有着极大的发展空间，电池效率、稳定性和成品面积都有着巨大提升空间，制备设备、工艺等整个产业链也需要持续创新升级，最终需要在商业化上通过与晶硅竞争来证明自己。

专题讨论之三
全球绿色甲醇市场供需与前景分析

一、绿色甲醇的定义、技术路线

目前全球对绿色甲醇尚无统一的定义。欧盟抢占了定义的主动权，于2018年发布《可再生能源指令Ⅱ》(RED Ⅱ)，定义了RFNBO①非生物来源的可再生燃料以及RCF②再循环碳燃料，对可再生能源电力的来源以及燃料减排阈值提出明确要求，并提供了碳排放强度核算方法，成为绿色甲醇燃料认证的主要依据。其中关键指标是燃料减排阈值，绿色甲醇燃料的全生命周期二氧化碳排放量需要在化石燃料94gCO_2/MJ排放量的基础上减少70%，即低于28.2gCO_2/MJ。

现阶段绿色甲醇燃料技术路线包括：①传统生物质气化制甲醇；②绿氢加由生物质基、工业废尾气或者空气中直接捕集获得的碳源制甲醇。如按照欧盟定义，上述技术路线均需对选取的碳源、外部供热及供能等工艺方案进行全生命周期碳排放认证。由欧盟主导的ISCC认证在国际上的认可度较高。

目前我国开展的绿氢与煤化工耦合、绿氢与燃煤电厂碳捕集与封存耦合等生产的低碳甲醇，不符合欧盟减排阈值要求，但全生命周期碳排放量较合成之前降低达70%。因此，绿色甲醇的定义权及认证关系到我国甲醇燃料的生产、使用以及燃煤电厂、煤化工降碳减排等一系列问题，对推动我国绿色甲醇产业健康发展以及实现我国“双碳”目标都具有重大意义。

虽然欧盟的绿色甲醇标准目前影响较大，但全球尚无公认的成熟定义，尤其在供应环节，有待进一步碳核算的认证。因此本专题采用欧盟标准作市场需求分析，但以技术路线是否“绿色”为定义边界作市场供给和价格分析。

---

① 非生物来源可再生燃料(Renewable Fuels of Non-Biological Origin，RFNBO)，包括可再生氢气和衍生的氢基燃料，比如甲醇、氨、甲烷、费托燃料等。

② RCF(Recycled Carbon Fuels)，指不可再生来源的液体或固体废物流产生的液体和气体燃料，或来自工业装置生产过程中不可避免和无意产生的不可再生来源的废气和尾气。

二、绿色甲醇市场需求情况

2022年，全球甲醇消费量约为1.32亿吨，70%以上的消费集中在化工领域，少部分用作汽油调和、生物柴油等的原料，直接作为燃料燃烧的占比较小。2023年，我国甲醇表观消费量约为9318万吨，消费结构和全球类似。

目前绿色甲醇需求主要来自低碳燃料领域，替代传统化石燃料直接燃烧。在交通运输领域，绿色甲醇可以用作航运船舶燃料、汽车燃料、航空燃料生产的原料，形成较大规模的增量需求。长期来看，绿色甲醇也可应用于化工领域，对传统甲醇形成存量替代。

1. 航运现阶段形成绿色甲醇需求增长热潮，但面临来自氨的挑战

由于国际海事组织（IMO）和欧盟的政策推动，目前远洋航运已成为绿色甲醇最主要的需求市场。全球最大的远洋航运企业马士基已拥有25艘甲醇双燃料集装箱船，预计到2025年对绿色甲醇的需求量将达到50万吨，到2030年将达到400万～500万吨。放眼全球，甲醇新船订单已超过270艘，改装船订单也达到100艘左右。根据IMO提出的到2030年至少5%的零碳燃料使用率目标，预计到2030年，全球远洋航运绿色甲醇需求量约2000万吨。

但绿色甲醇并非远洋航运唯一倚重的替代燃料，氨燃料同样受到市场青睐。与绿色甲醇相比，氨具有成本更低、规模化潜力巨大、零碳排放等优势，其不确定性主要在于毒性、燃烧时产生的氮氧化物排放等技术问题。马士基期望2040年需求的2000多万吨绿色燃料由绿色甲醇和氨共同组成。相较于绿色甲醇，国际主流预测机构更倾向于到2050年氨将成为远洋航运主要燃料（见表Z-8）。

表 Z–8 各机构对 2050 年绿色甲醇、氨需求量及其在航运燃料中的占比预测情况

	绿色甲醇		氨	
	需求量	占比	需求量	占比
国际能源署	1320 万吨	3%	2.3 亿吨	44%
英国劳氏船级社	7930 万吨	13.4%	3.26 亿吨	46%
美国船级社	—	约 7%	—	约 35%
标准普尔	3450 万吨	—	4450 万吨	—

资料来源：国家能源集团技术经济研究院。

除远洋航运外，内河及近沿海运输未来也存在需求潜力。我国部分企业已开展内河及近沿海甲醇燃料船舶先行示范。国家能源集团的散货船“国能长江 01”于 2024 年 5 月顺利下水，成为国内首艘万吨级内河甲醇双燃料船舶。但因国内暂无减排要求，短期内需求偏弱。长期来看，内河及近沿海船舶可选择的绿色动力较为多元，包括液化天然气、生物柴油、锂离子电池、混合动力、氢能、氨等，因此绿色甲醇并不具备突出优势。

2. 陆运需求聚焦商用车，主要竞品为氢能和电能

甲醇汽车在我国试点已有 10 多年，但未能大规模推广。随着新能源电动汽车的加速普及，绿色甲醇汽车在乘用车市场几乎没有更大的发展空间。以 2025 年试点地区甲醇汽车规划的 10 万辆乘用车目标测算，年消耗甲醇燃料也仅约 150 万吨。在商用车市场，尤其在长距离重卡上，绿色甲醇具有一定的需求潜力。以 2025 年试点地区甲醇汽车规划的 1 万辆重卡目标测算，年消耗甲醇燃料约 250 万吨。若能在远期达到 6.5 万辆甲醇重卡保有量，年消耗甲醇燃料将接近 1000 万吨。但车用甲醇燃料需求除了取决于未来国家和地方政策规划及基础设施和配套建设情况，还取决于与氢能重卡、电动重卡等技术路线之间的竞争。此外，目前对车用甲醇燃料是否为绿色甲醇无硬性要求。

3. 航空有需求潜力，但面临成本高昂、政策缺失以及竞品较多等问题

航空是仅次于远洋航运的绿色甲醇需求增量市场。全球航空业已制定2050年净零目标，其中发展可持续航空燃料（SAF）是最主要的减排措施。根据国际航空运输协会（IATA）数据估算，到2030年SAF产量需要达到1400万～2400万吨，到2050年至少达到3.5亿吨。绿色甲醇是生产SAF的重要原料之一。若10%的SAF由绿色甲醇生产，则2030年全球航空绿色甲醇需求量为320万～550万吨，2050年将达到约8000万吨。

然而航空需求面临以下问题：一是成本，全球SAF仍未形成规模化生产供应，成本是传统航空燃料的2～4倍，能否实现中长期目标产量存疑；二是政策，我国SAF政策缺失，SAF相关目标仅有《“十四五”民航绿色发展专项规划》提出的力争2025年SAF消费量达到2万吨以上；三是竞品，通过标准认证的SAF技术路线有加氢酯和脂肪酸（HEFA）、醇喷合成（ATJ）、费托合成（F-T）、藻类油、生物柴油、电转液（Power-to-Liquids）、催化水热裂解（CHJ）、糖类直接合成等。绿色甲醇作为原料的技术路线还处于起步阶段，要在SAF生产中占据一席之地面临挑战。

4. 化工远期具有一定替代潜力，成本仍是主要障碍

我国甲醇下游化工产品因产能过剩、利润微薄，对甲醇原料的成本敏感性高。在绿色甲醇价格高于传统甲醇的情形下，短期内绿色甲醇大规模替代化工存量市场的潜力较小。

长期来看，绿色甲醇应用于化工带来负碳效应，是化工行业降碳减排的重要手段。但绿色甲醇大规模替代存在最主要的障碍——成本。生物质气化的生产成本为3300～4000元/吨，且下降空间较小；生物质加绿氢生产成本为4500～5400元/吨；空气中直接捕集二氧化碳加绿氢成本更是高达9800～14000元/吨。根据国际可再生能源署预测，到2030年和2050年，在不考虑碳价的情况下，绿色甲醇的生产成本将高于煤制甲醇。如考虑绿色

溢价，当碳价为 50 美元 / 吨时，2030 年绿色甲醇生产成本仍不具备竞争力，2050 年极少部分具备竞争力。当碳价达到 100 美元 / 吨时，2030 年部分生物质加绿氢的生产成本接近煤制甲醇水平，2050 年部分绿色甲醇具备成本优势（见表 Z-9）。2024 年，我国碳市场价格为 70 ~ 100 元 / 吨。因此，从成本角度看，中期我国化工领域绿色甲醇替代煤制甲醇的可能性较小，远期在高碳价的条件下具备一定替代潜力。

表 Z-9　2030 年和 2050 年绿色甲醇成本预测

		2030 年	2050 年
绿氢成本（元 / 吨）		12600 ~ 22400	6300 ~ 14000
生物质加绿氢制甲醇			
绿色甲醇成本（元 / 吨）	不考虑碳价时	2870 ~ 5250	1750 ~ 4410
	碳价 50 美元 / 吨时	2240 ~ 4620	1120 ~ 3850
	碳价 100 美元 / 吨时	1680 ~ 4060	420 ~ 3220
空气中直接捕集二氧化碳加绿氢制甲醇			
绿色甲醇成本（元 / 吨）	不考虑碳价时	4200 ~ 7490	2030 ~ 4410
	碳价 50 美元 / 吨时	3570 ~ 6860	1400 ~ 3850
	碳价 100 美元 / 吨时	2940 ~ 6230	840 ~ 3220

资料来源：国际可再生能源署（IRENA）。

综合以上，从各细分市场的政策法规、技术成熟度、竞争路线等因素判断，中短期内，远洋航运将是支撑绿色甲醇需求的主要市场。2030 年全球绿色甲醇需求量在 2500 万 ~ 3000 万吨。长期看，航空、化工有望成为绿色甲醇的需求主力，航运也将拉动需求，但存在不确定性（见表 Z-10）。2050 年全球绿色甲醇需求或达到 1 亿 ~ 2 亿吨。

表 Z-10 绿色甲醇市场需求评估

	全球减排目标	国内减排目标	国际政策	国内政策	竞品竞争力	潜在市场容量	现实需求
航运	有	无	有	无	中	大	强
内河及近沿海	无	无	有	无	强	中	弱
陆运	有	无	无	无	强	小	弱
航空	有	无	有	无	中	大	中
化工	无	无	无	无	中	大	弱

资料来源：国家能源集团技术经济研究院。

三、绿色甲醇市场供应情况

1. 全球规划产能快速增长，最终能否落地尚存疑

2024 年 5 月数据显示，全球绿色甲醇规划产能快速增长，将从 2023 年的 60 万吨增至 2025 年的 630 万吨，2029 年总产能将从 2024 年 2 月统计的 1970 万吨增长到 2024 年 5 月统计的 2420 万吨（见图 Z-9）。短短几个月新增 450 万吨，反映出绿色甲醇投资开发热情高涨。但 2024 年 5 月全球规划产能中，70% 以上仍处于可行性研究、预可行性研究阶段，且其中 60% 以上来自技术还未商业化的电制甲醇（二氧化碳加绿氢）。2029 年能否真正实现 2000 多万吨的产能存在不确定性。

全球已投产的绿色甲醇项目，从区域分布看，主要集中在北美和欧洲的港口城市和明显具有资源优势的地区；从规模看，最大的为美国 OCI 的 20 万吨 / 年项目，其他项目规模多在万吨级或千吨级；从原料看，以生物质为主，其中又以生物沼气最多；从认证情况看，大部分获得 ISCC EU 认证或 ISCC PLUS 认证（见表 Z-11）。

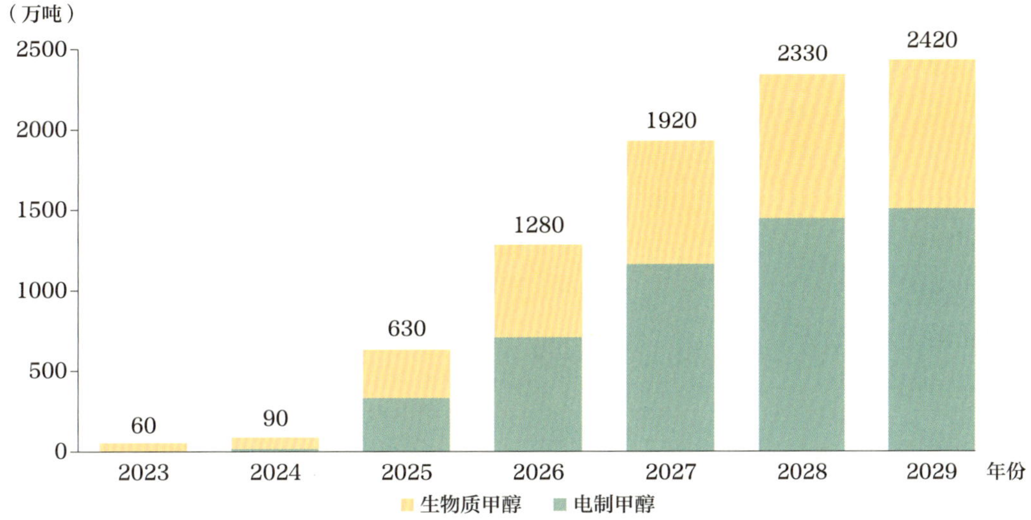

图 Z-9 2023—2029 年全球绿色甲醇规划产能

资料来源：全球甲醇行业协会。

表 Z-11 全球主要绿色甲醇在运项目

地点	公司	产能（万吨 / 年）	原料	投产时间	认证情况
加拿大韦斯特伯里（Westbury）	埃纳肯（Enerkem）	0.1	固体废弃物	2010 年	ISCC EU 认证
加拿大博伊尔（Boyle）	阿尔伯塔太平洋（Alberta Pacific）	0.2	纸浆厂回收	2012 年	—
美国博蒙特（Beaumont）	OCI	20	生物沼气	2016 年	ISCC EU 认证
美国盖斯马（Geismar）	梅赛尼斯（Methanex）	11	生物沼气	2020 年	ISCC EU 认证
美国潘帕（Pampa）	普罗曼（Proman）	0.4	生物沼气	2021 年	ISCC EU 认证
美国圣詹姆斯（St.James）	科赫甲醇（Koch methanol）	8.5	生物沼气	2022 年	ISCC EU 认证

续表

地点	公司	产能（万吨/年）	原料	投产时间	认证情况
冰岛 格林达维克 （Grindavik）	碳循环国际公司（CRI）	0.4	地热制氢、地热伴生气捕集二氧化碳	2012 年	—
德国 路德维希港 （Ludwigshafen）	巴斯夫 （BASF）	1.7	生物沼气	2018 年	—
瑞典 蒙斯特罗斯 （Monsteras）	索德拉 （Sodra）	0.5	纸浆厂回收	2020 年	ISCC EU 认证
挪威 谢尔贝格奥登 （Tjeldbergodden）	挪威国家石油公司 （Equinor）	4.8	生物沼气	2023 年	ISCC EU 认证
智利 麦哲伦 （Magallanes）	HIF Global	0.1	二氧化碳加绿氢	2022 年	ISCC PLUS 认证
中国内蒙古	香港中华煤气有限公司	10	生物质以及都市废弃物	–	5 万吨 ISCC EU 认证，5 万吨 ISCC PLUS 认证

注：ISCC EU 适用于进入欧盟的生物能源，是进入欧盟市场的强制认证；ISCC PLUS 适用于全行业，是企业减少碳排放、增加企业竞争力和优势的自愿性认证。

资料来源：全球甲醇行业协会、ISCC 官网。

2. 国内在建和规划项目庞大，供应商类型多元，大多为非化工企业

目前国内投产的共有 3 个项目，其中仅有一个获得 ISCC 认证。绿色甲醇在建及规划项目超过 100 个，合计产能超过千万吨。其中，在建项目 7 个，产能接近 100 万吨，预计投产时间为 2025—2026 年；规划项目中约一半处于前期，另一半仍在计划中，投产时间乐观估计在 2026 年以后。

在建及规划的项目中，从供应商类型看，大部分为非化工企业。一是

吉林电力、中广核、国家电投、华能集团、浙能集团等能源企业，希望通过绿色甲醇获取风光资源的同时实现电力消纳。二是以中国能建、中国电建、赛鼎、中化学建设投资集团为代表的工程建设企业，投资建设风光氢氨醇全产业链。三是金风科技、明阳智能、隆基绿能、中国电气、中船集团等装备制造企业。四是中国天楹等一批生物质能源民营企业。五是以吉利控股集团为代表的汽车企业，生产绿色甲醇作为车用燃料。此外，还有少量涉及化工的企业，例如中国化学、中煤能源集团、大唐集团等旗下化工企业，探索通过绿色甲醇实现产品低碳转型。从技术路线看，以生物甲醇项目为主，主要原因是目前捕集二氧化碳加绿氢较难通过欧盟认证。从项目分布情况看，集中在东北、内蒙古以及一些距离港口较近的地区，主要考虑当地丰富的风光资源、生物质资源以及对接下游船舶的区位需求。从消纳市场看，目前多面向马士基、中远海运等绿色甲醇燃料需求。

四、绿色甲醇价格情况

1. 美国、欧洲绿色甲醇价格为传统甲醇的 3 ~ 7 倍

由于绿色甲醇市场处于发展初期阶段，尚未形成市场价格。根据全球能源和大宗商品价格评估机构阿格斯（Argus）基于市场调查的价格评估，美国生物甲醇价格约为 1000 美元 / 吨，欧洲生物甲醇价格约为 1100 美元 / 吨，捕集二氧化碳加绿氢制甲醇价格为 1400 ~ 2100 美元 / 吨（包括生产成本、运输费、港口费等），为传统甲醇价格的 3 ~ 7 倍。

2. 我国绿色甲醇价格处于买方定价阶段

现阶段绿色甲醇主要受绿色甲醇燃料船舶支撑，最大的买方为马士基、中远海运等船东。我国绿色甲醇采购价格为传统甲醇市场价格的 2 倍左右，

较为接近目前的生物甲醇生产成本，溢价明显少于北美、欧洲。

我国绿色甲醇处于市场培育阶段，收益并非供需两方考虑的主要因素。据悉，目前马士基在国内仅和金风科技签订了年产 50 万吨的绿色甲醇长期采购协议。同时，马士基表示从运营角度看，目前绿色甲醇采购价格仍偏高，希望中国绿色甲醇价格能在绿氢成本下降的带动下进一步降低。这也意味着国内绿色甲醇价格可能将呈下降态势，企业投资绿色甲醇项目要充分作好经济测算。

专题讨论之四
绿电直连关键问题与挑战研究

根据欧盟公布的碳边境调节机制，我国现有相关出口产品的碳排放普遍较高，可能面临缴纳较高金额的碳税问题，解决的关键在于对绿色属性证明的互认以及对涉及的排放因子的认定与计量；而根据《欧盟电池和废电池法规》（EU 2023/1542，以下简称新电池法规）相关要求，我国出口欧盟的电动汽车电池只能尽可能多地采用“绿电直连”① 的形式来降低碳足迹、增强竞争力，其核心在于“绿电直连”，即与可再生能源的物理直连。而我国目前的“绿电直连”项目基本依托大电网，存在政策机制不完善、运营安全风险高、成本计算有缺失、各方诉求难调和等问题。

一、直连及绿电直连的定义

欧盟碳边境调节机制目前处于过渡期，将于 2026 年正式实施，是全球首个碳关税政策。当前覆盖电力、水泥、钢铁、铝业、化工、氢六大行业，相关企业须对以上行业出口欧盟产品生产对应的碳排放进行申报，后续对碳排放超出上限的商品缴纳关税。新电池法规于 2024 年正式实施，对碳足迹提出新要求：容量超过 2kWh 的可充电工业电池、轻型交通工具电池和电动汽车电池必须提供碳足迹声明和标签，后续超过碳足迹阈值的电池产品禁止进入欧盟市场。

无论是碳边境调节机制还是新电池法规，都将产品在欧盟市场上的竞争力与碳挂钩。而电力是产品碳排放、碳足迹的主要贡献方。在欧盟碳边境调节机制中，计算电力排放是默认使用电网的平均排放因子，如果以直连或签订购电协议方式获得电力，则可以采用电力的实际排放因子。欧盟 2024 年 4 月发布的新电池法规的配套细则《电动汽车电池碳足迹的计算和核查方法

① 《欧盟电池和废电池法规》并未对“绿电”范围作出具体规定，仅对直连作出解释。

草案》第2.4节“电力建模”中，仅认可国家平均电力消费组合和直连电力两种模式。直连电力是指生产设施直接使用同一地点的生产资产所生产的电力，或者符合《欧盟内部电力市场规则和修订指令（2009/72/EC）》中对直连线路的定义，即将孤立的发电站与孤立的用户相连的电力线路，或者是将生产者与供电企业连接，直接供应自身的场所、子公司和用户的电力线路。简言之，就是企业自发自用或者与电力生产商物理直连。

虽然碳边境调节机制和新电池法规及其实施细则中均未涉及绿电范围的界定，欧盟、我国以及其他国家和地区在绿电认定上也有所区别，但普遍认可风电、太阳能发电、地热能发电为绿电项目，水电、生物质能发电项目有条件认可。因此，目前争议最少的绿电直连是用户与风电、太阳能发电、地热能发电等可再生能源直接物理连接（包括直接接入物理边界清晰、可独立计量的配电网），实现绿电的直接供应。

二、绿电直连的主要形式

按照负荷侧所用电力来源的组合，绿电直连项目可以分为微网独立供电、“分布式＋网电”、“分布式＋绿电交易合同”3种情景。

微网独立供电的模式下，负荷侧直连可再生能源电力，不从电网购电，电网仅作为备用支撑，部分项目可能向电网返送电力（返送的电量在计算生产电耗时扣减）。该模式要求项目本身电力发用平衡，一般配备有相应规模的调峰手段，如储能、火电、气电等。按照欧盟碳边境调节机制，该模式下可再生能源电力部分的碳排放可视为零；若有自备火电、气电等燃烧类别的调峰电力，则根据燃料种类、欧盟提供的相应排放因子单独计算碳排放。按照欧盟新电池法规，该模式下可再生能源电力以及自备火电、气电部分按照欧盟提供的相应碳足迹因子进行计算。该模式也是新电池法规下电力碳足迹最低的情景。

“分布式 + 网电”的模式下，负荷侧直连可再生能源电力，但可再生能源电力不足以支撑负荷侧电量需求，不足的电量由电网补上。该模式不要求项目本身电力发用平衡，但国内部分省份对部分行业从电网下电的电量比例有限制规定（如内蒙古规定风光制氢一体化项目年下网电量不超过项目年总用电量的 10%），因此一般仍需要配备一定比例的调峰手段来保证生产供电稳定。按照欧盟碳边境调节机制，该模式下可再生能源电力部分的碳排放可视为零，来自电网的电力按照电网平均碳排放因子计算；若有自备火电、气电等燃烧类别的调峰电力，则根据燃料种类、欧盟提供的相应碳排放因子单独计算碳排放。按照欧盟新电池法规，该模式下的电力碳足迹中，可再生能源电力以及自备火电、气电部分按照欧盟提供的相应碳足迹因子进行计算，来自电网的电力采用欧盟默认或各国公开的全国平均电力消费组合的碳足迹因子计算。

“分布式 +绿电交易合同”的模式下，负荷侧直连可再生能源电力，提供部分电量，其余电力以绿电交易合同形式（购电协议、绿证等）购买。该模式的建设方案、配储要求与“分布式 + 网电”的模式一致，但采用电网的电力性质不同。按照欧盟碳边境调节机制，该模式下可再生能源电力部分和外购的可再生能源电力的碳排放均可视为零，但按照欧盟新电池法规，外购可再生能源电力的碳足迹仍按照全国平均电力消费组合的碳足迹因子计算（见表 Z-12）。

表 Z-12 欧盟碳边境调节机制体系下 3 种绿电直连形式的电力来源及碳排放计算方式

形式	直连风电 / 光伏	网电	绿电交易
	用电量 ×0	用电量 × 网电平均碳排放因子	用电量 ×0
微网独立供电	√	—	—
“分布式 + 网电”	√	√	—
“分布式 + 绿电交易合同”	√	—	√

注：1. 同一批货物的电力碳排放计算时，取各种来源的电力分别产生的碳排放之和。2. 项目自备的调峰装置所产生的碳排放也应该计算在总碳排放量中，如火电、气电等，碳排放量按照欧盟提供的相应碳排放因子单独计算。

资料来源：国家能源集团技术经济研究院。

三、绿电直连典型案例

1. 微网独立供电

国内目前在一些用电负荷相对较小的应用场景已有部分示范案例，在用电负荷较大的钢铁、电解铝、化工等高耗能工业场景案例较少。

案例：济宁海螺水泥有限责任公司（以下简称济宁海螺）零外购电智慧微网项目

由国内水泥建材龙头企业海螺集团建设，目前已基本实现园区用电自给自足。用电方面，济宁海螺拥有一条4500t/d新型干法水泥熟料生产线和年产220万吨的水泥粉磨系统，年耗电量约为1.7亿千瓦时。发电方面，济宁海螺利用园区及周边区域，已建成11.5MW分布式光伏发电、1.5MW分布式风力发电、9MW余热发电、9MW垃圾发电、9MW生物质补充热能发电以及2MW/8MWh用户侧储能系统。可再生能源年均发电量约1.9197亿千瓦时，其中余热发电5960万千瓦时、风力发电130万千瓦时、光伏发电1407万千瓦时、生物质补充热能发电6480万千瓦时、垃圾发电5220万千瓦时，实现工厂内用电自给自足，清洁能源电量使用比例达到100%。

技术方案方面，该项目采用自发自用、余电上网的模式。项目源侧接入风力发电、光伏发电、余热发电、生物质能发电多个分布式电源；网侧以大电网作为支撑，以工厂配电网作为主干网架；荷侧接入熟料生产、水泥窑、原料生产及园区办公照明等其他负荷；储侧建设与新能源电网集成的一整套储能电站，实现整体发、供、用系统平衡，实现工厂可再生能源就地消纳比例达到97.6%。负荷侧搭建平衡控制调度系统，针对水泥工业大功率电气设备的经济运行问题，探索智能储能微网分层控制、能量管理、储能逆变器并联运行和功率优化分配方法，实现电能的供需平衡。此外，采用虚拟电厂技术实现源网荷储多向互动。

运营模式方面，项目全部由海螺集团所属2家子公司运维。负荷侧以及余热发电、生物质补充热能发电、风电储能一体化、光伏发电等部分均由济宁海螺运维。垃圾发电部分则由海螺集团另一家子公司运维。

运营效益方面，储能、垃圾发电、生物质补充热能发电项目及生产系统主机设备均参与电网需求响应，通过合理调整自身的生产方式，积极响应电网调峰需求，在满足电网调峰要求的时段享受电网的补贴收益。

2.“分布式＋网电”

国内目前绿电直连项目较多采用此模式。

案例：云南云铝阳宗海绿色铝产业园绿色智慧能源示范项目

项目由国家电投和云南铝业共同打造，目前已建成投运。用电方面，项目具备年产电解铝20万吨、铝板带17万吨、高精铝箔3.6万吨、铸造铝合金8万吨的生产能力，用电负荷约228MW。发电方面，项目利用厂区屋顶、空地建设分布式光伏发电站，装机容量约51.57MW，年发电量约6000万千瓦时。

技术方案方面，项目研发了国内首项光伏直流电直接供给铝冶炼生产实验项目技术，集源网荷储用于一体，光伏所发电力100%就地消纳。此外，云南电网公司为其安装228MW电力负荷测控装置终端，实现用电负荷“柔控＋直控”的可调负荷管理。

运营模式方面，采用“合同能源管理机制”，光伏部分由国家电投云南国际负责投资、建设、运营，以0.3元/千瓦时左右的固定电价将光伏所发电力出售给项目产业园区，直接为电解铝供电。

运营效益方面，项目每年可减少化石能源消费7616吨标煤，减少二氧化碳排放3.5万吨。

3.“分布式 + 绿电交易合同”

国内目前部分钢铁、化工企业开始采用“分布式 + 绿电交易合同”的模式进行节能降碳。

案例：新疆库车绿氢示范项目

项目由中国石化投资建设，现已建成投产。用电方面，项目计划满产情况下年产 2 万吨绿氢，共配置 260MW 碱性制氢电解槽，年制氢耗电量约 11 亿千瓦时。发电方面，项目在库车当地的戈壁滩地区建设 300MW 光伏，预计年发电 6.2 亿千瓦时。项目光伏所发电力直接供给制氢厂区，自发自用，100% 就地消纳；同时连接电网，在光伏发电量不足以及电网电价较低的时段购买电力，通过绿电交易、购买绿证的方式保证所用电量全部为绿电。

运营效益方面，项目为塔河炼化提供绿氢，每年可为塔河炼化减少二氧化碳排放 48.5 万吨。

四、绿电直连发展存在的困难与障碍

机制方面，政策与规则不完善，建设标准不明确。绿电直连相关政策制定涉及部门多、层级广，政策内容存在差异、多变等问题，影响项目收益，同时增加投资风险。绿电直连尚处于起步发展阶段，技术及经验积累有限，机制建设需不断更新完善。目前我国大部分绿电直连项目均采用“依托大电网建设”的方式，没有针对绿电直连的运行特性单独制定建设标准，包括储能配置、系统设计、故障排除、黑启动能力等一系列配套标准均不明确，直接影响绿电直连规模化发展。

运行方面，传统运行方式存在挑战，运行安全风险大。在传统电力系统运行模式下，区域负荷用电曲线的波动性相对容易预测，但绿电直连项目不仅需要考虑单一或小范围用电负荷的波动性，还要与电源端发电特性结合，用电曲线的波动性、随机性更强，影响配电网端安全稳定性，增加了电网运行的难度，电网设计面临更大挑战。绿电直连项目发展到一定规模后，也将面临配电网侧负荷不可控、负荷急剧变化的局面，影响电网安全稳定运行。

经济性方面，用户侧存在隐性成本、大规模推行面临弃电问题。常规认为绿电直连方式能够有效降低用户侧的用电成本，但仍存在制约性因素和不可调和的矛盾。一方面，要实现脱离大电网的绿电直连，系统设计、储能配置等一系列自平衡能力均将增加成本。目前由于机制或规则等原因，对于绿电直连用户存在隐性成本，或由大电网负担，或实际成本偏高。另一方面，如果大规模推进绿电直连项目，弃风、弃光率势必增加，绿电直连带来的成本下降幅度会进一步缩小，需要重新调整成本测算体系。

需求方面，绿电直连项目涉及电网、电源、用户等企业及政府等多方面利益，需找到利益均衡点或技术突破点。用户侧的主要诉求是希望利用绿电直连方式减少过网费、容量电费等电力成本，同时又需要电网提供安全稳定的备用电源；政府侧的主要诉求是以绿电直连作为招商引资的条件，吸引有绿电需求的企业入驻，利用土地租金、产业配套的方式获取收入，但要兼顾其他入驻企业的利益；发电侧的主要诉求是通过用户绑定来锁定发电量并保证消纳，但必须直面单一用户带来的消纳风险，一旦用户出现经营不善等状况，会直接影响发电企业利润；电网侧则面临着如何协调大电网安全稳定运行和源荷双向灵活调度的问题，同时要解决非绿电直连用户与直连用户的成本分摊等问题。

附录：统计数据

一、全球能源消费数据

（一）2014—2023 年全球能源消费量

1. 2014—2023 年全球一次能源消费量（分类型）

单位：EJ

	2014年	2015年	2016年	2017年	2018年	2019年	2020年	2021年	2022年	2023年
全球	543.21	547.33	552.99	566.11	581.47	588.05	567.60	596.62	607.35	619.63
石油	180.04	183.52	187.42	190.72	192.68	193.03	175.48	185.51	191.62	196.43
天然气	122.26	125.11	126.83	131.46	137.96	140.70	139.37	144.86	144.31	144.37
煤炭	161.62	157.25	153.85	155.50	157.87	156.95	152.27	160.56	161.53	164.03
核能	23.78	23.96	24.17	24.24	24.68	25.46	24.40	25.33	24.13	24.57
水能	37.93	37.60	38.70	38.98	39.89	40.27	41.22	40.40	40.58	39.65
可再生能源	17.59	19.91	22.04	25.29	28.46	31.68	34.87	39.97	45.18	50.58

资料来源：英国能源研究学会（EI）、毕马威、科尔尼咨询公司，《世界能源统计年鉴 2024》。

2. 2014—2023 年全球新能源消费量（分类型）

单位：EJ

能源类型	2014年	2015年	2016年	2017年	2018年	2019年	2020年	2021年	2022年	2023年
核能	23.78	23.96	24.17	24.24	24.68	25.46	24.40	25.33	24.13	24.57
水能	37.93	37.60	38.70	38.98	39.89	40.27	41.22	40.40	40.58	39.65
可再生能源	17.59	19.91	22.04	25.29	28.46	31.68	34.87	39.97	45.18	50.58
太阳能	1.92	2.48	3.16	4.27	5.47	6.69	8.08	9.91	12.41	15.35

续表

能源类型	2014年	2015年	2016年	2017年	2018年	2019年	2020年	2021年	2022年	2023年
风能	6.88	8.06	9.27	10.94	12.10	13.49	15.08	17.52	19.78	21.75
地热能、生物质能及其他能源	5.65	6.11	6.19	6.54	7.07	7.43	7.85	8.46	8.69	8.74

资料来源：英国能源研究学会（EI）、毕马威、科尔尼咨询公司，《世界能源统计年鉴 2024》。

3. 2014—2023 年全球及主要国家一次能源消费量

单位：EJ

全球 / 国家	2014年	2015年	2016年	2017年	2018年	2019年	2020年	2021年	2022年	2023年
全球	543.21	547.33	552.99	566.11	581.47	588.05	567.60	596.62	607.35	619.63
中国	125.02	126.49	127.00	131.94	138.27	144.68	149.38	157.85	160.26	170.74
美国	93.59	92.69	92.62	92.97	96.37	95.68	88.64	93.44	95.42	94.28
印度	27.59	28.55	29.83	30.96	32.72	33.54	31.78	34.51	36.37	39.02
俄罗斯	29.01	28.55	29.11	29.29	30.36	30.13	29.08	30.01	31.08	31.29
日本	19.55	19.31	19.06	19.28	19.14	18.74	17.37	18.13	18.02	17.40
加拿大	14.43	14.47	14.34	14.54	14.72	14.64	13.76	13.92	14.30	13.95
巴西	12.83	12.66	12.36	12.47	12.51	12.72	12.22	12.85	13.44	13.87
伊朗	9.97	9.85	10.39	10.78	11.15	11.75	12.20	11.96	12.48	12.71
韩国	11.71	11.91	12.27	12.40	12.61	12.47	12.05	12.62	12.75	12.43
沙特阿拉伯	10.55	11.00	11.45	11.45	11.17	10.68	10.39	10.73	11.34	11.60

资料来源：英国能源研究学会（EI）、毕马威、科尔尼咨询公司，《世界能源统计年鉴 2024》。

4. 2014—2023 年全球及主要国家可再生能源消费量

单位：EJ

全球 / 国家	2014年	2015年	2016年	2017年	2018年	2019年	2020年	2021年	2022年	2023年
全球	17.59	19.91	22.04	25.29	28.46	31.68	34.87	39.97	45.18	50.58
中国	2.32	2.80	3.68	4.96	6.25	7.27	8.44	11.16	13.27	16.02
美国	3.00	3.18	3.66	4.12	4.42	4.70	5.29	5.97	6.84	7.00
德国	1.47	1.73	1.72	1.97	2.05	2.20	2.30	2.12	2.33	2.47
印度	0.66	0.73	0.82	1.00	1.23	1.40	1.50	1.69	1.99	2.26
巴西	0.66	0.78	0.91	1.02	1.12	1.23	1.32	1.48	1.68	2.02
日本	0.54	0.71	0.74	0.85	0.94	1.02	1.14	1.28	1.37	1.48
英国	0.61	0.80	0.80	0.95	1.07	1.16	1.29	1.18	1.29	1.29
西班牙	0.15	0.17	0.18	0.19	0.22	0.32	0.40	0.45	0.45	0.53
法国	0.30	0.36	0.37	0.42	0.47	0.54	0.60	0.59	0.65	0.81
澳大利亚	0.18	0.22	0.24	0.25	0.31	0.40	0.48	0.58	0.67	0.75

资料来源：英国能源研究学会（EI）、毕马威、科尔尼咨询公司《世界能源统计年鉴 2023》。

5. 2014—2023 年全球及主要国家核能消费量

单位：EJ

全球 / 国家	2014年	2015年	2016年	2017年	2018年	2019年	2020年	2021年	2022年	2023年
全球	23.78	23.96	24.17	24.24	24.68	25.46	24.40	25.33	24.13	24.57
美国	7.85	7.81	7.84	7.79	7.76	7.76	7.54	7.42	7.31	7.32
中国	1.25	1.59	1.97	2.28	2.70	3.18	3.32	3.68	3.76	3.90
法国	4.08	4.07	3.73	3.66	3.77	3.63	3.21	3.43	2.65	3.03

续表

全球 / 国家	2014年	2015年	2016年	2017年	2018年	2019年	2020年	2021年	2022年	2023年
俄罗斯	1.69	1.82	1.82	1.87	1.87	1.90	1.96	2.01	2.01	1.95
韩国	1.46	1.53	1.50	1.36	1.22	1.33	1.45	1.43	1.59	1.62
加拿大	1.00	0.94	0.93	0.92	0.91	0.92	0.88	0.83	0.78	0.80
日本	—	0.04	0.16	0.27	0.45	0.60	0.39	0.55	0.47	0.70
西班牙	0.54	0.53	0.54	0.53	0.51	0.53	0.53	0.51	0.53	0.51
乌克兰	0.83	0.82	0.75	0.79	0.77	0.76	0.69	0.78	0.56	0.47
瑞典	0.61	0.52	0.58	0.60	0.63	0.60	0.45	0.48	0.47	0.43

资料来源：英国能源研究学会（EI）、毕马威、科尔尼咨询公司，《世界能源统计年鉴 2024》。

6. 2014—2023 年全球及主要国家风能消费量

单位：EJ

全球 / 国家	2014年	2015年	2016年	2017年	2018年	2019年	2020年	2021年	2022年	2023年
全球	6.88	8.06	9.27	10.94	12.10	13.49	15.08	17.52	19.78	21.75
中国	1.56	1.80	2.32	2.92	3.48	3.85	4.41	6.18	7.16	8.28
美国	1.79	1.87	2.21	2.46	2.62	2.84	3.23	3.60	4.12	4.02
德国	0.57	0.78	0.77	1.01	1.05	1.19	1.25	1.08	1.17	1.33
巴西	0.12	0.21	0.32	0.41	0.46	0.53	0.54	0.68	0.77	0.89
印度	0.33	0.32	0.42	0.50	0.57	0.60	0.57	0.64	0.66	0.77
英国	0.31	0.39	0.36	0.48	0.54	0.61	0.71	0.61	0.75	0.77
西班牙	0.51	0.48	0.47	0.47	0.48	0.50	0.53	0.58	0.59	0.60

续表

全球 / 国家	2014年	2015年	2016年	2017年	2018年	2019年	2020年	2021年	2022年	2023年
法国	0.17	0.21	0.21	0.24	0.27	0.33	0.38	0.35	0.36	0.49
加拿大	0.13	0.26	0.30	0.30	0.32	0.31	0.34	0.35	0.36	0.36
瑞典	0.11	0.16	0.15	0.17	0.16	0.19	0.26	0.26	0.31	0.32

资料来源：英国能源研究学会（EI）、毕马威、科尔尼咨询公司，《世界能源统计年鉴 2024》。

7. 2014—2023 年全球及主要国家太阳能消费量

单位：EJ

全球 / 国家	2014年	2015年	2016年	2017年	2018年	2019年	2020年	2021年	2022年	2023年
全球	1.92	2.48	3.16	4.27	5.47	6.69	8.08	9.91	12.41	15.35
中国	0.23	0.38	0.64	1.13	1.68	2.13	2.47	3.08	4.01	5.46
美国	0.28	0.38	0.53	0.75	0.90	1.02	1.25	1.56	1.94	2.25
印度	0.05	0.06	0.11	0.21	0.35	0.44	0.55	0.64	0.89	1.06
日本	0.23	0.33	0.42	0.52	0.58	0.64	0.72	0.79	0.85	0.91
德国	0.35	0.37	0.36	0.37	0.42	0.43	0.47	0.46	0.57	0.57
巴西	—	—	—	0.01	0.03	0.06	0.10	0.16	0.28	0.48
西班牙	0.13	0.13	0.13	0.14	0.12	0.14	0.20	0.26	0.34	0.44
澳大利亚	0.05	0.06	0.07	0.09	0.12	0.17	0.23	0.29	0.35	0.42
意大利	0.22	0.22	0.21	0.23	0.22	0.22	0.24	0.24	0.26	0.29
韩国	0.03	0.04	0.05	0.07	0.10	0.13	0.18	0.23	0.29	0.27

资料来源：英国能源研究学会（EI）、毕马威、科尔尼咨询公司，《世界能源统计年鉴 2024》。

8. 2014—2023 年全球及主要国家地热能、生物质能及其他能源消费量

单位：EJ

全球 / 国家	2014年	2015年	2016年	2017年	2018年	2019年	2020年	2021年	2022年	2023年
全球	5.65	6.11	6.19	6.54	7.07	7.43	7.85	8.46	8.69	8.74
中国	0.53	0.62	0.71	0.91	1.08	1.30	1.56	1.91	2.10	2.28
美国	0.93	0.93	0.91	0.91	0.90	0.84	0.81	0.81	0.78	0.73
巴西	0.54	0.57	0.59	0.61	0.62	0.63	0.68	0.64	0.63	0.64
德国	0.56	0.58	0.59	0.59	0.59	0.58	0.59	0.58	0.60	0.57
日本	0.27	0.32	0.27	0.27	0.29	0.31	0.34	0.39	0.43	0.47
印度	0.28	0.35	0.29	0.29	0.31	0.36	0.38	0.41	0.44	0.43
印度尼西亚	0.10	0.10	0.11	0.12	0.27	0.27	0.28	0.32	0.39	0.41
英国	0.26	0.34	0.35	0.37	0.40	0.43	0.45	0.46	0.41	0.39
韩国	0.07	0.09	0.09	0.11	0.14	0.15	0.16	0.20	0.21	0.22
意大利	0.27	0.28	0.28	0.28	0.28	0.28	0.28	0.27	0.26	0.22

资料来源：英国能源研究学会（EI）、毕马威、科尔尼咨询公司，《世界能源统计年鉴 2024》。

（二）2023 年全球能源消费情况

1. 2023 年全球一次能源消费结构（分类型）

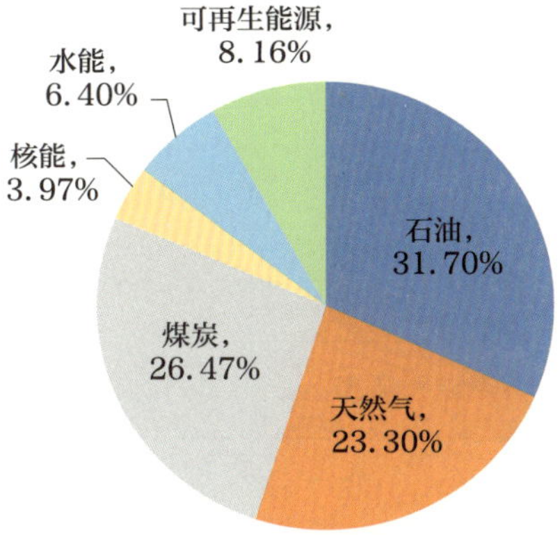

资料来源：英国能源研究学会（EI）、毕马威、科尔尼咨询公司，《世界能源统计年鉴 2024》。

2. 2023 年全球新能源消费结构（分类型）

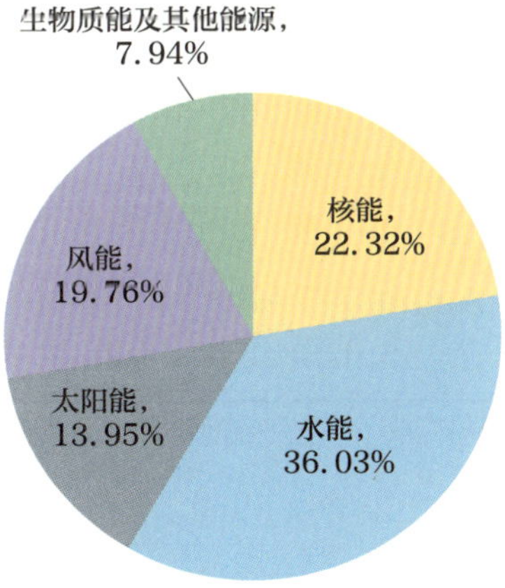

资料来源：英国能源研究学会（EI）、毕马威、科尔尼咨询公司，《世界能源统计年鉴 2024》。

3. 2023 年全球及主要国家新能源消费量（分类型）

单位：EJ

全球 / 国家	核能	水能	太阳能	风能	地热能、生物质能及其他能源	可再生能源
全球	24.57	39.65	15.35	21.75	8.74	50.58
中国	3.90	11.46	5.46	8.28	2.28	16.02
美国	7.32	2.21	2.25	4.02	0.73	7.00
德国	0.06	0.18	0.57	1.33	0.57	2.47
印度	0.43	1.39	1.06	0.77	0.43	2.26
巴西	0.13	4.01	0.48	0.89	0.64	2.02
日本	0.70	0.70	0.91	0.09	0.47	1.48
英国	0.37	—	0.13	0.77	0.39	1.29
西班牙	0.51	0.24	0.44	0.60	0.06	0.53
法国	3.03	0.52	0.21	0.49	0.11	0.81
加拿大	0.80	3.41	0.07	0.36	0.12	0.55
韩国	1.62	—	0.27	0.03	0.22	0.53
俄罗斯	1.95	1.88	0.02	0.04	0.01	0.08

资料来源：英国能源研究学会（EI）、毕马威、科尔尼咨询公司，《世界能源统计年鉴 2024》。

二、全球能源装机数据

1. 2014—2023 年全球非可再生能源装机容量（分类型）

单位：GW

装机类型	2014年	2015年	2016年	2017年	2018年	2019年	2020年	2021年	2022年	2023年
燃煤发电	1874.17	1951.65	2010.53	2046.03	2076.14	2122.07	2135.27	2125.91	2155.64	2192.02
燃气发电	1577.39	1626.06	1664.58	1713.67	1780.06	1809.59	1842.59	1895.41	1918.00	1932.02
核能发电	340.97	351.57	361.66	363.58	377.39	380.60	377.42	381.03	381.40	380.77

资料来源：彭博新能源财经（BNEF）。

2. 2014—2023 年全球可再生能源装机容量（分类型）

单位：MW

装机类型	2014年	2015年	2016年	2017年	2018年	2019年	2020年	2021年	2022年	2023年
可再生能源	1700116	1854105	2016555	2187082	2362540	2550319	2822931	3088809	3396323	3869705
水能	1176804	1211412	1247036	1270897	1294094	1313071	1335280	1360923	1395266	1407754
风能	349418	416335	466957	515045	563840	622773	733719	824601	901230	1017199
陆上风能	340915	404600	452599	496208	540250	594481	699350	770336	839263	944536
海上风能	8503	11735	14358	18837	23590	28292	34369	54265	61967	72663
太阳能	180759	229058	301186	396317	492640	595492	728405	873859	1073135	1418969
太阳能光伏	176159	224207	296215	391245	486828	589114	721989	867482	1066559	1412093
太阳能光热	4600	4851	4971	5072	5812	6378	6416	6377	6576	6876
生物质能	90843	96842	105675	111410	118608	125244	133200	139511	145896	150261
地热能	11249	11847	12173	12730	13196	13824	14157	14432	14653	14846

续表

装机类型	2014年	2015年	2016年	2017年	2018年	2019年	2020年	2021年	2022年	2023年
海洋能	514	513	524	528	528	526	525	524	525	527
抽水蓄能	109471	111902	116995	119844	120366	120612	122355	125041	134384	139851

资料来源：国际可再生能源署（IRENA），《可再生能源装机统计 2024》。

3. 2023 年全球可再生能源发电（不含水力发电）装机结构（分类型）

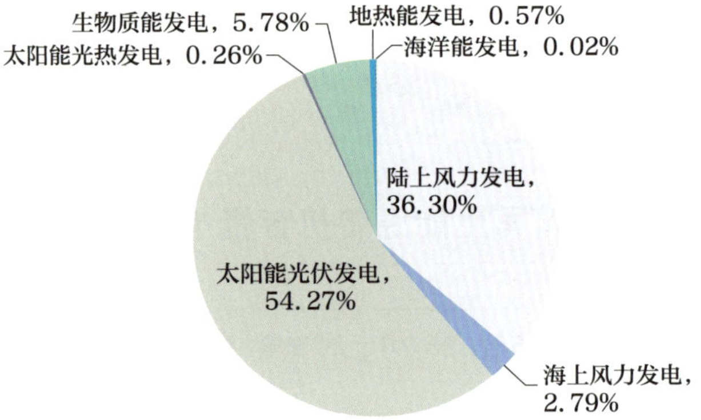

资料来源：国际可再生能源署（IRENA），《可再生能源装机统计 2024》；彭博新能源财经（BNEF）。

4. 2014—2023 年全球及主要国家风力发电装机容量

单位：MW

全球 / 国家	2014年	2015年	2016年	2017年	2018年	2019年	2020年	2021年	2022年	2023年
全球	349418	416335	466957	515045	563840	622773	733719	824601	901230	1017199
中国	96819	131048	148517	164374	184665	209582	281993	328973	365964	441895
美国	64430	72767	81502	87831	94666	103836	118664	133019	141674	148020
德国	38614	44580	49435	55580	58721	60742	62201	63711	66163	69459

续表

全球 / 国家	2014年	2015年	2016年	2017年	2018年	2019年	2020年	2021年	2022年	2023年
印度	22465	25088	28700	32848	35288	37505	38559	40067	41930	44736
西班牙	22925	22943	22990	23124	23405	25590	26819	27908	30114	31028
英国	13074	14305	16126	19585	21606	23887	24458	25748	28762	30215
法国	9201	10298	11567	13499	14900	16427	17535	18551	20811	22196
巴西	4888	7633	10129	12304	14843	15438	17198	21161	24163	29135
加拿大	9694	11214	11973	12250	12816	13220	13735	14259	15265	16989
意大利	8683	9137	9384	9737	10230	10679	10871	11254	11821	12308

资料来源：国际可再生能源署（IRENA），《可再生能源装机统计 2024》。

5. 2014—2023 年全球及主要国家陆上风力发电装机容量

单位：MW

全球 / 国家	2014年	2015年	2016年	2017年	2018年	2019年	2020年	2021年	2022年	2023年
全球	340915	404600	452599	496208	540250	594481	699350	770336	839263	944536
中国	96379	130489	147037	161586	180077	203652 e	273003 o	302583 e	335504 e	404605 e
美国	64430 o	72767 o	81473 o	87801 o	94637 o	103806 o	118634 o	132978 o	141633 o	147979 o
德国	37620 o	41297 o	45303	50174	52328	53187	54414	55904	58014	61052
印度	22465 o	25088 o	28700 o	32848 o	35288 o	37505 o	38559 o	40067 o	41930 o	44736 o
西班牙	22920	22938 e	22985	23119	23400	25585	26814	27903	30109	31021 o
巴西	4888 o	7633 o	10129 o	12304 o	14843 o	15438 o	17198 o	21161 o	24163 o	29135 o
法国	9191	10287	11556	13497	14898	16425	17533	18549	20809	22194 u
加拿大	9694	11214	11973	12250	12816	13220	13735	14259	15265	16989
瑞典	4875	5606	6232	6408	7097	8478	9773	11923	14086	16059 u

续表

全球 / 国家	2014年	2015年	2016年	2017年	2018年	2019年	2020年	2021年	2022年	2023年
英国	8573	9212	10833	12597	13425	13999	14075	14493	14835	15470
意大利	8683	9137	9384	9737	10230	10679	10871	11254	11821	12308

注：“o”表示数据来源于各国统计机构、政府部门、监管部门等官方渠道。“u”表示数据来源于行业协会和新闻报道等非官方渠道。“e”表示数据由国际可再生能源署（IRENA）通过不同数据源进行的预测。后面表格同此处。

资料来源：国际可再生能源署（IRENA），《可再生能源装机统计 2024》。

6. 2014—2023 年全球及主要国家海上风力发电装机容量

单位：MW

全球 / 国家	2014年	2015年	2016年	2017年	2018年	2019年	2020年	2021年	2022年	2023年
全球	8503	11735	14358	18837	23590	28292	34369	54265	61967	72663
中国	440	559	1480	2788	4588	5930	8990	26390	30460	37290
英国	4501	5093	5293	6988	8181	9888	10383	11256	13928	14746
德国	994 o	3283 o	4132 o	5406	6393	7555	7787	7807	8149	8407
荷兰	228 o	357 o	957 o	957	957	957	2460	2460	2570 o	3978 o
丹麦	1271	1271	1271	1264	1701	1701	1701	2306	2306	2650 u
比利时	708	712	712	877	1186	1556	2262	2262	2262	2262 u
越南	16 u	99 u	99 o	99 o	99 e	99 u	99 e	994 e	994 e	1104 o
瑞典	213	213	203	203	203	203	203	193	193	193 e
日本	50	60	65	65 u	65 u	66	59	52	52 o	154 u
韩国	11	11	41	46 e	73 u	73 u	136 u	136 e	136 e	136 e
芬兰	26 u	32 u	32 u	73	73 o	73	73 u	73	73	73
美国	0 u	0 u	29 o	29 o	29 o	29 o	29 o	41 o	41 o	41 o

资料来源：国际可再生能源署（IRENA），《可再生能源装机统计 2024》。

7. 2014—2023 年全球及主要国家太阳能发电装机容量

单位：MW

全球 / 国家	2014年	2015年	2016年	2017年	2018年	2019年	2020年	2021年	2022年	2023年
全球	180759	229058	301186	396317	492640	595492	728405	873859	1073135	1418969
中国	28399	43549	77819	130832	175262	204971	253864	306973	393032	609921
美国	18112	24237	35434	43770	51987	61587	76441	95391	114361	139205
日本	23339	34150	42040	49500	56162	63192	71868	78413	83057	87068
德国	37900	39224	40679	42293	45158	48914	53671	60038	67479	81739
印度	3776	5697	9982	18257	27485	35250	39705	49950	63390	73109
澳大利亚	5287	5946	6689	7291	11365	16147	20838	25757	29958	33683
西班牙	7001	7008	7017	7027	7068	11111	12440	16019	25615	31016
意大利	18600	18907	19289	19688	20114	20871	21656	22600	24561	29795
韩国	2620	3845	4882	6435	8921	12717	17323	21264	24078	27046
荷兰	1007	1526	2135	2911	4608	7228	11110	14823	19600	23904
法国	6034	7138	7702	8610	9629	10738	11926	14612	17350	20551

资料来源：国际可再生能源署（IRENA），《可再生能源装机统计 2024》。

8. 2014—2023 年全球及主要国家太阳能光伏发电装机容量

单位：MW

全球 / 国家	2014年	2015年	2016年	2017年	2018年	2019年	2020年	2021年	2022年	2023年
全球	176159	224207	296215	391245	486828	589114	721989	867482	1066559	1412093
中国	28388	43538	77788	130801	175016	204575 e	253414 o	306403 e	392462 e	609351 e

续表

全球 / 国家	2014年	2015年	2016年	2017年	2018年	2019年	2020年	2021年	2022年	2023年
美国	16445 o	22479 o	33676 o	42012 o	50229 o	59829 o	74693 o	93911 o	112811 o	137725 o
日本	23339	34150	42040	49500	56162	63192	71868	78413	83057 o	87068 o
德国	37898	39222	40677	42291	45156	48912	53669	60036	67477	81737
印度	3447 e	5368 e	9654 e	17928 e	27156 e	34908 e	39363 e	49607 e	63048 e	72767 e
意大利	18594	18901	19283	19682	20108	20865	21650	22594	24555	29789
韩国	2620	3845	4882	6435	8921	12717	17323	21264	24078 o	27046 o
法国	6034	7138	7702	8610	9629	10729	11917	14603	17341	20542 e
英国	5528	9601	11914	12760	13060	13345	13551	13915	14651	15657
土耳其	40	249	833	3421 o	5063	5995	6667 o	7816 o	9425 o	11292 o

资料来源：国际可再生能源署（IRENA），《可再生能源装机统计 2024》。

9. 2014—2023 年全球及主要国家太阳能光热发电装机容量

单位：MW

全球 / 国家	2014年	2015年	2016年	2017年	2018年	2019年	2020年	2021年	2022年	2023年
全球	4600	4851	4971	5072	5812	6378	6416	6377	6576	6876
西班牙	2304	2304	2304	2304	2304	2304	2304	2304	2304 o	2304 o
美国	1667 o	1758 o	1758	1758 o	1758 o	1758 o	1748 o	1480 o	1480 o	1480 o
阿联酋	100 o	100 u	100 u	100 u	100 e	100 e	100 e	100 e	300	600
中国	11	11	31 u	31 u	246 u	396 u	450	570	570	570
摩洛哥	20	180	180	180 o	540	540	540	540 e	540 e	540 e

续表

全球 / 国家	2014年	2015年	2016年	2017年	2018年	2019年	2020年	2021年	2022年	2023年
南非	100 o	100 o	200 o	300 o	400 o	500 u	500 o	500 e	500 e	500 u
印度	329 u	329 u	329 u	329 u	329 u	343 u	343 u	343 u	343 e	343 u
以色列	6 e	6 e	6 e	6 e	6 e	248 u	242 o	242 e	242 e	242 e
阿尔及利亚	25 o	25 o	25 o	25 e	25 e	25 e	25 e	25 e	25 e	25 e

资料来源：国际可再生能源署（IRENA），《可再生能源装机统计 2024》。

10. 2014—2023 年全球及主要国家生物质能发电装机容量

单位：MW

全球 / 国家	2014年	2015年	2016年	2017年	2018年	2019年	2020年	2021年	2022年	2023年
全球	90843	96842	105675	111410	118608	125244	133200	139511	145896	150261
中国	6653	7977	9269	11234	13235	16537	21855	27345	29390	31255
巴西	12343	13311	14187	14575	14821	15359	15690	16364	17224	17597
美国	12420	12969	12901	12838	12616	12053	11889	11334	11102	10990
印度	5032	5480	8897	9418	10138	10226	10533	10592	10669	10752
德国	8202	8429	8660	8982	9662	9994	10320	9792	9830	9950
英国	4240	4808	5250	5513	7044	7230	7302	7387	7438	7477
泰国	2796	3165	3322	3728	4037	4097	4241	4476	4603	4705
瑞典	4483	4716	4850	4822	5021	5299	4462	4376	4507	4507
意大利	3359	3367	3439	3450	3491	3454	3439	3420	3392	3434
加拿大	2651	2628	2696	2779	2792	2668	2674	2674	2682	2682

资料来源：国际可再生能源署（IRENA），《可再生能源装机统计 2024》

11. 2014—2023年全球及主要国家地热能发电装机容量

单位：MW

全球 / 国家	2014年	2015年	2016年	2017年	2018年	2019年	2020年	2021年	2022年	2023年
全球	11249	11847	12173	12730	13196	13824	14157	14432	14653	14846
美国	2514 o	2542 o	2517 o	2483 o	2444 o	2555 o	2572 o	2597 o	2649 o	2674 o
印度尼西亚	1404 o	1438 o	1533 o	1808 o	1948 o	2131 o	2131 o	2286 o	2360 o	2418 o
菲律宾	1916 o	1916 o	1916 o	1916 o	1928 o	1928 o	1928 o	1928 o	1932 o	1952 o
土耳其	405	624	821	1064 o	1283	1515	1613 o	1676	1691	1691 o
新西兰	966	990	985	985	1009	1009	1043	1043	1050 o	1050 e
墨西哥	868 o	898 o	924 o	949 o	949 o	974 o	974 o	999 o	999 o	999 e
肯尼亚	366 o	619 o	653 o	673 o	684 o	684 o	863 e	863 e	949 e	983 o
意大利	768	768	767	767	767 e	767	772	772	772	772
冰岛	665	665	665	710	756	756	756	756	756 e	756 e
日本	508	516	526	471	473	481	487	487	437 o	428 o

资料来源：国际可再生能源署（IRENA），《可再生能源装机统计 2024》。

三、全球能源发电量数据

1. 2014—2023年全球发电量（分类型）

单位：TWh

	2014年	2015年	2016年	2017年	2018年	2019年	2020年	2021年	2022年	2023年
全球	24076.2	24314.6	24984.3	25738.0	26783.3	27147.3	27032.5	28548.5	29188.1	29924.8
燃油发电	1036.3	1021.5	939.1	850.6	764.8	719.1	656.0	718.2	742.6	698.1
燃气发电	5289.7	5635.1	5923.6	6039.5	6300.0	6486.3	6459.1	6622.4	6668.9	6746.3

续表

	2014年	2015年	2016年	2017年	2018年	2019年	2020年	2021年	2022年	2023年
燃煤发电	9758.6	9415.0	9435.1	9746.2	10129.4	9897.5	9497.6	10226.6	10324.4	10513.0
核能发电	2541.1	2575.3	2613.7	2637.0	2700.2	2795.8	2689.0	2802.5	2679.6	2737.7
水力发电	3888.8	3878.7	4015.5	4068.2	4188.2	4243.1	4359.4	4288.8	4323.4	4240.2
风力发电	705.9	831.3	962.1	1141.9	1270.5	1421.4	1594.7	1859.6	2108.0	2325.3
太阳能发电	197.3	256.0	328.4	445.3	574.7	705.5	854.9	1051.6	1321.9	1641.6
地热能、生物质能及其他能源发电	505.6	546.5	554.7	586.1	633.4	665.0	702.9	756.2	776.8	781.5

资料来源：英国能源研究学会（EI）、毕马威、科尔尼咨询公司，《世界能源统计年鉴 2024》。

2. 2014—2023 年全球及主要国家发电量

单位：TWh

全球 / 国家	2014年	2015年	2016年	2017年	2018年	2019年	2020年	2021年	2022年	2023年
全球	24076.2	24314.6	24984.3	25738.0	26783.3	27147.3	27032.5	28548.5	29188.1	29924.8
中国	5794.5	5814.6	6133.2	6604.4	7166.1	7503.4	7779.1	8534.2	8848.7	9456.4
美国	4363.3	4349.9	4348.9	4303.8	4464.5	4414.1	4287.6	4400.9	4537.7	4494.0
印度	1262.2	1322.1	1401.7	1471.3	1579.2	1622.1	1581.9	1695.5	1829.3	1958.2
俄罗斯	1064.2	1067.5	1091.0	1091.2	1109.2	1118.1	1085.4	1157.1	1166.9	1178.2
日本	1062.7	1030.1	1063.7	1076.9	1082.9	1047.4	1011.0	1034.7	1040.6	1013.3
巴西	590.5	581.2	578.9	589.3	601.4	633.3	628.8	656.1	677.2	710.0
加拿大	653.0	661.1	668.2	669.6	661.5	656.0	653.9	649.9	658.9	633.2
韩国	540.4	547.8	561.0	576.4	592.9	586.8	577.1	607.8	624.6	617.9
法国	564.8	571.6	556.2	554.0	573.9	562.7	524.3	547.2	466.5	519.7

续表

全球 / 国家	2014年	2015年	2016年	2017年	2018年	2019年	2020年	2021年	2022年	2023年
德国	626.6	647.0	649.2	652.3	641.4	608.2	574.7	587.1	577.9	513.7

资料来源：英国能源研究学会（EI）、毕马威、科尔尼咨询公司，《世界能源统计年鉴 2024》。

3. 2014—2023 年全球及主要国家燃油发电量

单位：TWh

全球 / 国家	2014年	2015年	2016年	2017年	2018年	2019年	2020年	2021年	2022年	2023年
全球	1036.3	1021.5	939.1	850.6	764.8	719.1	656.0	718.2	742.6	698.1
沙特阿拉伯	175.7	185.3	169.1	172.2	147.9	154.8	148.4	156.1	153.0	152.1
墨西哥	32.5	31.2	33.5	38.9	35.7	34.8	20.6	31.5	32.7	33.4
日本	121.5	103.6	92.2	53.7	49.1	35.4	23.6	29.0	42.5	33.4
伊朗	64.3	56.3	38.3	27.4	27.7	32.0	36.9	34.3	30.2	26.9
美国	32.5	30.4	26.0	23.0	27.1	19.7	18.6	20.6	24.7	17.7
埃及	31.8	36.4	33.9	25.8	15.8	8.2	4.8	9.5	16.2	16.6
中国	9.5	9.7	10.4	9.9	10.9	10.5	11.5	11.4	11.5	11.2
西班牙	14.1	17.2	16.8	15.8	14.5	12.3	10.7	10.0	10.6	10.7
意大利	14.2	13.9	12.5	12.5	11.7	11.8	11.4	9.3	12.8	10.6
巴西	34.1	28.3	14.6	15.2	12.2	11.3	12.0	20.2	10.1	9.8

资料来源：英国能源研究学会（EI）、毕马威、科尔尼咨询公司，《世界能源统计年鉴 2024》。

4. 2014—2023 年全球及主要国家燃气发电量

单位：TWh

全球 / 国家	2014年	2015年	2016年	2017年	2018年	2019年	2020年	2021年	2022年	2023年
全球	5289.7	5635.1	5923.6	6039.5	6300.0	6486.3	6459.1	6622.4	6668.9	6746.3
美国	1211.4	1435.1	1483.1	1395.4	1582.6	1708.1	1749.2	1698.1	1814.1	1937.7
俄罗斯	534.8	529.8	521.8	516.3	523.7	512.3	465.9	513.4	527.1	528.4
伊朗	192.0	206.6	225.3	252.5	266.3	244.5	268.2	302.2	313.4	323.6
日本	447.7	414.0	434.6	438.1	419.2	391.9	381.3	358.3	351.5	320.9
中国	133.3	166.9	188.3	203.2	215.5	232.5	252.5	287.1	275.6	297.8
沙特阿拉伯	152.5	165.3	188.6	222.7	226.7	223.5	232.3	236.0	246.0	265.0
墨西哥	173.7	185.5	192.8	197.7	215.8	208.4	205.6	191.3	192.1	204.9
埃及	124.6	129.8	138.5	151.9	167.2	171.8	169.3	175.8	176.3	178.7
韩国	128.7	119.9	128.0	134.3	162.3	154.4	160.8	178.7	174.4	167.0
泰国	120.3	128.5	126.1	121.0	116.3	121.8	113.9	113.1	114.6	129.4

资料来源：英国能源研究学会（EI）、毕马威、科尔尼咨询公司，《世界能源统计年鉴 2024》。

5. 2014—2023 年全球及主要国家燃煤发电量

单位：TWh

全球 / 国家	2014年	2015年	2016年	2017年	2018年	2019年	2020年	2021年	2022年	2023年
全球	9758.6	9415.0	9435.1	9746.2	10129.4	9897.5	9497.6	10226.6	10324.4	10513.0
中国	4203.1	4046.2	4156.4	4430.0	4763.9	4855.2	4922.0	5333.9	5412.7	5753.9
印度	949.9	1006.6	1073.6	1115.2	1198.9	1198.8	1143.8	1255.6	1354.2	1471.3

续表

全球 / 国家	2014年	2015年	2016年	2017年	2018年	2019年	2020年	2021年	2022年	2023年
美国	1713.7	1468.3	1346.2	1310.0	1250.5	1051.1	844.3	977.8	906.7	738.4
日本	353.1	346.7	321.0	343.1	339.2	329.7	316.9	323.4	325.6	304.3
印度尼西亚	119.5	124.7	135.4	148.0	160.0	174.5	180.9	189.7	205.3	216.8
俄罗斯	158.7	158.6	171.5	174.0	176.6	187.5	175.0	187.1	198.6	211.1
韩国	223.3	230.7	231.0	256.2	253.6	241.1	204.9	209.9	206.2	202.8
南非	226.8	224.4	226.3	224.2	226.4	220.2	209.3	206.2	197.2	185.9
越南	34.9	56.5	68.4	67.7	91.7	120.2	122.5	118.0	104.0	129.6
德国	274.4	272.2	261.7	241.2	228.2	171.4	134.6	164.7	180.0	127.8

资料来源：英国能源研究学会（EI）、毕马威、科尔尼咨询公司，《世界能源统计年鉴 2024》。

6. 2014—2023 年全球及主要国家非化石能源发电量

单位：TWh

全球 / 国家	2014年	2015年	2016年	2017年	2018年	2019年	2020年	2021年	2022年	2023年
全球	7991.60	8243.00	8686.50	9101.70	9589.10	10044.40	10419.80	10981.30	12831.40	11967.40
中国	1448.60	1591.82	1778.16	1961.35	2175.85	2405.21	2593.13	2901.87	3148.87	3393.60
美国	1405.67	1416.10	1493.60	1575.42	1604.26	1635.15	1675.40	1704.38	1792.29	1800.18
印度	236.91	241.66	246.17	272.45	302.89	348.51	360.84	377.24	426.17	431.46
俄罗斯	359.92	369.09	386.77	393.97	400.92	409.70	437.12	448.03	434.16	431.81
日本	140.44	165.88	215.86	242.03	275.40	290.38	289.21	323.95	320.99	354.76

续表

全球 / 国家	2014年	2015年	2016年	2017年	2018年	2019年	2020年	2021年	2022年	2023年
巴西	448.47	446.44	482.14	485.65	513.82	534.33	539.55	524.66	610.75	648.36
加拿大	520.14	529.20	538.28	546.88	539.60	535.18	537.64	531.55	542.73	514.95
韩国	174.99	184.66	185.01	175.90	166.26	183.25	204.28	210.31	235.67	240.37
法国	537.25	535.06	507.76	497.24	532.34	517.30	484.18	505.91	413.96	484.70
德国	286.05	307.25	301.12	319.55	326.59	341.98	340.41	327.58	313.17	303.23

资料来源：英国能源研究学会（EI）、毕马威、科尔尼咨询公司，《世界能源统计年鉴 2024》。

7. 2014—2023 年全球及主要国家可再生能源发电量

单位：TWh

全球 / 国家	2014年	2015年	2016年	2017年	2018年	2019年	2020年	2021年	2022年	2023年
全球	1406.0	1631.4	1843.5	2175.8	2481.5	2793.5	3151.3	3664.6	4206.7	4748.4
中国	183.8	229.5	279.1	369.5	502.0	636.4	742.0	863.2	1372.5	1668.1
美国	266.2	296.8	315.8	367.4	417.7	451.6	483.7	547.7	717.3	737.3
德国	129.0	142.3	169.2	168.6	195.5	205.2	221.4	232.8	237.0	252.8
印度	55.9	63.0	69.9	79.8	99.1	123.9	141.1	152.0	203.8	232.8
巴西	47.6	59.3	71.6	84.9	96.1	106.3	117.6	126.5	166.8	202.8
日本	41.2	52.2	68.2	72.3	87.5	98.7	106.7	117.8	138.3	149.0
英国	48.5	58.6	77.1	77.6	93.0	104.6	113.6	127.9	129.4	129.8
西班牙	74.2	71.1	68.9	68.2	69.5	69.8	73.8	83.2	105.3	116.5

续表

全球 / 国家	2014年	2015年	2016年	2017年	2018年	2019年	2020年	2021年	2022年	2023年
法国	29.7	35.7	37.2	41.9	47.5	55.0	61.5	61.1	66.8	84.3
澳大利亚	16.4	18.3	21.7	24.1	25.7	32.2	41.2	49.9	70.8	80.0

资料来源：英国能源研究学会（EI）、毕马威、科尔尼咨询公司，《世界能源统计年鉴 2024》。

8. 2014—2023 年全球及主要国家风力发电量

单位：TWh

全球 / 国家	2014年	2015年	2016年	2017年	2018年	2019年	2020年	2021年	2022年	2023年
全球	705.9	831.3	962.1	1141.9	1270.5	1421.4	1594.7	1859.6	2108.0	2325.3
中国	159.8	185.6	240.9	304.6	365.8	405.3	466.5	655.8	762.7	885.9
美国	183.5	192.6	229.3	256.9	275.4	298.9	341.4	382.0	438.7	429.5
德国	58.5	80.6	79.9	105.7	110.0	125.9	132.1	114.6	124.8	142.1
巴西	12.2	21.6	33.5	42.4	48.5	56.0	57.1	72.3	81.6	95.5
印度	33.5	32.7	43.5	52.6	60.3	63.3	60.4	68.1	70.0	82.1
英国	32.0	40.3	37.2	49.6	56.9	63.8	75.4	64.7	80.3	82.0
西班牙	52.0	49.3	48.9	49.1	50.9	53.1	56.4	62.1	62.8	64.2
法国	17.3	21.4	21.3	24.5	28.5	34.6	39.9	37.0	37.9	52.3
加拿大	12.8	27.0	30.9	31.5	33.5	32.9	35.8	37.3	38.4	38.9
瑞典	11.2	16.3	15.5	17.6	16.6	19.8	27.5	27.1	33.1	34.3

资料来源：英国能源研究学会（EI）、毕马威、科尔尼咨询公司，《世界能源统计年鉴 2024》。

9. 2014—2023 年全球及主要国家太阳能发电量

单位：TWh

全球 / 国家	2014年	2015年	2016年	2017年	2018年	2019年	2020年	2021年	2022年	2023年
全球	197.3	256.0	328.4	445.3	574.7	705.5	854.9	1051.6	1321.9	1641.6
中国	23.5	39.5	66.5	117.8	176.9	224.0	261.1	327.0	427.3	584.2
美国	29.2	39.4	55.4	78.1	94.3	108.0	132.0	166.1	207.2	240.5
印度	4.9	6.6	11.6	21.5	36.3	46.3	58.7	68.3	95.2	113.4
日本	23.5	34.5	43.3	54.0	61.2	67.4	75.9	84.2	91.1	97.0
德国	35.4	38.1	37.6	38.8	44.3	45.2	49.5	49.3	60.3	61.2
巴西	—	0.1	0.1	0.8	3.5	6.7	10.7	16.8	30.1	51.5
西班牙	13.7	13.9	13.6	14.3	12.7	15.1	20.7	27.1	35.7	46.8
澳大利亚	5.0	6.2	7.4	8.9	12.3	18.3	23.8	31.2	37.5	45.0
意大利	22.3	22.9	22.1	24.4	22.7	23.7	24.9	25.0	28.1	31.2
韩国	2.7	4.2	5.5	7.7	10.2	14.2	19.3	24.7	30.7	29.4

资料来源：英国能源研究学会（EI）、毕马威、科尔尼咨询公司，《世界能源统计年鉴 2024》。

10. 2014—2023 年全球及主要国家核能发电量

单位：TWh

全球 / 国家	2014年	2015年	2016年	2017年	2018年	2019年	2020年	2021年	2022年	2023年
全球	2541.1	2575.3	2613.7	2637.0	2700.2	2795.8	2689.0	2802.5	2679.6	2737.7
美国	839.1	839.1	848.1	847.3	849.6	852.0	831.5	820.7	812.1	816.2
中国	133.2	171.4	213.2	248.1	295.0	348.7	366.2	407.5	417.8	434.7

续表

全球 / 国家	2014年	2015年	2016年	2017年	2018年	2019年	2020年	2021年	2022年	2023年
法国	436.5	437.4	403.2	398.4	412.9	399.0	353.8	379.4	294.7	338.2
俄罗斯	180.8	195.5	196.6	203.1	204.6	209.0	215.9	222.4	223.7	217.4
韩国	156.4	164.8	162.0	148.4	133.5	145.9	160.2	158.0	176.1	180.5
加拿大	106.5	101.1	100.7	100.6	100.0	100.5	97.5	92.0	86.6	89.0
日本	–	4.5	17.7	29.1	49.1	65.6	43.0	61.2	51.8	77.5
西班牙	57.3	57.3	58.6	58.1	55.8	58.3	58.3	56.6	58.6	56.8
乌克兰	88.4	87.6	81.0	85.6	84.4	83.0	76.2	86.2	62.1	52.4
瑞典	64.9	56.3	63.1	65.7	68.5	66.1	49.2	53.0	51.9	48.4

资料来源：英国能源研究学会（EI）、毕马威、科尔尼咨询公司，《世界能源统计年鉴 2024》。

11. 2014—2023 年全球及主要国家地热能、生物质能及其他能源发电量

单位：TWh

全球 / 国家	2014年	2015年	2016年	2017年	2018年	2019年	2020年	2021年	2022年	2023年
全球	505.6	546.5	554.7	586.1	633.4	665.0	702.9	756.2	776.8	781.5
中国	46.3	54.1	62.1	79.6	93.7	112.7	135.6	165.9	182.5	198.1
美国	84.1	83.7	82.7	82.8	81.9	76.8	74.3	73.9	71.5	67.3
巴西	47.1	49.9	51.3	52.9	54.4	54.9	58.7	55.7	55.0	55.8
德国	48.4	50.5	51.1	51.1	51.0	50.3	51.2	50.3	51.9	49.5
日本	23.6	28.5	23.7	23.8	25.7	27.6	30.4	34.8	37.8	42.0
印度尼西亚	10.3	10.5	11.2	13.4	26.4	26.3	27.9	30.9	37.3	39.4

续表

全球 / 国家	2014年	2015年	2016年	2017年	2018年	2019年	2020年	2021年	2022年	2023年
印度	24.7	30.6	24.8	24.9	27.2	31.5	32.9	35.5	38.6	37.3
英国	22.6	29.3	30.1	31.9	35.1	37.5	39.5	40.1	35.8	34.0
意大利	24.6	25.6	25.8	25.6	25.3	25.6	25.7	25.0	23.5	20.3
土耳其	3.4	4.7	6.5	8.3	10.1	12.5	14.5	17.3	19.2	19.5

资料来源：英国能源研究学会（EI）、毕马威、科尔尼咨询公司,《世界能源统计年鉴 2024》。

12. 2014—2023 年全球及主要国家水力发电量

单位：TWh

全球 / 国家	2014年	2015年	2016年	2017年	2018年	2019年	2020年	2021年	2022年	2023年
全球	3888.8	3878.7	4015.5	4068.2	4188.2	4243.1	4359.4	4288.8	4323.4	4240.2
中国	1059.7	1114.5	1153.3	1165.1	1198.9	1272.5	1321.7	1300.0	1298.1	1226.0
巴西	373.4	359.7	380.9	370.9	389.0	397.9	396.4	362.8	427.1	428.7
加拿大	382.5	382.2	385.4	394.6	385.9	381.8	386.5	382.4	397.7	364.2
美国	255.8	246.5	263.8	296.8	289.5	285.5	282.8	249.0	251.3	236.3
俄罗斯	173.4	168.0	184.6	185.2	190.6	194.4	212.4	214.5	197.7	200.9
印度	139.0	133.3	128.4	135.8	139.8	162.1	163.7	160.3	174.9	149.2
挪威	135.5	137.3	142.8	142.4	139.0	125.3	140.9	143.3	127.6	136.1
越南	62.2	56.1	63.9	85.9	83.1	66.1	72.9	78.7	95.9	80.9
日本	81.7	85.8	79.4	79.2	81.0	73.9	78.3	79.6	74.9	74.5
瑞典	63.8	75.3	62.1	65.1	62.1	65.3	72.3	73.8	69.8	66.0

资料来源：英国能源研究学会（EI）、毕马威、科尔尼咨询公司,《世界能源统计年鉴 2024》。

四、全球新能源产业链数据

1. 2023 年全球主要晶硅组件制造商产能

单位：MW

晶硅组件制造商名称	产能
晶科能源（Jinko Solar Holding Co.，Ltd.）	163700
隆基绿能（LONGi Green Energy Technology Co.，Ltd.）	124200
天合光能（Trina Solar Co.，Ltd.）	108200
晶澳科技（JA Solar Technology Co.，Ltd.）	108000
阿特斯（Canadian Solar Inc.）	81100
四川通威太阳能（Tongwei Co.，Ltd.）	80000
浙江正泰 [Chint Solar（ZheJiang）Co.，Ltd.]	45000
东方日升（Risen Energy Co.，Ltd.）	39200
一道新能（DAS Solar Co.，Ltd.）	35000
协鑫集成（GCL System Integration Technology Co.，Ltd.）	31500

资料来源：彭博新能源财经（BNEF）。

2. 2023 年全球主要风力发电整机制造商新增安装量

单位：MW

风力发电整机制造商名称	新增安装量
金风科技（Goldwind）	16300
远景能源（Envision）	14100
维斯塔斯（Vestas）	11500

续表

风力发电整机制造商名称	新增安装量
明阳智能（Mingyang）	9900
西门子歌美飒（Siemens Gamesa）	9700
三一重能（SANY）	7500
通用电气（General Electric）	7200
恩德安迅能（Nordex Acciona）	6400
东方电气（Dongfang Electirc）	5400
上海电气（Shanghai Electirc）	3700

资料来源：伍德麦肯兹。

3. 截至 2023 年全球主要储能电池制造商累计安装量

单位：MWh

储能电池制造商名称	累计安装量
比亚迪（Build Your Dreams Co.，Ltd.）	403050
宁德时代（Contemporary Amperex Technology Co.，Ltd.）	369420
LG 新能源（LG Energy Solution Co.，Ltd.）	229000
国轩高科（Gotion High-tech Co.，Ltd.）	169050
中航锂电（CALB Group Co.，Ltd.）	157500
蜂巢能源科技（SVOLT Energy Technology Co.，Ltd.）	146740
楚能新能源（Cornex New Energy Co.，Ltd.）	100000
亿纬锂能（Eve Energy Co.，Ltd.）	82000

续表

储能电池制造商名称	累计安装量
天津捷威动力（Tianjin EV Energies Co.，Ltd.）	71000
厦门海辰储能（Xiamen Hithium Energy Storage Technology Co.，Ltd.）	70000

资料来源：彭博新能源财经（BNEF）。

五、全球新能源投融资、成本数据

（一）投资

1. 2014—2023 年全球新能源投资（分类别）

单位：亿美元

	2014年	2015年	2016年	2017年	2018年	2019年	2020年	2021年	2022年	2023年
全球	3429.8	3806.8	3835.0	4304.0	4482.1	4671.0	4953.6	5897.8	6786.7	6983.8
风能	1096.8	1243.3	1297.0	1473.4	1573.3	1861.3	1965.9	2068.8	2357.4	2416.0
太阳能	1658.6	1888.3	1844.3	2136.2	1983.6	1967.4	2279.2	2983.2	3857.2	4259.6
生物质能及废弃物	140.7	145.4	172.9	121.0	164.9	189.2	132.3	147.2	46.9	37.7
生物燃料	43.7	17.5	17.1	22.5	24.8	59.8	26.1	80.7	60.4	10.2
小型水电	76.6	60.2	47.1	44.6	36.9	23.7	17.4	14.3	20.2	3.4
地热能	29.7	28.6	25.6	36.6	30.4	14.0	37.6	28.2	24.0	80.2
海洋能	1.3	0.3	0.7	0	0.5	0	0	0	0	0

资料来源：彭博新能源财经（BNEF）。

2. 2014—2023 年全球及主要国家新能源投资（分国别）

单位：亿美元

全球 / 国家	2014年	2015年	2016年	2017年	2018年	2019年	2020年	2021年	2022年	2023年
全球	3429.8	3806.8	3835.0	4304.0	4482.1	4671.0	4953.6	5897.8	6786.7	6983.8
中国	923.1	1275.8	1216.6	1483.4	1047.0	1252.6	1309.3	2058.3	3081.7	2733.6
美国	706.2	674.2	819.9	855.1	926.2	1084.2	1077.1	1269.7	888.3	1178.4
英国	263.2	390.1	370.9	256.1	301.9	200.4	230.6	189.3	193.2	333.7
巴西	97.3	100.5	80.0	124.4	72.3	106.4	118.5	162.4	313.7	289.2
德国	179.4	196.0	185.1	224.0	116.2	115.3	172.9	165.8	201.9	251.4
西班牙	24.3	51.6	44.8	37.1	121.2	190.1	232.7	201.1	207.8	225.3
澳大利亚	30.2	39.6	39.9	83.3	132.0	98.0	86.6	105.3	158.8	156.1
法国	80.5	54.9	66.8	69.5	80.8	130.2	104.8	93.6	71.9	142.8
印度	59.6	85.8	131.1	161.9	130.4	103.8	99.2	171.6	159.2	131.1
日本	376.5	223.7	178.1	173.7	184.1	167.5	180.1	165.4	105.2	110.1

资料来源：彭博新能源财经（BNEF）。

3. 2014—2023 年全球及主要国家风能投资

单位：亿美元

全球 / 国家	2014年	2015年	2016年	2017年	2018年	2019年	2020年	2021年	2022年	2023年
陆上风力发电投资										
全球	853.8	962.2	932.4	1045.3	1128.8	1385.7	1201.0	1577.0	1675.6	1480.6
中国	396.9	454.9	356.7	410.8	372.7	578.5	530.1	840.9	982.8	707.2

续表

全球 / 国家	2014年	2015年	2016年	2017年	2018年	2019年	2020年	2021年	2022年	2023年
					陆上风力发电投资					
美国	326.4	312.3	382.7	425.0	481.7	547.2	414.2	430.3	266.1	323.1
澳大利亚	9.3	23.2	20.6	32.4	70.4	48.6	22.6	43.0	79.6	83.4
西班牙	14.5	3.7	16.4	5.5	27.8	82.4	66.9	53.8	51.8	64.5
巴西	69.3	80.6	64.3	85.0	26.1	56.0	57.3	64.7	94.0	60.7
德国	81.1	97.1	94.6	79.9	40.2	34.1	46.3	48.9	51.6	54.4
印度	22.5	39.7	60.8	45.2	40.9	21.3	25.6	45.2	36.0	47.9
加拿大	43.1	49.8	42.2	30.7	53.1	29.8	24.7	69.6	40.8	40.2
英国	46.8	67.2	45.3	55.2	38.6	44.5	37.9	33.3	20.0	32.1
瑞典	8.8	7.5	17.5	30.4	60.8	55.3	40.9	44.2	28.9	31.5
					海上风力发电投资					
全球	243.0	281.1	364.6	428.1	444.5	475.6	764.9	491.8	681.8	935.4
英国	87.3	160.3	210.5	121.7	208.3	118.0	159.3	109.5	133.7	245.6
中国	23.4	32.1	39.4	116.4	111.0	152.3	277.8	124.5	301.9	196.1
美国	—	3.1	1.5	1.2	4.6	5.3	0	52.3	9.7	150.4
法国	—	0.1	2.4	—	1.2	30.3	46.3	30.7	4.2	83.5
德国	64.7	71.5	62.8	109.6	30.7	31.9	70.5	58.6	61.2	69.3
波兰	—	—	—	—	0.3	4.8	—	3.2	—	50.4
丹麦	5.8	0	11.6	—	17.1	—	—	8.7	0.2	24.8
日本	—	2.1	—	—	0.1	—	9.2	—	1.1	13.7

资料来源：彭博新能源财经（BNEF）。

4. 2014—2023 年全球及主要国家太阳能投资

单位：亿美元

全球 / 国家	2014年	2015年	2016年	2017年	2018年	2019年	2020年	2021年	2022年	2023年
光伏投资										
全球	1559.1	1789.3	1803.1	2099.3	1931.3	1916.2	2223.1	2847.0	3760.5	4172.7
中国	449.5	736.2	769.5	886.9	479.3	424.3	450.5	989.9	1632.9	1771.3
美国	276.9	335.6	411.3	402.3	418.9	498.1	627.4	698.8	525.0	653.9
巴西	0.6	5.4	7.7	30.8	34.7	41.9	57.3	93.7	212.5	216.6
西班牙	0.9	11.0	13.6	11.4	60.8	100.9	119.9	94.8	146.7	155.9
德国	31.8	26.1	24.4	33.6	43.2	49.1	54.3	57.3	88.3	124.6
印度	33.8	44.4	65.1	111.1	81.2	75.5	69.8	122.4	117.6	83.2
澳大利亚	19.8	14.6	19.1	46.9	56.6	46.2	64.0	62.3	76.5	72.7
日本	352.4	193.6	147.3	139.6	121.4	121.0	120.5	92.5	69.6	72.6
荷兰	6.7	9.2	10.1	22.3	34.6	36.7	40.1	44.9	55.2	71.4
光热投资										
全球	99.5	99.0	41.2	36.9	52.3	51.2	56.1	136.2	96.7	86.9
中国	3.7	5.9	3.0	18.7	15.0	—	—	83.4	86.1	57.0
美国	77.9	—	6.6	2.8	—	—	6.6	—	—	8.0
西班牙	6.3	36.4	14.2	15.2	28.5	5.2	45.4	49.9	7.0	3.5
德国	—	—	—	—	0.2	—	—	—	0.7	3.0
智利	2.1	—	—	—	8.3	—	—	—	—	0.1
法国	—	—	0.5	—	0.2	—	0.8	0.6	—	—

资料来源：彭博新能源财经（BNEF）。

5. 2014—2023 年全球及主要国家生物质能及废弃物投资

单位：亿美元

全球 / 国家	2014年	2015年	2016年	2017年	2018年	2019年	2020年	2021年	2022年	2023年
全球	140.7	145.4	172.9	121.0	164.9	189.2	132.3	147.2	46.9	37.7
英国	31.7	38.6	58.2	26.2	27.0	19.0	15.3	28.8	8.2	18.0
巴西	9.4	7.5	1.4	0.2	0.4	4.6	0	1.2	0.7	11.1
日本	16.2	18.5	13.3	19.8	31.6	37.7	36.7	48.3	8.0	3.6
马来西亚	—	0.1	—	0.1	—	—	—	—	0.7	2.1
西班牙	0.2	0.4	0.6	1.8	4.2	1.6	0.4	0.3	—	1.4
意大利	1.0	—	0.9	4.5	2.0	3.7	—	—	0.1	0.4
越南	—	—	—	0.2	—	9.2	1.0	0.7	1.9	0.2
中国	14.7	21.7	22.4	27.8	48.5	78.6	42.4	18.8	12.6	—
法国	3.2	1.8	2.2	0.5	2.3	0.4	1.0	2.4	6.2	—

资料来源：彭博新能源财经（BNEF）。

6. 2014—2023 年全球及主要国家地热能投资

单位：亿美元

全球 / 国家	2014年	2015年	2016年	2017年	2018年	2019年	2020年	2021年	2022年	2023年
全球	29.7	28.6	25.6	36.6	30.4	14.0	37.6	28.2	24.0	80.2
美国	2.7	2.6	0.2	3.2	2.3	5.0	15.8	23.0	20.2	43.0
荷兰	0	0.4	0.3	0.9	0.4	1.2	—	—	0.2	2.9
菲律宾	0.9	3.7	0.4	6.3	—	—	—	0.3	—	0.7
印度尼西亚	16.6	—	0.9	14.7	7.0	2.1	20.1	16.6	—	—
日本	0	2.7	0.3	—	—	0.8	0	0.4	1.8	—

资料来源：彭博新能源财经（BNEF）。

（二）融资

1. 2014—2023 年全球可再生能源产业融资情况（能源类型）

单位：亿美元

能源类型	2014年	2015年	2016年	2017年	2018年	2019年	2020年	2021年	2022年	2023年
风能	713.0	809.9	803.3	917.2	1043.9	1175.8	1155.9	1070.6	1218.9	878.7
太阳能	366.4	577.1	558.9	614.5	623.1	475.3	570.1	667.1	728.9	539.4
生物质能及废弃物	93.6	90.3	63.6	81.1	68.5	99.9	48.0	88.4	12.3	11.0
生物燃料	16.7	8.6	7.6	4.6	17.2	38.4	20.0	49.2	22.3	9.8
小型水电	20.0	12.2	9.5	5.3	6.7	6.3	3.8	1.8	7.7	—
地热能	22.2	9.2	12.3	17.7	14.6	2.8	25.6	24.9	20.6	0.3
海洋能	1.2	0.1	0.6	0.5	—	—	—	—	—	—
可再生能源	1353.3	1714.8	1828.2	1975.5	2152.6	2076.2	2169.3	2456.3	2682.6	2300.4

资料来源：彭博新能源财经（BNEF）。

2. 2014—2023 年全球可再生能源产业融资情况（资产类型）

单位：亿美元

资产类型	2014年	2015年	2016年	2017年	2018年	2019年	2020年	2021年	2022年	2023年
资产融资	1248.5	1530.0	1533.1	1684.0	1792.6	1833.8	1848.3	1960.7	2099.2	1589.4
兼并重组	51.9	133.8	247.7	201.9	211.3	194.2	196.2	305.9	359.9	419.1
私募股权	35.0	34.7	35.8	80.8	133.3	33.5	100.5	107.7	91.9	68.0
风险资本	17.9	16.3	11.6	8.8	15.4	14.7	24.3	82.0	131.6	223.9
合计	1353.3	1714.8	1828.2	1975.5	2152.6	2076.2	2169.3	2456.3	2682.6	2300.4

注：由于数据的四舍五入，本表中数据与下页投资类型表中数据略有不同。

资料来源：彭博新能源财经（BNEF）。

3. 2014—2023 年全球可再生能源产业融资情况（投资类型）

单位：亿美元

投资类型	2014年	2015年	2016年	2017年	2018年	2019年	2020年	2021年	2022年	2023年
新增投资	989.3	1137.7	1133.6	1175.9	1175.0	1388.3	1344.4	1496.4	1641.6	1453.0
收购	263.9	376.2	475.3	471.1	657.4	389.3	477.3	586.8	722.2	566.1
再融资	100.2	200.9	219.2	328.5	320.1	298.5	347.4	373.1	318.2	281.1
合计	1353.4	1714.8	1828.1	1975.5	2152.5	2076.1	2169.1	2456.3	2682.0	2300.2

资料来源：彭博新能源财经（BNEF）。

4. 2014—2023 年全球太阳能光伏发电融资情况

单位：亿美元

投资类型	2014年	2015年	2016年	2017年	2018年	2019年	2020年	2021年	2022年	2023年
新增投资	281.2	420.1	403.1	451.1	375.0	294.0	357.4	474.9	559.0	417.1
收购	45.7	66.2	60.2	46.6	132.5	36.0	56.1	52.2	45.2	40.4
再融资	29.2	49.4	73.0	103.1	91.1	94.1	121.1	108.1	113.6	78.3
合计	356.1	535.7	536.3	600.8	598.6	424.1	534.6	635.2	717.8	535.8

资料来源：彭博新能源财经（BNEF）。

5. 2014—2023 年全球太阳能光热发电融资情况

单位：亿美元

投资类型	2014年	2015年	2016年	2017年	2018年	2019年	2020年	2021年	2022年	2023年
新增投资	8.2	26.0	7.6	4.4	0	46.0	0	0	4.3	0
收购	0	0	1.3	1.7	15.7	1.5	6.4	0	0	0.1
再融资	2.1	15.4	13.7	7.6	8.8	3.7	29.1	31.9	6.8	3.5
合计	10.3	41.4	22.6	13.7	24.5	51.2	35.5	31.9	11.1	3.6

资料来源：彭博新能源财经（BNEF）。

6. 2014—2023 年全球陆上风力发电融资情况

单位：亿美元

投资类型	2014年	2015年	2016年	2017年	2018年	2019年	2020年	2021年	2022年	2023年
新增投资	338.1	430.8	351.1	443.3	449.0	593.4	414.4	491.4	514.9	311.6
收购	101.6	97.2	90.7	62.2	82.8	81.4	56.2	63.9	162.0	30.4
再融资	57.6	106.5	98.1	127.4	110.3	127.2	129.5	147.5	108.9	69.4
合计	497.3	634.5	539.9	632.9	642.1	802.0	600.1	702.8	785.8	411.4

资料来源：彭博新能源财经（BNEF）。

7. 2014—2023 年全球海上风力发电融资情况

单位：亿美元

投资类型	2014年	2015年	2016年	2017年	2018年	2019年	2020年	2021年	2022年	2023年
新增投资	167.9	117.8	193.0	157.8	220.2	283.9	437.1	276.2	316.6	361.8
收购	42.4	34.1	41.3	65.7	90.6	42.2	77.0	45.4	85.9	43.5
再融资	5.4	23.5	29.1	60.8	91.0	47.7	41.7	46.2	30.6	62.0
合计	215.7	175.4	263.4	284.3	401.8	373.8	555.8	367.8	433.1	467.3

资料来源：彭博新能源财经（BNEF）。

8. 2014—2023 年全球生物质能及废弃物发电融资情况

单位：亿美元

投资类型	2014年	2015年	2016年	2017年	2018年	2019年	2020年	2021年	2022年	2023年
新增投资	87.0	77.8	61.6	42.6	52.6	87.7	47.7	68.1	12.1	2.8
收购	5.7	9.5	1.2	15.0	3.8	7.4	0.1	18.4	0	0
再融资	0.9	3.0	0.8	23.5	12.1	4.8	0.2	1.9	0.2	8.2
合计	93.6	90.3	63.6	81.1	68.5	99.9	48.0	88.4	12.3	11.0

资料来源：彭博新能源财经（BNEF）。

9. 2014—2023 年全球地热能发电融资情况

单位：亿美元

投资类型	2014年	2015年	2016年	2017年	2018年	2019年	2020年	2021年	2022年	2023年
新增投资	21.4	8.9	11.9	9.9	12.8	2.2	0	2.0	0.4	0
收购	0.1	0.2	0.4	3.1	0	0	0.3	3.8	0	0
再融资	0.7	0.1	0	4.7	1.8	0.6	25.3	19.1	20.2	0.3
合计	22.2	9.2	12.3	17.7	14.6	2.8	25.6	24.9	20.6	0.3

资料来源：彭博新能源财经（BNEF）。

（三）成本

1. 2023 年下半年部分国家陆上风电平准化度电成本（LCOE）

单位：美元 / 兆瓦时

国家	技术类型	LCOE（低）	LCOE（高）
阿根廷	陆上风电	30	74
澳大利亚	陆上风电	42	116
巴西	陆上风电	25	61
加拿大	陆上风电	38	60
智利	陆上风电	28	58
中国	陆上风电	22	47
哥伦比亚	陆上风电	36	101
法国	陆上风电	43	86
德国	陆上风电	50	82
印度	陆上风电	37	62
印度尼西亚	陆上风电	104	217

续表

国家	技术类型	LCOE（低）	LCOE（高）
意大利	陆上风电	48	84
日本	陆上风电	84	125
墨西哥	陆上风电	38	87
荷兰	陆上风电	47	68
菲律宾	陆上风电	71	180
波兰	陆上风电	53	88
南非	陆上风电	58	84
韩国	陆上风电	91	165
西班牙	陆上风电	36	79
瑞典	陆上风电	40	71
泰国	陆上风电	82	184
土耳其	陆上风电	56	99
英国	陆上风电	52	85
美国	陆上风电	40	80
越南	陆上风电	68	162

资料来源：彭博新能源财经（BNEF）。

2. 2023 年下半年部分国家海上风电平准化度电成本（LCOE）

单位：美元 / 兆瓦时

国家	技术类型	LCOE（低）	LCOE（高）
中国	海上风电	48	91
丹麦	海上风电	65	120

续表

国家	技术类型	LCOE（低）	LCOE（高）
法国	海上风电	168	252
德国	海上风电	68	143
日本	海上风电	144	228
荷兰	海上风电	72	136
波兰	海上风电	90	174
韩国	海上风电	161	294
英国	海上风电	74	161
美国	海上风电	117	206

资料来源：彭博新能源财经（BNEF）。

3. 2023 年下半年部分国家陆上风电 + 储能平准化度电成本（LCOE）

单位：美元 / 兆瓦时

国家	技术类型	LCOE（低）	LCOE（高）
澳大利亚	陆上风电 + 储能	85	133
中国	陆上风电 + 储能	43	74
德国	陆上风电 + 储能	79	121
印度	陆上风电 + 储能	63	119
日本	陆上风电 + 储能	127	190
英国	陆上风电 + 储能	84	125
美国	陆上风电 + 储能	64	102

资料来源：彭博新能源财经（BNEF）。

4. 2023 年下半年部分国家公共事业储能平准化度电成本（LCOE）

单位：美元 / 兆瓦时

国家	技术类型	LCOE（低）	LCOE（高）
澳大利亚	公共事业储能（1h）	130	262
智利	公共事业储能（1h）	188	308
中国	公共事业储能（1h）	105	166
德国	公共事业储能（1h）	212	286
印度	公共事业储能（1h）	203	317
日本	公共事业储能（1h）	188	314
英国	公共事业储能（1h）	188	251
美国	公共事业储能（1h）	178	253
澳大利亚	公共事业储能（4h）	115	182
智利	公共事业储能（4h）	157	236
中国	公共事业储能（4h）	78	129
德国	公共事业储能（4h）	165	216
印度	公共事业储能（4h）	159	212
日本	公共事业储能（4h）	142	236
英国	公共事业储能（4h）	147	193
美国	公共事业储能（4h）	135	189

资料来源：彭博新能源财经（BNEF）。

5. 2023 年下半年部分国家太阳能光伏发电平准化度电成本（LCOE）

单位：美元 / 兆瓦时

国家	技术类型	LCOE（低）	LCOE（高）
澳大利亚	太阳能光伏（非跟踪）	32	88
加拿大	太阳能光伏（非跟踪）	43	58

续表

国家	技术类型	LCOE（低）	LCOE（高）
中国	太阳能光伏（非跟踪）	31	54
法国	太阳能光伏（非跟踪）	38	59
德国	太阳能光伏（非跟踪）	50	69
印度	太阳能光伏（非跟踪）	26	47
印度尼西亚	太阳能光伏（非跟踪）	65	138
以色列	太阳能光伏（非跟踪）	37	49
意大利	太阳能光伏（非跟踪）	39	52
日本	太阳能光伏（非跟踪）	52	101
肯尼亚	太阳能光伏（非跟踪）	92	132
马拉维	太阳能光伏（非跟踪）	128	201
马来西亚	太阳能光伏（非跟踪）	46	92
莫桑比克	太阳能光伏（非跟踪）	111	228
纳米比亚	太阳能光伏（非跟踪）	43	62
菲律宾	太阳能光伏（非跟踪）	55	112
塞内加尔	太阳能光伏（非跟踪）	60	103
南非	太阳能光伏（非跟踪）	49	59
韩国	太阳能光伏（非跟踪）	78	147
西班牙	太阳能光伏（非跟踪）	36	48
泰国	太阳能光伏（非跟踪）	53	99
乌干达	太阳能光伏（非跟踪）	145	220
阿联酋	太阳能光伏（非跟踪）	33	47

续表

国家	技术类型	LCOE（低）	LCOE（高）
英国	太阳能光伏（非跟踪）	55	79
美国	太阳能光伏（非跟踪）	52	79
越南	太阳能光伏（非跟踪）	48	96
赞比亚	太阳能光伏（非跟踪）	108	133
澳大利亚	太阳能光伏（非跟踪 + 储能）	75	157
中国	太阳能光伏（非跟踪 + 储能）	57	118
德国	太阳能光伏（非跟踪 + 储能）	96	213
印度	太阳能光伏（非跟踪 + 储能）	63	160
日本	太阳能光伏（非跟踪 + 储能）	106	222
英国	太阳能光伏（非跟踪 + 储能）	106	235
美国	太阳能光伏（非跟踪 + 储能）	87	168
阿根廷	太阳能光伏（跟踪）	41	103
澳大利亚	太阳能光伏（跟踪）	30	74
巴西	太阳能光伏（跟踪）	38	76
智利	太阳能光伏（跟踪）	24	48
哥伦比亚	太阳能光伏（跟踪）	49	85
多米尼加	太阳能光伏（跟踪）	49	96
墨西哥	太阳能光伏（跟踪）	40	72
南非	太阳能光伏（跟踪）	43	53
西班牙	太阳能光伏（跟踪）	31	40
美国	太阳能光伏（跟踪）	45	71

资料来源：彭博新能源财经（BNEF）。

6. 2023 年下半年部分国家核能发电平准化度电成本（LCOE）

单位：美元 / 兆瓦时

国家	技术类型	LCOE（低）	LCOE（高）
中国	核能	57	73
埃及	核能	109	116
芬兰	核能	204	386
法国	核能	233	445
阿联酋	核能	128	133
英国	核能	232	372
美国	核能	252	523

资料来源：彭博新能源财经（BNEF）。

7. 2023 年下半年部分国家地热能发电平准化度电成本（LCOE）

单位：美元 / 兆瓦时

国家	技术类型	LCOE（低）	LCOE（高）
印度尼西亚	闪蒸地热能	63	178
日本	闪蒸地热能	73	103
肯尼亚	闪蒸地热能	13	86
马来西亚	闪蒸地热能	57	165
菲律宾	闪蒸地热能	80	238
泰国	闪蒸地热能	74	191
越南	闪蒸地热能	57	215

资料来源：彭博新能源财经（BNEF）。

8. 2023 年下半年部分国家生物质能发电平准化度电成本（LCOE）

单位：美元 / 兆瓦时

国家	技术类型	LCOE（低）	LCOE（高）
中国	生物质能发电	41	93
芬兰	生物质焚烧	171	174
印度尼西亚	生物质焚烧	35	161
日本	生物质焚烧	155	209
马来西亚	生物质焚烧	46	161
菲律宾	生物质焚烧	35	155
西班牙	生物质焚烧	297	315
泰国	生物质焚烧	37	148
英国	生物质焚烧	247	453
越南	生物质焚烧	36	160

资料来源：彭博新能源财经（BNEF）。

六、2023 年全球主要国家新能源发展数据

1. 2023 年全球及主要国家新能源发电装机结构（分类型）

单位：MW

全球 / 国家	水力发电（不含抽水蓄能）	风力发电	太阳能发电	地热能发电	生物质能发电
全球	1407754	1017199	1418969	14846	150261
中国	370600	441895	609921	26 e	31255
美国	86660 o	148020	139205	2674 o	10990
日本	28216 e	5232	87068	428 o	6384

续表

全球 / 国家	水力发电（不含抽水蓄能）	风力发电	太阳能发电	地热能发电	生物质能发电
德国	5741 e	69459	81739	50 o	9950
印度	47331 e	44736	73109	—	10752
意大利	18848	12308	29795	772	3434
西班牙	16809 o	31028	31016	—	1279
英国	2190	30215	14660	—	7477
法国	24139 e	22196	20551	16 e	2187
韩国	1805 o	2167	27046	—	3176
加拿大	83307 e	16989	5757	6 e	2682
印度尼西亚	6784 e	154	574	2418 o	3183

资料来源：国际可再生能源署（IRENA），《可再生能源装机统计 2024》。

2. 2023 年全球及主要国家新能源发电量（分类型）

单位：TWh

全球 / 国家	核能发电	可再生能源发电	太阳能发电	风力发电	地热能、生物质能及其他能源发电
全球	2737.7	4748.4	1641.6	2325.3	781.5
中国	434.7	1668.1	584.2	885.9	198.1
美国	816.2	737.3	240.5	429.5	67.3
日本	77.5	149.0	97.0	10.0	42.0
德国	7.2	252.8	61.2	142.1	49.5
印度	48.2	232.8	113.4	82.1	37.3
意大利	—	75.1	31.2	23.5	20.3

续表

全球 / 国家	核能发电	可再生能源发电	太阳能发电	风力发电	地热能、生物质能及其他能源发电
英国	40.7	129.8	13.8	82.0	34.0
西班牙	56.8	116.5	46.8	64.2	5.4
法国	338.2	84.3	22.2	52.3	9.7
韩国	180.5	52.0	29.4	3.4	19.2
加拿大	89.0	57.0	7.6	38.9	10.4
印度尼西亚	—	40.6	0.7	0.5	39.4

资料来源：英国能源研究学会（EI）、毕马威、科尔尼咨询公司，《世界能源统计年鉴 2024》。

3. 2023 年中国新能源发电装机容量结构、发电量结构

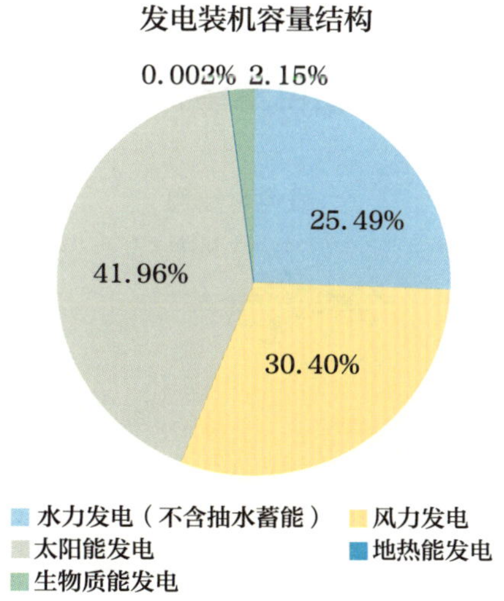

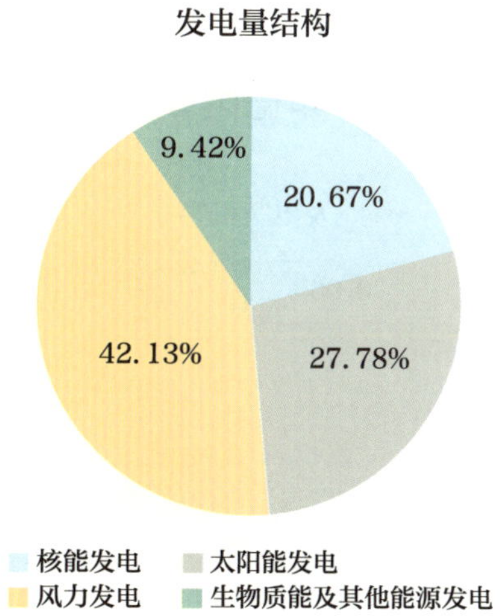

资料来源：国际可再生能源署（IRENA），《可再生能源装机统计 2023》；英国能源研究学会（EI）、毕马威、科尔尼咨询公司，《世界能源统计年鉴 2023》，后面图片来源同此处。

4. 2023 年美国新能源发电装机容量结构、发电量结构

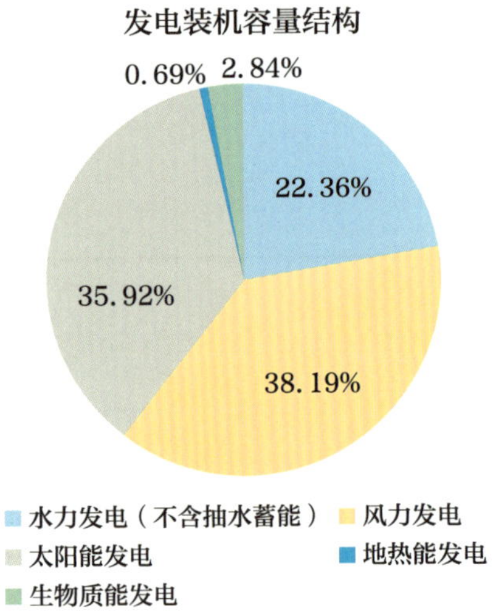

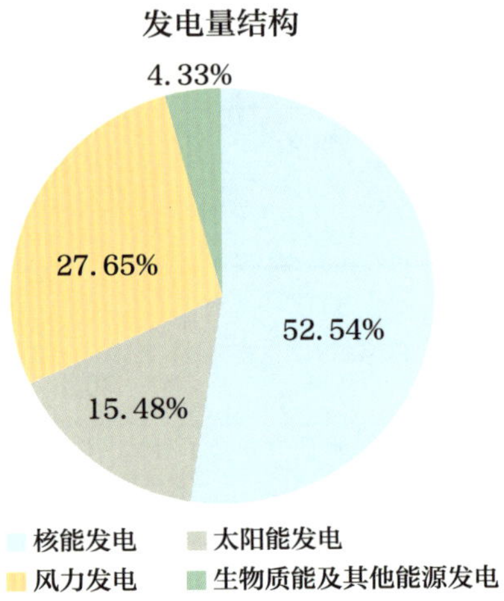

5. 2023 年德国新能源发电装机容量结构、发电量结构

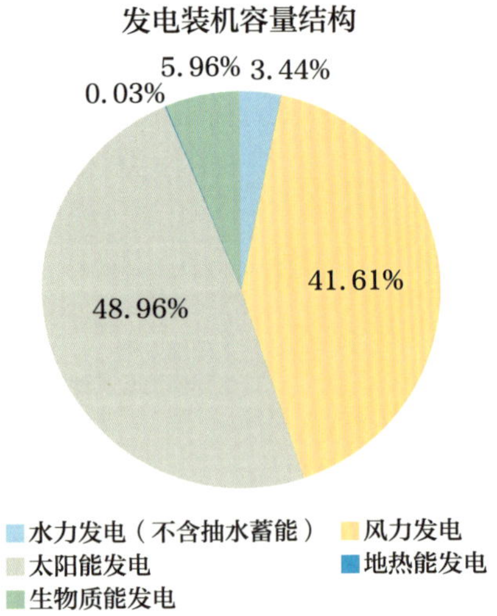

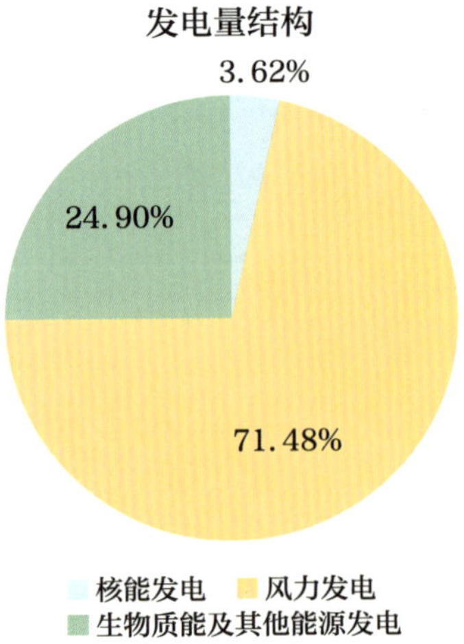

6. 2023 年法国新能源发电装机容量结构、发电量结构

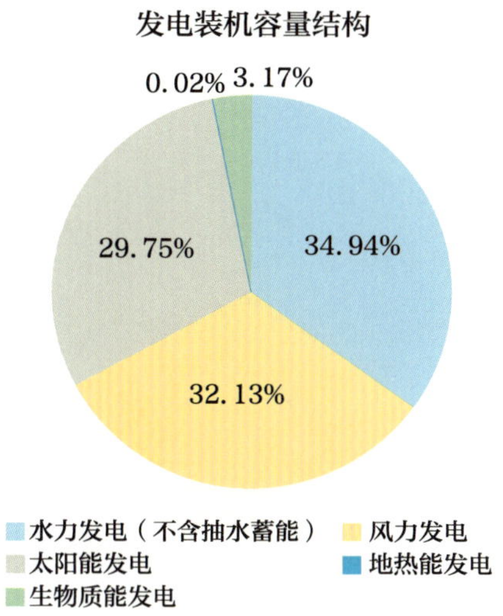

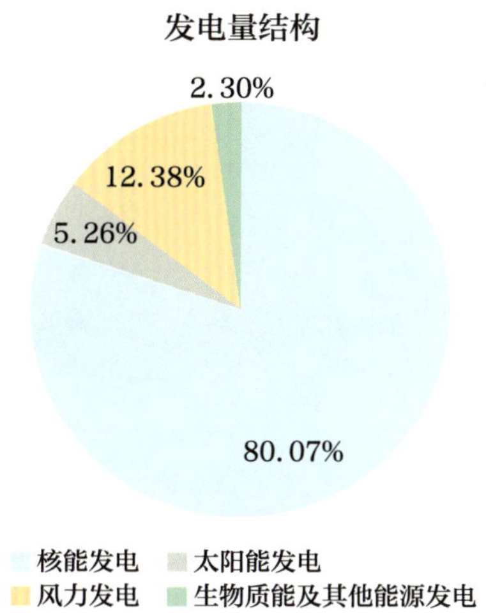

7. 2023 年英国新能源发电装机容量结构、发电量结构

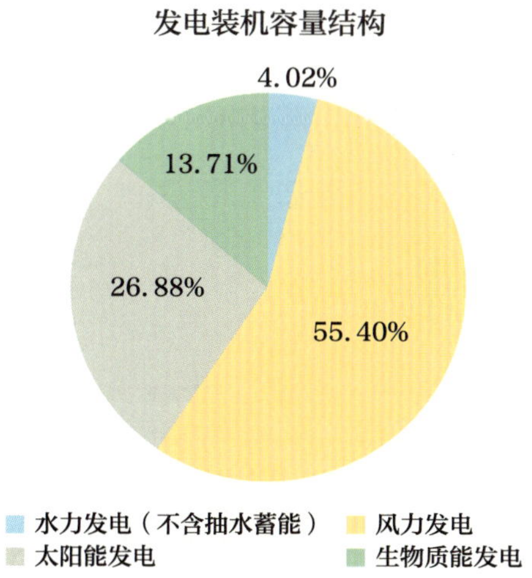

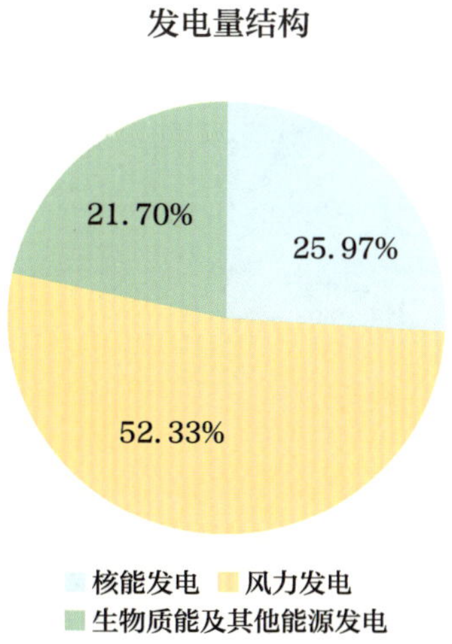

8. 2023 年日本新能源发电装机容量结构、发电量结构

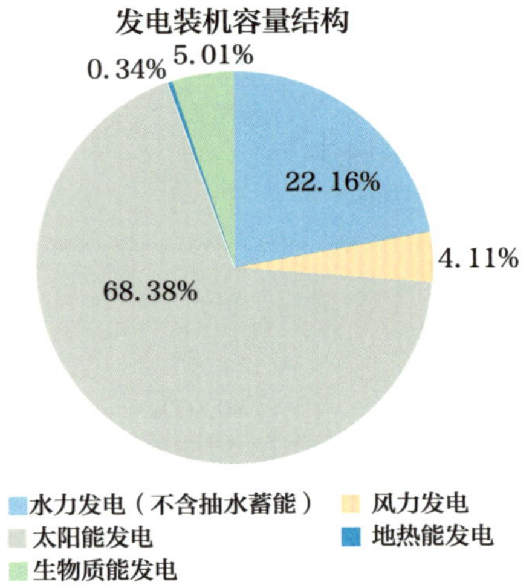

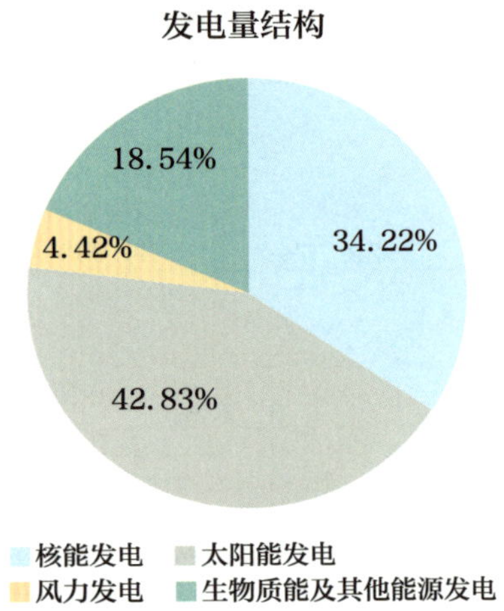

9. 2023 年韩国新能源发电装机容量结构、发电量结构

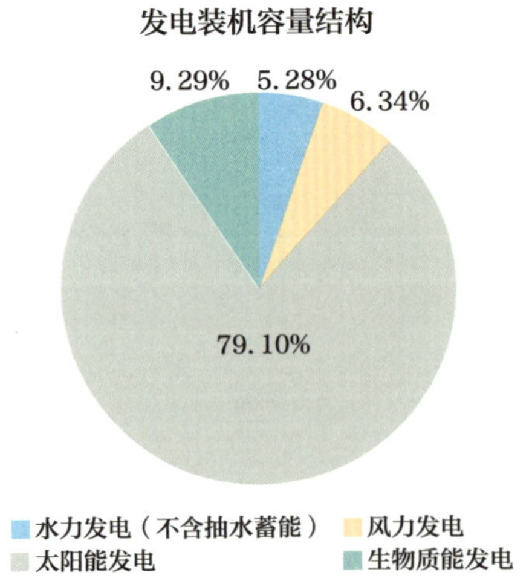

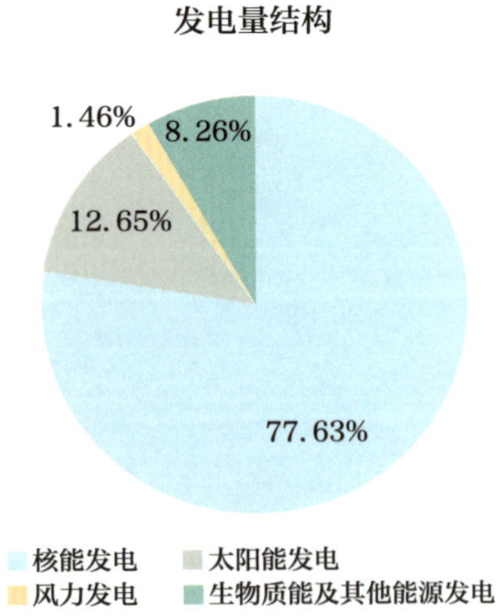

10. 2023 年印度新能源发电装机容量结构、发电量结构

发电装机容量结构

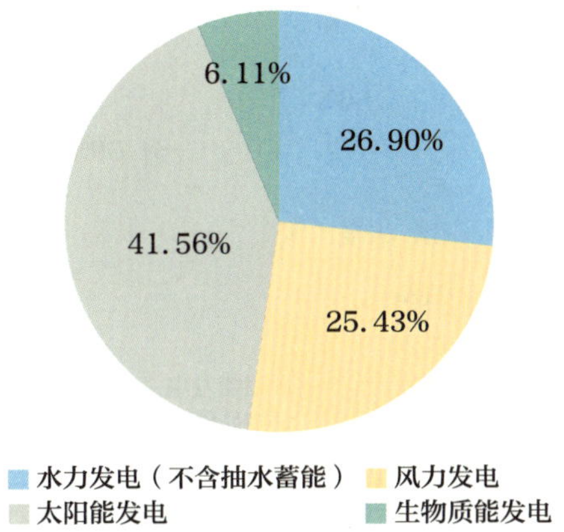

发电量结构

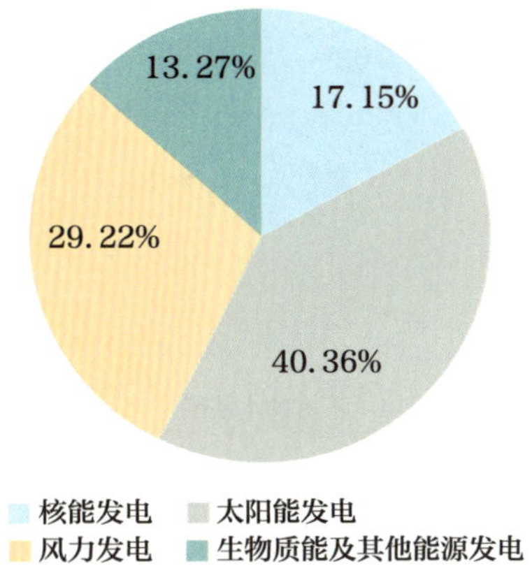

11. 2023 年意大利新能源发电装机容量结构、发电量结构

发电装机容量结构

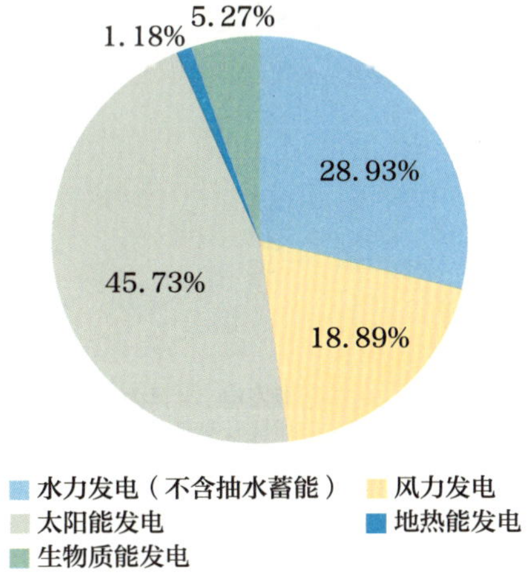

发电量结构

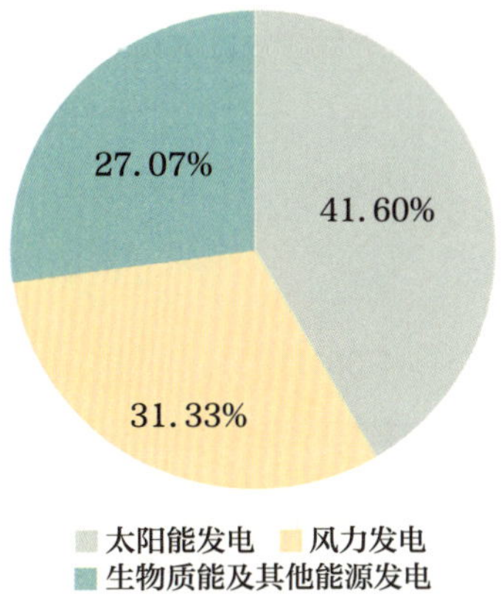

12. 2023 年加拿大新能源发电装机容量结构、发电量结构

发电装机容量结构

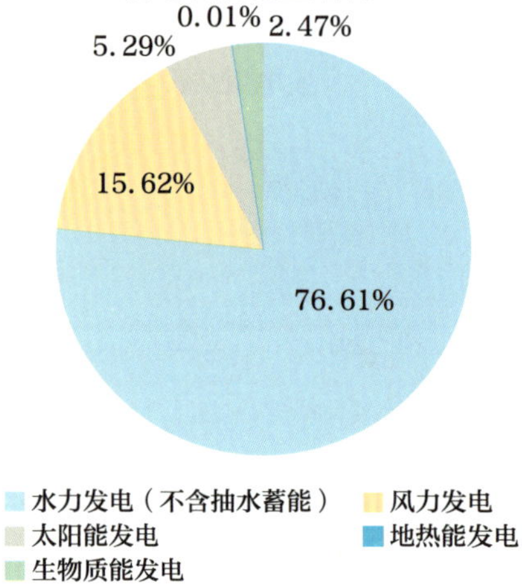

发电量结构

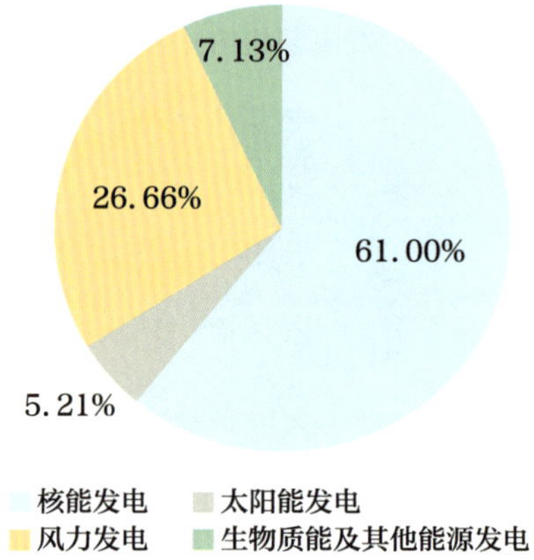

13. 2023 年印度尼西亚新能源发电装机容量结构、发电量结构

发电装机容量结构

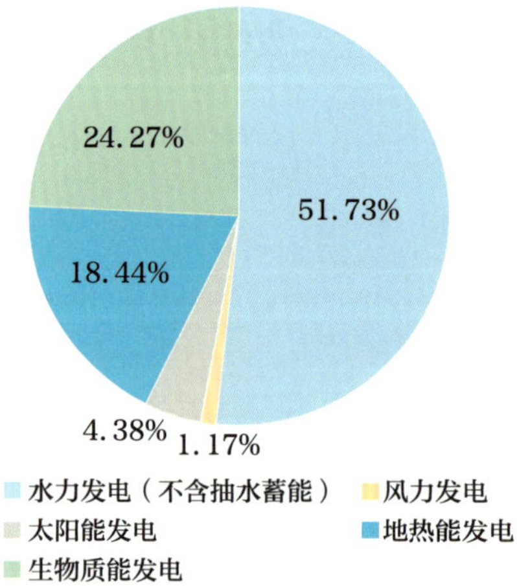

发电量结构

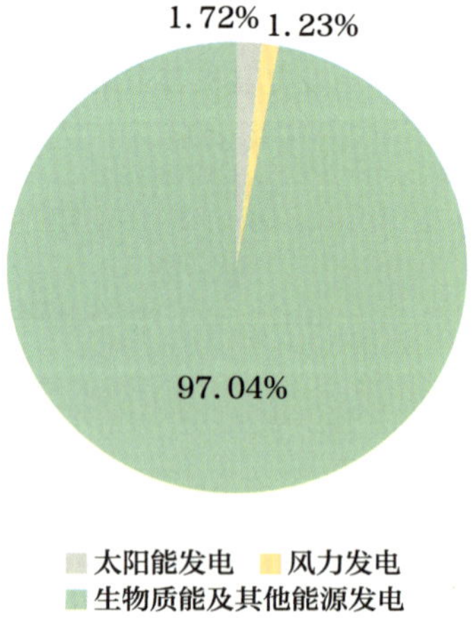

图表索引